现代心理学基本理论研究

霍涌泉 著

陕西师范大学出版总社有限公司

陕西师范大学优秀研究生教材资助项目

序 言

　　《现代心理学基本理论研究》一书可以说是国内理论心理学探讨的新收获。美国著名社会学家贝尔指出：后工业社会的来临，知识研究的重要特征之一是"理论知识处于中心地位"。然而，心理学理论研究的发展道路却历来相当曲折。作为具有自然科学与社会科学二重属性的心理学，受到了自然科学实证主义方法论与哲学社会科学"反心理主义"倾向的双重制约。科学心理学一直强调实证观察经验高于理论，理论被视为哲学或形而上学的无谓空谈，没有实证证据的陈述是站不住脚的，以防止一切形而上学与非科学东西的混入。现代西方哲学自胡塞尔伊始兴起了一场"反心理主义"的浪潮，以维护哲学的严格科学形象，导致心理学的理论研究在哲学中也失去了重要位置。然而，随着现代科学研究中强实证主义的衰落，心理学迎来了后经验主义时代。欧美一些著名高校纷纷建立理论心理学高级研究中心，培养理论型的心理学人力资源。在后经验主义时代里，人们对理论和经验观察的关系有了新的理解。理论不再是经验观察的附属物，相反，经验事实是被理论决定的。在不同的理论框架下，一个经验事实具有完全不同的意义。这样一来，理论被重新赋予了重要价值与作用。以理论研究为己任的理论心理学面临着新的发展契机。

　　我国心理学素有重视理论研究的优良传统。以潘菽先生为代表的老一辈心理学家一直特别重视心理学的理论建设工作。朱智贤先生强调指出，"基本理论不是可有无，而是非搞不可"。车文博先生更是提出，"加强心理学基本理论的研究，这是关系着我国心理科学发展全局的根本大计"。这对于改善心理学中实证研究与理论研究失去平衡的现状，开创我国心理学发展的新境界，具有重要的学术意义和实践价值。霍涌泉同志完成的这本《现代心理学基本理论研究》新作，对于积极推进国内心理学的理论研究和教育工作具有一定的现实意义。通观全书，其特色主要表现在以下几个方面。

　　一是框架结构新颖，能够将前沿理论问题与基础经典问题相结合。该书的一个显著特点是采用专题化的形式来谋篇布局。全书以近10年来国际心理科学对理论问题的重新认识和理解为切入点，以理论心理学分支学科的崛起为基本线索，紧密围绕科学与理论、实验与范式等核心问题，集中探讨了与理论心理学密切相关的七个重要专题，试图以"厚基础，专题化"的研究方式，突显出心理学理论研究的学术内涵。这七个专题分别是：心理学理论研究的科学地位、从心理学理论到理论心理学、心理学理论研究的方法论问题、认知科学与心理学的理论创新、社会建构论心理学的理论贡献、西方马克思主义心理学的研究取向、心理学的传统重要理论问题研究。这样的结构框架安排，既体现出理论心理学的前沿性特点，又反映出对传统主题如心物关系、心身关系和意识等基础性问题研究的新进展，比较好地体现出心理学理论的当代研究主题与传统研究主题的融合。

二是探讨总结全面、深入，理论务虚与务实相结合。作为一本研究理论心理学的新作，该书不仅系统地阐述了当前国内外心理学理论研究的整体发展现状与面临的深层次难题，而且力图在此基础上有所创新。如书中积极引入后经验主义和社会建构论的视角，对心理学研究中的科学与理论的关系、元理论与实体理论的关系、实证与非实证的关系、理论与实践的关系、意识与无意识的关系等重要问题的探讨，反映了作者的创新精神。长期以来，国内主流心理学研究遵循严格实证的思维方式，实际上是一种精细的、程序化的、静态的研究，从而使心理学的学科建设发展面临着诸多困境。该书借助理论心理学的研究范式，提出了引领、再造科学心理学的观点，不仅丰富了国内心理学研究的路向与领域，而且提升了心理学理论研究的层次和境界。

三是加强导学结合，内容形式丰富多样。本书是为适应基础心理学硕士研究生教学需要而编写的教材。本科生的教学模式是"厚基础，宽口径"，而研究生的教学模式应该是"厚基础，专题化"。研究生专题化教学工作需要有丰富翔实、权威可靠的新资料作支撑，在此基础上比较全面深入地探讨相关的学术问题。该书的又一特色是加强了导学结合。由于理论心理学的研究经常面临着很难像实证研究那样具有模式化和程序化的写作范式问题，因此该书选取了几篇较高水平的研究生习作，试图通过对研究生论文的赏析评价入手，积极引导学生对心理学理论研究的"价值理性"和"工具理性"的理解与把握，这对于推进心理学理论教育工作做出了积极的尝试。

霍涌泉同志好学勤思,多年来致力于理论心理学的教学和研究工作,取得不少令人关注的学术成果。他完成的《意识心理学》(上海教育出版社 2006 年版)一书,是国内第一部系统阐述意识问题的心理学力作;《心理学理论价值的再发现》(中国社会科学出版社 2009 年版)著作,对于国内同行重新认识理解心理学的理论研究价值具有很大的启发意义;他主编的教材获得了第八届全国高校出版社优秀畅销书一等奖;他还承担了教育部人文社会科学规划项目"新中国心理学发展史研究"。作为他的老师,我期待着他再接再厉,为扎实推进国内理论心理学的研究做出更好的学术成果。

中国心理学会副理事长　叶浩生
2011 年 3 月于广州

目　录

现
代
心
理
学
基
本
理
论
研
究

第一章
心理学理论研究的科学地位

　　心理学是在西方传统文化与现代工业文明土壤上成长壮大的一门科学,是19世纪末期新科学革命运动的一个重要分支和伟大成就。早在20世纪五六十年代西方国家便将它建设成为一门与经济学、法学齐名的热门学科和重型学科,影响涉及工程、医学、军事、经济、政治、教育等领域,日益成为其他科学的基础。改革开放以来我国心理学虽然有了"今非昔比"的进步,但"仍然是世界上心理学研究落后的国家"①。在我国,受传统社会经济和文化的影响,心理学作为一门小学科和轻型学科的地位仍然没有能够得以根本改观。心理学实证科学的性质定位被许多国内研究者所强调,而仅仅停留在经验、实证层面的研究上,还不足以支撑及维系其成为一门重要学科的战略发展任务,而容易纠缠于不是很重要的问题中难以自拔,更无法适应现代心理学日新月异发展的需要。

　　究竟怎样才能寻求中国心理学进一步走向繁荣的新机制,把心理学的学科建设推向更高的层次和水平?国内多数学者普遍强调"继续强化实证研究",认为此乃是引领中国心理学发展的方向。轻视甚至否定心理学理论研究目前在国内占据了主流形态地位,主要表现出三种倾向:第一种观点认为经验观察及实验高于理论,反主观介入是科学研究的根

————————————

① 黄希庭:《中国高校哲学社会科学发展报告 1978—2008 心理学》,广西师范大学出版社 2008 年版,第 13 页。

本要求;第二种看法以为,理论研究太空泛,强调理论问题会使心理学倒退回哲学;第三种意见提出,许多专业同样缺少一个统一的理论与实践模式,因此心理学界不应过度注意这一问题。由于理论探索的高难度性和艰巨性,加之学术界认识上存在的分歧,在一定程度上干扰了心理学理论研究的健康发展。但受 20 世纪 60 年代以来科学研究"观念驱动"取向的影响,西方心理学的理论研究出现了复兴的趋势,并产生了一个专门化的分支学科建制——理论心理学,为理论研究提供了一个新的发展空间,标志着"心理学正从内部开始重视学科的理论建设,以更多的时间来发展及统一理论"。探讨心理学基本理论研究的立论基础,厘清一些积习已久的认识误区,对于积极推进国内心理学的学科理论建设和专业化教育工作,可以提供一些新的线索与思路。

第一节　心理学基本理论研究的对象

理论视角同心理学的客观性知识和研究方法一样,本是发现人类行为规律不可或缺的有效途径。对于心理学的科学研究与基本理论之间的关系问题,国内外学术界长期存在着两种尖锐而对立的意见。以潘菽先生为代表的老一辈心理学家一直十分重视心理学的理论建设工作,在 20 世纪 50—60 年代和 80 年代初期,理论性研究模式一度曾成为国内心理学发展的主流。朱智贤先生也强调指出,"基本理论不是可有无,而是非搞不可"。以车文博先生为突出代表的第二代心理学理论研究工作者提出,"加强心理学基本理论的研究,这是关系着我国心理科学发展全局的根本大计,具有战略性的意义"[①]。以叶浩生老师为先进代表的第三代心理学理论研究者也强调"大力推进心理学的理论研究事业"。加强心理学理论研究,对于开创我国心理学发展的新境界,具有重要的学术意义和实践价值。

一、心理学基本理论概念界定

心理学基本理论研究的内涵是什么? 这首先需要对以下几个相关概念加以辨析和澄清。

---

① 车文博:《中国理论心理学》,首都师范大学出版社 2010 年版,第 362 页。

1. 心理学

心理学是一门研究人的心理现象及其活动规律的科学。科学心理学所面临的任务是揭示人的心理活动的事实、本质、规律和机制。心理学的研究对象是人的心理现象及行为活动规律。它包括个体心理和社会心理两部分内容。个体心理可以分成认识或认知、情绪与情感、个性与人格等三个方面。这是心理学研究对象的一个重要方面。社会心理也是心理学研究的一大重要内容。人总是生活在各种群体和社会团体之中，并与其他人结成各种各样的相互依存甚至依赖关系。由于各种社会关系的客观存在，便产生了社会心理或者群体心理与团体心理。

按照黄希庭先生的观点，科学心理学研究的对象主要涉及这样几个方面的内容：第一类问题是确定心理的具体现象和事实；第二类问题是揭示心理规律；第三类问题是揭示人的心理活动的机制。同时，科学心理学非常关心人的本性与本质问题。因此，从科学心理学的研究任务来看，我们可以将心理学定义为"研究心理的本性、规律问题、机制和事实的科学"[1]。

2. 心理学的基础理论

一般意义上的心理学基础理论，是指以心理学的学科范围内的理论问题为中心的研究领域。也有的学者将整个心理学领域划分为"理论心理学与应用心理学两大类"。"在心理学的学科体系内承担着理论上的任务的这类学科归结为理论心理学类"，如普通心理学、发展心理学、认知心理学、实验心理学、生理心理学、人格心理学和比较心理学等。[2] 这属于广义的心理学基础理论概念。

3. 心理学的基本理论

心理学的基本理论是以学科性质、研究对象、方法论和涉及全学科范围的理论问题为研究领域的心理学分支，一般认为是有关心理学的科学原理的分支。心理哲学和心理学史属于基本理论研究的核心内容。

王启康先生说过："所谓心理学的基本理论是指心理学中的那些根本性的、整体性的，对心理学的研究和发展具有极其重要的指导意义的问题。所谓根本性，是说它涉及和影响到心理生活的一切方面和部分。唯其如此，这些问题的研究和解决，对心理学的研究和发展有着极其重大的意义，甚至还影响到我们对心理学的研究目的和态度，如何要求和对待心理学的研究等。"[3]

---

[1] 黄希庭：《心理学原理》，人民教育出版社1997年版，第3—4页。
[2] 张春兴：《现代心理学》，上海人民出版社1996年版，第9页。
[3] 王启康：《格心致本——理论心理学研究及其发展道路》，华中师大出版社1999年版，第1—2页。

4. 理论心理学

理论心理学是现代心理学理论研究的新形态和新阶段。目前所讲的"理论心理学",是指从非经验的角度,通过分析、综合、归纳、类比、假设、抽象、演绎或推理等多种理论思维的方式,对心理现象进行探索,对心理学学科本身发展中的一些问题进行反思。理论心理学在心理学中的地位,就应像理论物理学、理论化学在物理学和化学中一样,是心理学的学科体系中一个极为重要和不可缺少的组成部分。这一概念属于狭义的定义。狭义的理论心理学这一学科与心理学的基础理论和基本理论研究,既有很大的联系,又有一定的区别。

俄罗斯学者彼得洛夫斯基的著作中提出,理论心理学的基础包括普通心理学,也包括心理学其他的领域。它的研究对象不同于普通心理学,普通心理学主要分析心理过程和状态。理论心理学需要充当特别完整的心理学的科学学科的任务。彼得洛夫斯基指出,理论心理学的对象是关于心理科学的自我反思,揭示和研究心理学的范畴体系(原始心理的、基础的、元心理学的、超级的心理学范畴),解释原则(决定论、系统论、发展论),出现在心理学发展历史道路上的主要问题(心理物质、心理生理、心理认识等等),以及心理学认识作为独特的活动形式。理论心理学不等于心理学理论的总和。像每一个整体一样,它是大于其组成部分的集合。不同的理论和概念组成的理论心理学互相对话,相互反映,提供自身一般的和特殊的东西,以使它们关系亲近或者关系疏远。虽然至今基本心理学理论中没有任何一个理论能够表现出自己是真正地对于共同的心理学知识和取得它的条件的理论,但是理论心理学历来的目标都是在将来构造这样的科学知识体系,即作为专业的心理科学发展的理论和材料。

5. 哲学心理学

有些学者认为心理学的基本理论是哲学范畴的研究内容。这种看法有一定的依据,但并不准确。在科学心理学诞生之前,心理学蕴含在哲学中,是哲学研究的组成部分。在这个阶段中的心理学探索,通常也被称之为哲学心理学,是建立在心理生活经验的直观基础上的哲学探索。在不同的文化传统中,存在着不同的哲学心理学的探索。根据东西方文化的差异,主要可以区分为西方文化传统中的哲学心理学和中国文化传统中的哲学心理学,这是哲学心理学的两种文化形态。

在科学心理学独立之后,常常以摆脱哲学而自豪。实际上,心理学的基本理论研究必须尊重哲学的科学原理,并以一定的哲学观为自己的方法论指导和工具。从哲学的层面看,哲学探讨人与世界的关系。哲学研究的内涵是认识世界和认识自己、改变世界和改变自己,也就是"成物"与"成己"。哲学家们在思考探索自然、社会问题时,在"成物"与"成己"的过程中指向意义世界,从而不得不关注人性问题、人心问题。他们对自然——天道的研究中所涉及的社会人道、心性问题,特别是有关人道、心性的讨论,对人的意义必然会提供内在的根据,其中所凝结着的智慧,有可能为心理学提供理论思想资源。哲学心理学更类似于心理学的科学哲学,而其本身是一种应用哲学。

6. 心理学哲学

心理学哲学(psychological philosophy)与哲学心理学(philosophy psychology)既有一定的联系,也有许多差别。心理学的研究不可能没有自己的理论基础,对心理学研究的理论前提或理论预设的反思就是心理学哲学的探索。心理学哲学是关于心理学的哲学研究,也就是一种将哲学观念对心理学的影响进行理论化的抽象活动。这种活动的核心问题就是"心理"的问题,即关于"心理"的形而上学,主要涉及心理学本体论和方法论等意义上的一些基础性和根本性问题,包括心理学对象、方法、内容和意义。具体来说,体现为心身关系、心物关系、主观与客观、意识与行为、部分与整体、内容与机制、结构与功能、个体与群体、生理与文化、理论与实践、知识与价值等诸多方面论题。

但是,心理学基本理论和理论心理学也不同于哲学研究。哲学家们一般不关注心理学中的理论或实践问题,也无视心理学所建立的科学知识体系。哲学心理学不是一门独立的学科,其根本目的是服务于哲学。其只是一些零碎的思想,没有形成理论体系。哲学的研究方法常常是启迪性和批判性的,而非系统性、建设性的。现代许多哲学家如胡塞尔、维特根斯坦等人向来以诘难心理学而著称,反心理主义是西方现代哲学发展的基本追求。而心理学的基本理论研究更倾向于积极的学科建设性努力,它对哲学问题的探讨是为了借鉴哲学的思想资源,寻找适合心理学研究的认识论与方法论基础,而这本身并不是哲学。比如美国学者 Botterill 和 Carruthers 所著的《心理哲学》(2007)一书由这样八章内容组成:第一章,常识心理学;第二章,心智模块观;第三章,心理的解释;第四章,理性、意向性与心理学解释;第五章,心理内容及其自然化;第六章,知识的心理表达;第七章,意识的自然化理论;第八章,心理学中的操作主义与建构主义。当然,心理学基本理论研究也没有必要因带有哲学色彩而惭愧,因为任何科学研究均需要有系统的哲学观的指导,健康的哲学观不会阻碍科学事业的进步。现代计算机科学、人工智能和认知科学等这些前沿技术,普遍重视借鉴哲学的研究成果,从而走向一个新的心理哲学。

7. 常识心理学

常识心理学在近年来的哲学和心理学中受到了极大的关注。常识心理学是普通人对自身及他人的心理生活的直觉的朴素的理解和解释。人们借助于日常语言去解释和描述各自的心理生活,成为大众心理生活的社会习俗模式。

有的学者认为,科学是在与常识作斗争的过程中产生的,科学心理学与常识心理学格格不入。常识心理学是"外行的想法",是外行对心理的理解。甚至有人把常识心理学称为"江湖心理学"。"外行的理解很可能会成为未来的心理学、神经学和哲学中的主要问题。"费耶阿本德认为,常识心理学的意识范畴没有反映任何物理现实,日常心理状态的描述都是错误的。信念、欲望等心理状态根本就不是真的存在,这就是取消主义的著名观点。

但是,也有许多学者提出,我们关于心理和意识的常识信念是由一种初级的理论即常识心理学所构成,将心理归结为外部行为,或者归结为大脑的神经状态或认知科学所谓的心理机制。因此,常识心理学有可能与认知科学、神经科学和谐地统一起来,特别是通过认知心理学来实现。常识心理学与认知功能主义联系在一起。例如,认知心理学家福德便指出,心理状态是不可否认的实在,常识心理学是不可能被取代的。其是一种缄默知识或者理论,是一种未被系统化的、明确表述的知识状态,是一种下信念状态,常识心理学是一种很有用的工具。布鲁纳认为,需要尊重常识心理学理。他还深刻地指出"通俗心理学继续主宰着日常生活中的事物……通俗心理学不会一劳永逸,它会随着文化的变迁而发生改变,并对这个世界中的人做出反应。有一个问题值得去探讨一下,那就是达尔文、马克思和弗洛伊德等智慧英雄的观点是怎样被转化吸收进通俗心理学中的"[1]。谢利夫等人也指出,主流心理学已经在二战后期被唯科学主义和个人主义严重扭曲,对于唯科学主义,当然被认为是唯一有效的和富有成果的一种方式。它完全或集中依赖于采取客观的态度对待这类题材,忽视和远离了科学研究"主题相关素质"——最主要的意义和事物之间的关系在我们日常生活中显示出来,因而"科学的语言"通常是一种人类活动中"相对贫困的语言特征",那是由于"我们强迫自己对于人类学习保持一定的距离所造成的"[2]。

我们认为,科学心理学可以从常识心理学中学到很多东西。从一定意义上讲,每个人都是"心理学家"。违背科学是没有前途的,违背常识也是没有出路的。常识是我们每个普通人都具有的在日常生活中起作用的信念、欲望、知识和学问。而且许多科学性的东西随着社会实践的广泛应用,也将会变成常识性的东西。

---

① 布鲁纳:《有意义的行为》,魏志敏译,吉林人民出版社2008年版,第11页。
② Slife, "Toward a theoretical psychology: should a subdiscipline be formally recognized?" *American Psychologist*, 1997, 2.

二、心理学基本理论研究的结构体系

1. 从基本原理到理论心理学

心理学的科学研究需要不需要有一门具有原理性质的学科？经过 130 多年独立发展的一门学科有没有自己的"原理"？答案显然应该是不证自明的。问题在于长期以来有关心理学基本原理的研究很少能够形成比较公认的,且具有学科化结构的体系和方法论范式,甚至连专门化性质的教材也难以推出来。主要原因在于研究难度太大,人类现有的科学研究水平所揭示出的心理规律和原理,尚难以使得心理学的基本理论真正能够"立"得起来。即便能够"立"起来,也无法得以普遍认可。这就需要进一步开展系统化的深入研究,需要有雄心和抱负建构心理学思想的思想。正如尼森所讲:"心理学是一门特别的现代科学,它打破了以往的文化传统,使得个体得以解放。中立价值观的解放价值是这个科学思想体系功能的核心。它为我们进军勇敢的新世界扫清了道路,致力建立一个没有异议的别具一格的理论,它是一个历史的进步和对权威的挑战。"①

潘菽先生认为,心理学理论可以分为两类:一是基础理论,如感知觉理论、记忆理论、思维理论和学习理论,这都是心理学这门基础科学的各分支的基础理论;二是基本理论,这是关于心理学的最一般、最共同的理论问题,如心理学的对象、方法论、科学体系等问题。目前一般将心理学的基本原理称之为理论心理学,它是心理学基本理论研究的新形态。

2. 理论心理学的结构

北美理论心理学的奠基者罗伊斯认为,理论心理学是由元理论与实体理论组成。他说:"理论和元理论是科学的必要组成部分,成熟的科学是不会长久地摇摆于理论构成和资料收集之间的。相反二者应当同时并进,相辅相成。正是观察和理论之间的长期相互作用,才产生了能够吸收、消化一系列现象的理性科学。"(1982)

谢利夫(1997)提出心理学理论包括三个层次:一是宏观层次;二是中观层次;三是微观层次。宏观层次的理论心理学应该探讨其作为整体的学科的同一性,亦即回答心理学究竟是什么的问题,并评估心理学到目前为止的发展状况。中观层次的理论心理学应探讨心理学作为一门学科的整体性的全局性问题。微观层次的理论应该阐明基本概念、研究方案、应用措施等背后隐藏的关于世界和人的基本假设,为具体研究提供理论咨询和参谋的作用。

---

① Teo, *Varieties of Theoretical Psychology* (Toronto: Captus University Publication, 2009), p. 146.

潘菽先生指出,理论心理学也称系统心理学,即对心理学的系统了解。早在 20 世纪 30 年代,他就提出了理论心理学的研究内容包括:理论心理学与其他心理学科的关系、心理学的对象、心身关系、心理学的方法论、意识问题、心理遗传问题、智力问题、心理测验问题,等等。认为心理学是阐明人类最本质特点的科学,是人类为了认识自己而研究自己的一门最重要的基础科学。

车文博先生提出,"理论心理学是与应用心理学相对的一个新的基础性的理论学科,旨在研究、建构、阐释、生成具有普遍性、共同的、整体性的心理理论体系。亦可说,它是一门使用理论思辨、数学演绎和逻辑推理等方式研究各种问题的、非经验的分支学科"[1]。理论心理学的特点是:①基础性;②共同性;③整体性;④层次性;⑤哲理性;⑥指导性。理论心理学类似于"心理学的科学哲学",或者说是一种"应用性哲学"。

叶浩生先生认为,理论心理学是一门科学,它有自己特定的对象、任务和理论体系,它是心理科学的一个部分,而不是心理科学的全部,它与实验心理学是并存的。理论心理学主要包括元理论和实体理论两大部分,其中元理论研究有三个方面的内容,如图 1−1 所示。[2]

图 1−1　元理论、实体理论与实证心理学的关系

(1)心理学的学科问题,如学科研究对象的性质问题;心理学发展过程中的经验教训,未来的发展趋势和方向;心理学与哲学、生理学、物理学等自然科学的关系;心理学与其他社会科学的关系;心理学与社会的关系;心理学研究的社会意义和伦理意义。

(2)方法论,包括研究方法的指导思想、选择方法的依据、理论的评价标准、科学哲学对心理学的影响、研究方法与对象的关系、研究方法的利弊得失、心理学研究所应遵循的指导原则。

① 车文博:《中国理论心理学》,首都师范大学出版社 2010 年版,第 8 页。
② 叶浩生:《理论心理学辨析》,载《心理科学》1999 年第 6 期。

（3）心理学的基本框架，包括心理现象的分类，各分支学科的内在联系，沟通不同分支学科、不同心理现象、不同理论学派之间的概念框架等等。这是目前理论心理学所应注重的最主要问题。

在心理学的实体理论领域，主要涉及两方面的内容：一是一般理论，像心理学中的人工智能理论、心理学的系统论、心理过程的信息论、项目反应理论、决定论和意识论等；二是具体理论，如感觉理论、知觉理论、学习理论、人格理论、情绪理论、能力理论和创造力理论等等。这类理论的一个共同特点是理论思维同实证研究相互结合，即从其他实证学科中获取数据和资料，从中抽象概括出一般的规律和特点。

心理学实体理论不同于元理论之处，在于它的研究对象不是心理现象或心理科学的整体，而是一些特殊的和具体的心理现象或问题。如果说元理论主要依赖于抽象思辨的方法，那么实体理论的探讨则更多地依赖逻辑推理和数学演绎的方法。

乐国安先生认为，真正的心理学理论研究应该是对心理问题从理论上进行专门的分析和探讨，而不仅仅停留在对前人的理论做介绍和评价上，这自然是很难的。评述已有的理论可以算作是一种心理学理论研究或心理学史研究，而对心理学一系列基本理论问题提出自己的见解，则属于心理学理论研究的核心。[①]

葛鲁嘉先生提出，理论心理学由两个部分的内容构成：一是关于心理学研究的理论前提的反思；二是关于心理学对象的理论解说的建构。两者决定着心理学研究者关于研究方式的理解和把握，以及研究方式的确定和运用，其中有八个方面的理论预设：①心理与物理的关系；②心理与人性的关系；③个体与群体的关系；④心理与生理的关系；⑤内容与机制的关系；⑥元素和整体的关系；⑦结构与机能的关系；⑧意识与行为的关系。[②] 他还认为，理论心理学是心理学理论研究的一种新范式，其不仅承担着心理学理论建设和理论教育的任务，而且肩负着心理学理论创新的职能。在心理学研究方式的理论预设方面包括：①关于心理学科的科学性质的问题；②研究者与研究对象的关系问题；③关于心理学的研究方式和方法问题；④关于心理学理论概念和理论体系的定义和建构的问题；⑤关于心理学的社会应用的干预方式和技术手段的问题。

上述观点均有合理性和启发性。我个人以为，作为心理学领域的理论心理

---

① 乐国安：《从潘菽到车文博：中国理论心理学研究的两代领路人》，载《心理学探新》2010年第3期。

② 葛鲁嘉：《理论心理学的理论功能》，载《山西师大学报》2006年第3期。

学,是一门形虚而质实的心理学分支学科,其自身的理论架构有别于其他心理学科,着重研究那些带有根本性、前瞻性和综合性的问题。从理论心理学的发展历程来看,其经历了"前学科"、"学科体系化"、"学科深化"这几个阶段。目前国外的理论心理学已经进入到了"学科的体系化(科学化)和深化"发展阶段。例如在俄国学者的著作中反映得比较明显,见补充材料1-1。

补充材料1-1　　彼得洛夫斯基和雅罗舍夫斯基著:《理论心理学基础》

目　录

第二节　心理学基本理论研究的科学属性

一、科学性

心理学本身是一门科学,而科学离不开思想。基本理论更是关于某一门学科研究思想的思想。这种类型的思想研究首先要坚持科学性,从而为理论的建构奠定坚实的基础。

从科学知识的传统三元定理来看,知识是由"真实、信念与确证"这三个要素组成的。知识的第一个要素必须是真的,"真实"构成知识的必要条件。构成知识的第二个要素是信念,即相信它是真的,才能成为科学知识。第三个要素则是确证,知识是作为确证的真实信念。就这个意义而言,心理学基本理论或理论心理学所研究的对象,既是真实的,也是可以确证的,当然是可以相信的。人的心理现象及活动规律,既有实证性意义的定量现象,更有非实证性意义的定性活动存在。实证性的定量心理现象,对于人类活动而言意义是比较有限的,普遍性比较弱。而人的心理活动更为普遍性的乃是"无法量化"的客观存在,需要依赖于理论研究和实证研究的方法加以全面认识把握。理论的研究方法主要是通过理论推导或对已存在的现象事实进行分析而提出或总结出关于心理现象与规律的看法。而实证的研究方法则是指根据一定的研究目的,按照数据分析的要求获得数据材料,总结得出关于心理现象与规律的结论或观点。两种研究范式应该互相补充,没有必要区分"谁是老大"的问题。知识研究的义务在于揭示真理和规律。从科学性出发进行的心理学理论研究领域同样是值得依赖的。

科学性一般需要有公认的基础假设,由公设用逻辑推导出整个体系的逻辑自洽性、可证伪性,以及理论实践应用的重复有效性。所谓公认的基础假设,就是指每种理论需要有普遍赞同的基准前提,例如数学上的几何以五公式为前提;物理学以牛顿定律为前提;经济学以"资源有限、欲望无穷"为前提。心理学经过130多年的发展也积累了许多公认的基础假设,像心物关系、心理与生理的关系、韦伯—费希纳定律、史蒂文森定理、短时记忆的编码组块等等。同时,理论研究也需要遵循逻辑自洽性,即逻辑推导的自身不矛盾性,特别是推论与结果之间的不矛盾、结果与公设不矛盾,突出理性思辨的逻辑性。证伪性原则也是检验理论科学性的一个有效方法,科学体系是可以被证伪的体系(可以被证明是错的),而伪科学体系是不能被证伪的体系。波普在其论著作中认为,理论的真实性永远不能被证实;理论仅仅能够,并且是在最佳情况下表现出不与现有的数据发生冲突,即当时是不能被反驳的。像弗洛伊德和阿德勒的理论中存在的一个主要问题是进行"事后断言",而不是进行事先断言。"由于这些理论没有做出冒险预测,它们也就没有被证伪的危险,因此就不是科学理论。"①波普在《猜想与反驳》一书中说:"一种理论的科学内容愈多,理论传达的东西愈多,它所冒的风险也就越大,也就愈容易受到未来经验的反驳。理论如果不冒这种风险,其科学内容为零——也就是说它根本没有科学内容,它就是形而上学。"②默顿提出科学具有"普遍性、公有性、无私利性和有条理的怀疑性"这样四条规则,要求科学家在实证和理性的基础上,敢于怀疑和批判前人的成果。一种心理学理论就是一组系统的陈述。在同一理论中,各个陈述之间没有矛

---

① 赫根汉:《心理学史导论》,郭本禹等译,华东师大出版社2001年版,第12页。
② 波普:《猜想与反驳》,付季重译,上海译文出版社1986年版,第127页。

盾,而发现或者建构理论的目的,是为了用少数几个概念、结构、原则或者过程来解释大量的、广泛的现象。理论不能达到操作定义的要求,不能只靠简单地改变几个术语,就断定它不是正确的。同时,理论对实践应用方法的重演有效性更是检验理论科学性的重要标准。这保证了理论研究的科学性要求。

在心理学理论中,一个重要的标准涉及理论的正规化程度,而正规化标志着理论建设的科学规范程度。有学者指出,一种理论是"一组逻辑上彼此独立的有经验依据的一般概念"。这种理论包含一系列相互关联的逻辑上比较严谨的假设或基本原理,所建立的一般论点可以上升为原则上可以检验的经验假说。最正规的理论表达方式是用数学语言陈述各种关系、推导和假说。在经济学中这种表述最为常见。在心理学中,各种行为活动模型、统计和测量等方面的解释和预测,也反映出了正规理论的科学特性。一个模型通常具有微观理论的特点。中层理论即中等规模的理论,是建立在一定经验依据之上的特定方面的理论,其解释性的范围比较广。宏观理论则属于一般性的理论,是试图建立可以用来解释宽广范围的心理现象、行为变化的规律性的最抽象的原理。心理学理论视角的多样性使得我们清楚地认识到,心理学的科学性一方面表现在需要有着严格的定义和统一的科学观,另一方面则体现出心理学也不能变成一门追求狭隘性、封闭性的学科。要使心理学科更重要、更具活力、更具创新性,离不开多样性的视角来探索人类心理和行为活动的深层意义。心理学的主要目标是推进对于我们人类所生活的世界的理解,这一崇高的目标本身已表明了理论存在的合理性。

二、元理论性

心理学理论研究的元理论性特点是指以学科自身以及学科的研究状态及其发展规律为对象的研究。它是一种超越直接研究对象以审视某一学科的性质、结构和其他特征的研究形式。理论总是对于理论自身的历史条件的重新确认。

元理论中"元"的英文为前缀"meta-",意指"超越"。在《现代汉语词典》中"元"的释义为"开始的、居首的、主要的和根本的"。元理论研究超越了直接观察对象,在更广泛的知识领域内的基本假设,即反思本质。这种基本假设关乎学科的性质、结构、表现形式和基本特征。"所谓思想总是关于所思考之物的思考,也就是关于事物的思想,不管这个事物是现实的还是非现实的。思想的任务就是要将所思考的事物揭示出来,显示出来,从而让事物成为自身。一个事物成为一个事物,也就是获得了它自身的同一性。但事物自身的同一性同时也意味着与他物的差异性。这就是说,一个事物是自己而不是它物。"①

元理论源自学术领域"自我意识"的萌发,是对整个学科理论所做的系统性反思。这种使得学科理论走向成熟的反思,无论是证实还是证否了原有的学科理论,都会促使学科正视自身,积极寻求适合自身发展的道路。元理论化思潮最初发端于 20 世纪初期的数学界,德国数学家希尔伯特建立了元数学理论及学科分支。40 年代之后,元逻辑学、元语言学和元科学等分支迅速崛起。进入90 年代中期以来,自然科学领域的元研究也相当活跃。随着世界形态和知识形态的不断变化,当代自然科学技术的发展趋势一方面是在不断地向精细化、程序化方向发展,而另一方面也展现出了向系统化、整体化的"元"领域发展的特点,新的理论知识和技术形态普遍反映出了不断向元知识、元技术层次发展的崭新格局。而在社会人文科学领域更是出现了一股元理论研究思潮,元哲学、元社会学、元伦理学、元教育学和元心理学等分支学科不断涌现,从而蔚成了一大元理论学科家族。

心理学的元研究是为了系统地探讨学科自身的一些问题而出现的,其直接结果是导致了"元心理学"(metapsychology)学科的出现。雷科弗认为,元心理学是比心理哲学更宽泛的概念,它重在考察心理学范围内科学哲学所考察的典型议题,如理论的可接受性与科学进步之间的关系。也就是对心理学的元问题即学科内部的最高问题的质询和解答来澄清自己实际上已经选择的理论类型,并通过对这些类型的批判性检视,达到新的发展境界。当然目前对元理论化也有不少批判,但这并没有从根本上影响西方许多学科元理论化研究趋势的发展。

罗伊斯指出,作为一门理论科学,心理学目前的状况十分混乱。因此,对于它的未来,最迫切的任务是阐述概念和发展理论。其中有两个基本任务:一是运用不同的方法构成理论;二是深化心理学评论。在他看来,心理学的理论大都属于三种元理论范畴:纲领性范畴、描述性范畴和半解释性范畴。纲领性的范畴经验基础比较薄弱,概念模糊,缺乏理论上的连贯性;描述性的范畴有比较坚实的经验基础,一些概念的定义比较明确,也有一定的连贯性;而最先进的理论形式属于半解释性范畴的理论,其经验基础雄厚,概念明确,连贯性强。最好的构成方法是最大限度地扩大理论的内涵,同时减少理论原则的个数。描述性理论的最佳构成方法是针对相对有限的方面建立一种规律的网络,这个理论网络有可能发展成为某一领域的理论。② 改进纲领性理论的最佳方法是领会理解

① 彭富春:《论无原则的批判》,载《新华文摘》2007 年第 24 期。

② 罗伊斯:《心理学的哲学问题与未来》,载《国外社会科学》1982 年第 5 期。

所研究的领域,鉴别和明确有关的理论结构,探求它们之间的关系。

三、评论性

理论的另一种存在形态就是评论性。理论研究是认知与评价的统一,是一种价值标准和评价尺度的反映。理论研究的合理性同时是作为对于心理学研究的一种自我反思和评价而出现的。合理性问题的提出是对于研究的作用和功能的一种要求与规范。科学研究中所进行的每一项经验研究,无论范围是如何细小,均根植于对人和社会的某些普遍性论点之中,必然包含着抽象推理和规范性评价的种子。

心理学理论的评论性特征是指,首先当传统的心理学理论研究的普遍性受到限制时,具体性的研究得到了一定的重视,则需要从心理学批评寻找理论的新存在;其次,心理学评论的理论化,通过具体的文本分析在心理学的一系列重大问题上发挥作用,本身已充当起新理论的先锋角色,心理学理论渗透到评论中;再次是心理学评论与心理学理论之间的跨学科化和对话,从中我们可以了解到主流理论所倡导的实践效果。

理论研究本身要求进行科学反思和合理评价,也要求对所进行的研究赋予新的理解并进行合理的建构。正如罗伊斯所讲,心理学理论研究的一个重要任务就是开展评论。心理学理论研究通过比较、鉴别,加强理论对话,深化学术批评以及不断地实践来发展理论,并使错误的"理论"得到扬弃。全面理解和建构人性,促进人类的健康持续和谐发展,进而在评论中发展理论。长期以来,人们习惯于心理学理论与心理学评论之间的分离式发展。一般而言,心理学理论被视为一种普遍性的表达方式,更关心从具体上升到普遍,焦点是普遍性,其指导心理学评论。心理学评论则是一种个别性的表达方式,其更关心从普遍理论推演到个别理论,焦点是特殊性,它是心理学理论在心理学现象研究中的具体运用,从具体的理论中探讨更具有普遍性意义的特点及法则。因此,需要把理论理解成在某种概念普遍性系统中确立理论阐述和评估。在后经验主义时代,心理学家对"理论"有了一种全新的理解。理论是思想家的"建构",其首要功能是评价和批判,是心理学家对自己经验工作的反思和反省。

四、政策性

心理学的理论研究既要坚持从真理、规律观念出发,又要坚持一定的价值、规范约束。

真理、规律观念"反映的是人脑对客观世界的本真认识,价值观念反映的是事物属性与人的主体需要之间的关系"①。从真理、规律观念出发,心理学理论的研究应该始终坚持实事求是的科学性原则,客观准确地揭示人心理活动的本质属性和内在规律,反映和还原心理活动的原本状态,增强心理学研究的科学性。从价值、规范观念出发,心理学理论研究必须服务于国家的社会政策和意识形态。人的心理活动不可能脱离社会文化的制约,也不可能不受特定的社会条件下经济、文化的影响。心理学绝不单纯是自然科学的事业,更重要的是一项社会事业。心理学理论研究水平的提升离不开政策研究水平的提高。科学研究具有价值中立的特性,但是也不能在体制外运作。社会政策的支持能够为"心理学进一步取得成就提供一个重要条件"。心理学的理论研究不仅要提高科学化程度,同时也要加强政策研究,提升为社会服务的总体水平。

从学科制度建设而言,为了保证、发展及壮大某一学科建设事业的发展,吸引并维系学科制度中的精英们长期献身于该领域的专业和职业事业,必须在学科定位、实验室建设、学术杂志、队伍建设、学会组织、行业标准、人才培养、考核评价等方面做出严格的规范。在这些重大问题上,理论研究领域发挥着其他学科分支难以替代的作用。特别是在培养和造就未来的心理学领军人物、学科带头人方面,对提高他们的理论眼光、敏感程度和洞察力,具有十分重要的学术意义。

就社会发展政策而言,心理学研究探讨的对象是属于第二性及虚体性的人类精神活动,需要根据科学发展规律规划、设计对人进行心理保护的社会公共政策和法律制度,以更好地体现社会的文明进步和福祉的宗旨。公共政策是国家在某一历史时期根据社会发展需要制定的一系列法规决策。随着社会政策重要性的日益凸显,西方心理学界有关政策的理论和实践研究也受到各级政府部门、社会团体的广泛重视,同时社会政策的实施则受到公众的明显关注。围绕着社会公共政策的研究,西方有关学者不断地寻找学术研究与政府行为之间的沟通渠道,从而使心理学在西方社会制度中扎下了广泛而深厚的根基。离开社会体制的积极支持,心理学根本不可能成长壮大。

五、综合性

心理学作为一门交叉学科,在学科内容和理论体系上的一个突出特点就是综合性。心理学理论研究更是综合的产物。科学综合是国际化、信息化时代科学发展的重要特点之一,也是现代科学发展的一种现实的、必然的选择。科学化规定和人文化规定这双重尺度的统一在心理学发展中自然也成为一种合乎

① 司晓宏:《教育管理学论纲》,高等教育出版社 2009 年版,第 11 页。

逻辑的延伸与展开趋势。一部心理学成长史,事实上就是与其他科学建立难以分割联系的历史。现代心理学的蓬勃发展,本身就是把各种科学研究成果和研究方法迁移应用于对心理问题的研究所取得的成果。这些研究无疑是包括自然层面、生物层面、社会层面和人文层面等各个不同层面研究成果在内的有机综合的现实产物。今后国际心理学和中国心理学的绝大部分研究也将通过"科学综合"来完成。在枝叶繁茂的情况下,科学综合研究在心理学的发展中会获得更重要的地位。心理学研究的科学综合并不是元理论的折中(metatheoretical eclecticism),也不是纯粹客观的实验报告,更不是片面性与门户之见,而是全面系统的认识成果,是可以经得起检验的科学认识体系。总而言之,心理学的理论综合是一种创造性的综合,是在新的视野基础上内在地反映了心理活动的客观规律的综合性的高层次的创造,是在更大范围、更高理论水平上的综合创新。我们认为这种综合的切入点,首先融合的是 21 世纪最有发展前景的生命科学研究的新概念、新规范。当前生命科学对人脑与感官系统信息接收、加工和贮存的认识,必然会对"人脑奥秘"这一人类重大的理论问题提供更为精确的回答,并且将在深层次上开辟心理学研究的新的技术领域。其次是融合认知科学如信息加工理论、发生认识论、心理逻辑学、心理语言学等领域的深层研究成果。再次是在人文心理学领域进一步确立并深化心理学的元理论及实体理论的研究,开辟新的研究方向,进而为发展新的心理学理论科学体系奠定坚实的基础。

第三节 科学与理论

如何更深刻地认识和理解心理学理论在学科中的地位问题,关键是如何正确认识及处理好科学与理论的关系问题。恰恰在这一点上,自然科学界和社会科学界随着时代的演变及发展,经常发生着不同的态度和倾向。心理学界对理论的重视及轻视程度,虽然总体上与国际科学发展的大背景相同步,但仍然存在着一定的时间差。

一、科学

科学(science)是指有组织、有系统的知识和学问,即发现事物真相、探求原理和规律的知识学问体系。卡西尔说得好:"科学是人的智力发展的最后一步,并且可以被看成是人类文化的最高最独特的成就。它是一种只有在特殊条件下才可能得到发展得非常晚而非常精致的成果……在我们现代世界中,再也没有第二种力量可以与科学思想的力量相匹敌。它被看成我们全部人类活动的顶点和极致，被看成是人类历史的最后篇章和人的哲学的最重要的主题。我们可以对科学的成果或其基本原理提出质疑，但是它的一般功能似乎是无可怀疑的。正是科学给予我们对一个永恒世界的信念。"①

当然，科学研究的内涵并不是一成不变的，作为人类文化精华部分的科学范式会经常伴随着人类社会文明的进步而不断演进。不同时期的科学观对于自然、宇宙以及科学自身的理解都有明显的差异，甚至存在着根本的矛盾。

在近代，对于科学定义的理解比较狭窄。科学通常是指西方文艺复兴以来出现的探索知识、学问的一种新方式，也就是由伽利略开创的、牛顿奠基的科学原理和方法体系，强调以实验和数学的方法观察总结客观事物发展过程中具有普遍性的本质及联系。这种新方式与古代用感性的、经验的思辨方法来总结探索学问，形成了明显的不同。而科学也多是指以物理学为代表的"自然科学"或"物质科学"。

物理学是"近现代自然科学中一门最美的科学"②。早在18世纪以前，由伽利略开创的、牛顿奠基的宏观机械物理学研究，便已经发展到了"几乎完美无缺"的程度。宏观机械物理学铸就了西方的自然科学基础和科学精神，成为支配西方国家关于科学知识及其研究态度的典范模式。

受18世纪法国启蒙主义运动和德国理性主义运动的影响，关于科学观的认识和理解又有了一定的、明显的调整和改变，即不再仅仅局限于单纯的自然科学研究活动，而将人文科学与社会科学也纳入到了科学研究的范畴之列。

在19世纪中后期，当心理学、社会学等人文社会科学纷纷效仿自然科学走向实证化的同时，以狄尔泰为代表的一批学者提出了相反的意见。他们认为，精神人文科学与自然科学是两类在研究主题与研究方法上均极不相同的科学。精神科学有优于自然认识的地方，它们的对象不是外部感觉给予的纯粹现象，而是一种生命科学。"精神科学首先和主要在这些方面帮助我们：我们得在世界上做什么——我们自己要使我们成为什么，以及决定我们能在世界上从事什么，也决定世界对我们有什么影响。"③

进入21世纪以来，现代科学的观点不再仅仅局限于单纯的自然科学研究活动。例如，目前美国科学基金会把科学分为七大部类：物理化学科学、数学科学、环境科学、技术科学、生命科学、社会经济学和心理学。英国和法国把科学

---

① 卡西尔：《人论》，甘阳译，上海译文出版社1986年版，第263页。

② Baars，"*Can Physics Provide a Theory of Consciousness?*"，Psyche，1995，8.

③ 张汝沦：《西方现代哲学十五讲》，北京大学出版社2006年版，第87页。

分为自然科学、人文科学、社会科学。德国传统上把科学分为自然科学与精神科学。日本学者则把科学分为理论研究、实证研究、实验研究和历史研究四类。

二、学科

学科(discipline)是指对不同科学研究领域的分工及专业化研究。科学总是由丰富多彩的学科来组成的,因为研究的对象和范围不同,所以科学研究便需要有学科建制(制度)来保证与维系。正像完形心理学的代表人物考夫卡所讲,"科学便是学科"①。没有学科也就没有科学,科学就会失去价值意义。

任何一门学科的性质都与其研究对象密切关联,学科的研究对象决定了学科的内容体系并规定了这门学科的性质特点。而学科的性质特点不仅制约着科学研究的方向和水平,同时也影响着对专业人员的培养体系和实践提高。因为从学科制度建设来进行专业建设、职业培训建设,是现代社会发展的基本趋势。美国著名心理学家、诺贝尔经济学奖获得者西蒙说得好,近现代社会中,任何职业活动都需要专业工作者来完成,"人类的许多重要发明创造,再也不可能是业余爱好了"②。

在学科分工制度问题上,最早承认的是数学和物理,以后则逐渐有所扩大。因为如果只承认数学和物理这两门科学,而其他的研究均算不上是科学,或者说全世界的大多数人都去从事数学、物理学事业,那么,数学和物理也根本容纳不了多少专业人员,自然也就不可能推动近现代以来人类科学事业日新月异的繁荣进步。

19世纪的实证主义哲学家孔德提出了新的分类标准,他认为科学从研究无机到有机现象共有五门基本科学:天文学、物理学、化学、生理学和社会学,而数学是精确可靠的,可以列在这五大基本科学之前。孔德强烈要求采取实证或科学的方法,提倡研究方法的还原论和科学统一。

在20世纪上半叶,逻辑实证主义哲学家又制订了科学的等级序列。在逻辑实证主义范式下的科学序列中,一类是较高序列的特殊学科,如物理学、生物物理学、生理学、细胞学等;另一类是处于较低等级的结构序列要素,如心理学、社会学和人类学,还有经济学、政治学和语言学等。他们把最讲究精确和严密的物理学尊为"科学的皇后",接下来是化学和生物学。还有一些科学的"灰姑娘"像社会学、心理学,它们的合法性是不确定的。

一些研究者还认为,在人类发展的每一个历史时期,总需要有带头学科,促

---

① 考夫卡:《格式塔心理学原理》,黎炜译,浙江教育出版社1997年版,第9页。
② 西蒙:《企业经理的创造性》,载《交流》1987年第2期。

进人类社会的文明进步。譬如在 16 世纪，科学中的带头学科是运动学，产生了达·芬奇等科学巨人；17—18 世纪物理力学是带头学科，涌现出了牛顿等科学巨星；18 世纪中期的带头学科是热学与化学，产生了门捷列夫等伟人；19 世纪初有机化学和电磁学是带头学科，诞生了法拉第等杰出科学家；在 20 世纪初期，微观物理学成为带头学科，爱因斯坦等人则为其中的杰出代表；20 世纪 40—50 年代的带头学科是核物理，改变了人类发展的新纪元。到 20 世纪末期是生物学和脑科学大发展的时代。进入 21 世纪，以分子生物学为中心的一组新学科进入全盛阶段，而生物科学的领先地位又将由以心理学为中心的一组学科所取代。

心理学经过 100 来年的发展，它的基础研究领域已经逐渐定型，基础理论已经成形，心理科学的学术评价标准、心理学从业人员的训练标准和心理学家的职业道德标准已经确定。而且心理学对社会的贡献得到了广泛的认同和肯定。早在 20 世纪 70 年代，美国著名学者丹尼·贝尔曾经总结过 1900—1965 年人文社会科学所取得的 62 项重大成就，其中经济学有 13 项；政治学 11 项；心理学 12 项；数理统计学 11 项；社会学 7 项；哲学 5 项；人类学 3 项。心理学是仅次于经济学取得成就最多的学科。贝尔认为心理学所取得的重大成就主要是：心理分析和精神分析（发挥作用年限 30 ± 10）；优秀人才研究（发挥作用年限 40 ± 10）；实用主义与行为心理学（发挥作用年限 20 ± 50）；智力测验（发挥作用年限 ± 50）；条件反射学说（发挥作用年限 20 ± 10）；格式塔心理学（发挥作用年限 25 ± 5）；人格投射测验（发挥作用年限 15 ± 5）；文化与个性及比较儿童教育（发挥作用年限 20 ± 10）；领导与小团体实验研究（发挥作用年限 10 ± 5）。还有态度调查与民意测验、操作性条件反射学说与机器教学等研究成果。

在 20 世纪 90 年代中期，美国兴起了"脑的十年"研究热潮，日本实施了"新人类计划"，欧洲也开始了脑科学与认知科学研究计划。在这些重大研究政策中有近 1/3 的内容与心理学的研究有关。2001 年美国又启动了"行为的十年"计划，2007 年提出了"心智的十年"行动方案。这些重大的科学攻关项目说明心理学是大有可为、大有发展的，很有可能成为新世纪的前沿带头学科之一。为迎接世界科学发展的新一轮挑战，我国政府也相继推出了"863 计划"、"攀登计划"、"211 工程"和"985 工程"等重大建设项目。虽然"863 计划"中没有与心理学研究相关的项目内容，但是在 1992 年实施的"攀登计划"中，则将以认知科学为代表的心理学研究列入优先资助的项目内容。国家科技部提出了我国优先发展 18 门基础科学的政策。

目前全世界共有 1300 多门公认的学科，自然科学、工程科学等研究物质的科学依然占据主导地位，但是人文科学、社会科学、经济科学、教育科学和心理科学等也受到了发达国家的极大重视。因为人既是自然的生物,更是社会的动物,也是教育的产物。人类的幸福生活、社会的公平正义,离不开包括心理学在内的人文社会科学和教育科学的研究成果的支撑及推动。按照科学的观点和范式探索总结知识学问及技术,也就是以实事求是的态度和方法开展研究活动,均属于科学研究的范畴。

三、理论

理论(theory)一词最初来源于古希腊语"观看"(theorein),可见在古代"理论"与"观看"是并不分离的。在17世纪,英语中的"理论"一词已经有了较广的含义,包括"景象"(spectacle)、"沉思中所见"(a contemplated sight)、"观念谱系"(scheme of ideas)和"解释的系统"。就西方认识论发展而言,形成了"经验性理论"、"演绎性理论"和"构成性理论"这样三种不同的理论形态。

近现代以后,理论具有了新的含义,主要是指概括地反映现实的概念和原理的体系,也是系统化了的理性认识的结果。人们在实践中获得关于客观事物的感性认识,随后对它进行加工制作,上升到理性认识;再把这种理性认识按照一定的逻辑进行必要的整理,使之条理化系统化为一个严整的体系,从而形成理论。"任何理论都是由概念和原理构成的,是概念和原理的系统。但是,只有那些从实践中产生又被实践证实为正确地反映了客观事物发展规律的理论,才是科学的理论。"[1]理论将随着客观世界和人们的实践活动的发展而发展。

对于科学研究工作来说,理论是一种概念,它被用来表述纯粹现实属性的某一概念。理论是指事实间的关系,或以某种有意义的方式来建立模式;理论是一种知识组织体系;"理论是解释的最佳实现"[2]。科学的理论必然包含有思想、模型、技术、方法和假设。波普曾经指出,科学理论就是普遍性陈述,像所有用语言表达的东西一样,科学理论就是记号或符号的系统。"理论从本质上是一系列的对话,理论语言和观察语言这两种对话在抽象水平上相互之间有所不同,往往前者比后者更抽象。当然,它们也存在着某种互补关系,理论语言通过观察语言的帮助应用于一种特定的领域。"[3]

从科学体系的观点来看,科学研究允许"学者以有序的、有意义的方式整理资料的框架或支架"。马克斯(1963)曾经提出了令人称道的两个定义:一种为心理学体系广义上是指心理学内部的一组理论主题和方法论倾向,另一种是由

---

[1] 胡绳主编:《中国大百科全书·哲学卷》,大百科全书出版社1987年版,第465页。

[2] 张梦中等:《理论的建立与发展》,载《新华文摘》2002年第3期。

[3] Kukla, *Methods of Theoretical Psychology*(London:MIT Press,2005),p. 7.

对资料的组织和解释以及有关研究对象与特定的方法论（元理论）和操作的假设构成。"这两种定义都指出了理论和方法论的中心地位。"几乎所有的体系都具有一定的理论倾向。斯密斯更是明确指出："心理学体系是一种有序的和逻辑的结构，它以统一而连贯的方式处理心理学题材的资料和理论；它运用一组假设（尽管有时是隐性的假设），通常运用一种统一的方法论。"①

关于理论的一般性品质，有的学者概括认为有以下几个方面的特点：

第一，理论始终与人密切地联系在一起。理论具有主体性的特质，关注人的精神世界。理论是人独有的存在方式，是人的精神存在的方式，它的永恒主题是人或属于人。人正是由于其独有的精神性而将自己与其他事物区分开来，所以，总有一种在精神的基础上超越其他事物、摆脱物质性或者超越有限性、奔向无限的内在冲动。心理是精神中绕不过的屏障。②

第二，理论体现时代的精神，包含着深沉的历史蕴涵。所有的理论都是对于社会实践的反映，都具有一定的社会历史含义，体现着特殊的时代精神。理论不仅从内部即就其内容来说，而且从外部即就其表现来说，都要和自己时代的现实世界接触并相互作用。理论思维在每一个时代都是在新的时代条件下历史地实现自身的。自然科学理论是科学家在科学实践中运用科学仪器和方法所获得的关于科学现象的本质及其规律性的知识，它是通过一系列概念、判断和推理表达出来，并经过实践或逻辑证明的系统知识。而人文社会科学理论是思想家在社会实践经验上所提出的关于人的本质和人类社会发展规律的知识，其不仅仅是一种真理性的研究和探索，同时还反映了一定的价值观和社会意识形态利益。按照社会建构论的观点，科学可以把"理论的可理解性"作为它对文化最重要的贡献，科学是文化的一部分。

第三，理论具有实践性的力量。勒温曾指出："好理论最实际。"现代心理学同许多学科的观点一样普遍反对亚里士多德关于理论高于实践的思想，强调理论来源于实践，同时实践也受到理论的指导。按照当前社会建构论者的观点，这种流行的看法是有很大缺陷的。理论与实践并不是处在分离的状态，二者之间关系"如同家庭成员间高度依赖而又存在着紧张的关系"。一种实践可能有多种多样的理论解释，同一种理论也可以有多种多样的实践方案。理论是人类社会的一种文化实践智慧资源。理论是不确定行动的一种形式，其本身也是一种实践。理论不仅反思生活，而且创造生活。社会建构论者赞同杜威的观

① 史密斯：《当代心理学体系》，郭本禹等译，陕西师范大学出版社 2005 年版，第 2 页。
② 陈勇等：《论理论的一般品质及其特殊性》，载《陕西师大学报》（哲社版）2010 年第 3 期。

点,强调理论要先行,理论要为实践服务。理论是实践的前结构,具有实践力量,且可以产生积极或消极的结果,因此便需要进行理论反思、辨析和批判。评价一种理论一方面看其与实践的融合性,即是否促进了社会实践活动,从而使实践活动更有效、更有意义、更有理论色彩。同时,理论作为心理学家的话语建构系统,像语言一样具有行动的特征,可以促进社会生活实践的变革。

四、实验

实验(experiment)是科学研究区别于其他人类认识形式的标志性特征,是根据一定的研究目的,在人工控制条件下研究客体的一种科学方法。

一般认为,实验包含三个要素:一是作为认识主体的实验者;二是作为认识客体的实验对象;三是作为主客体中介的实验物质手段,如仪器、设备等。科学与实验、数学与理论的结合构成了现代科学最突出的特征。实验处于现代自然科学事业的中心位置和枢纽:一方面实验通向理论,是检验假说和理论的重要手段,科学理论与实验观察具有密切的关系;另一方面,实验通向技术,成为技术的孵化器和试验场。

许多自然科学家特别强调实验在物质科学研究中的突出地位,同时也重视对理论的深刻理解,每一个实验都要寻求理论依据。但是理论又依赖于实验,再好的理论没有实验证明都是无效的。理论永远推翻不了实验,但实验可以推翻理论。当实验把理论推翻了之后,可以寻找新的理论。理论是认识事物的依据,实验是对事实的精确再现。

实验的类型多种多样,但是实验法大体上有这样几个步骤:①选择实验原理;②设计实验方案;③进行实验操作;④处理实验数据;⑤分析和解释实验结果。心理学的实验法也遵循着上述程序步骤。心理学的实验法是指有目的地控制一定的条件或情境,以引起被试一定的心理反应的研究方法。运用实验法不但能说明"是什么"问题,而且能够进一步解释"为什么"问题。以实验法进行心理学研究的目的,是要搞清楚在有控制的条件下,影响一系列心理变化的因素,即变量。其中有些变量是由实验者控制的实验条件,称之为自变量或实验变量;有些变量叫因变量或依从变量,它们是实验者所要测定的行为和心理活动。例如,我们如果想要检验一种新的教学改革方法的效果,就可以把这种新方法视为自变量,而新方法所引起的变化反应则视为因变量。用实验法研究心理问题必须设立实验组和对照组,并使这两个组在无关变量方面大致相同,然后对实验组施加自变量(实验变量)的影响,对照组则不施加影响,以这样的方法来考察并比较这两组的反应是否相同,确定自变量的实验效果。同时,要以定量的方法分析处理实验数据在统计学上的差异水平,从而得出科学的结论。

实验室建设也被视为科学心理学诞生的重大事件。很多人认为,1879 年冯特在德国莱比锡大学建立第一个心理学实验室是心理学独立的标志。美国的心理学在世界上最为发达,也是与他们具有重视实验的文化传统所分不开的。例如在实验室建设方面,1875 年詹姆斯便在哈佛大学建立了一个不正规的心理学实验室,这早于欧洲。当冯特建立第一个心理学实验室时,美国也很快于1885 年建立了第一个正式的心理学实验室。在 1892 年,美国便有 20 个大学建立了心理学实验室,到 1900 年美国的大学已建立了 41 个心理学实验室,超过了世界上其他国家的总和。我国则于 1917 年在北京大学建立了第一个心理学实验室。

当然,我们也不能过分夸大实验研究的作用。冯特对心理学的贡献不仅是创建世界上第一个心理学实验室,同时他更是一位将心理学研究理论化的哲学家。有研究者指出:"冯特在实验室里工作时间从来没有超过 10 分钟。"①波林也说,冯特固然是实验家,然而他的实验主义乃是他的哲学见解的副产品。②

因为"实验研究只是科学实践的一种对策。实验事实很难充分证实一个理论,科学理论是普遍的全称的命题,而实验事实是特殊的、有限的。实验事实也很难否证一个理论。迪昂在 20 世纪初就曾经指出,物理学理论是一个整体,孤立的命题不可能单独受到实验的反驳。接受一系列理论,需要借助于一组辅助假设。不可观察物在现代科学和科学实在论中无时不有,我们确证理论的最终根据在于观察资料。评价和选择理论的问题就变得尤为紧迫了。凡是观察都渗透着理论,现代科学的基本概念和基本原理愈来愈抽象,愈来愈远离直接经验。如果适当的研究工具未有发明出来时,就根本无法推论出可供检验的预言"③。

五、科学与实证主义

1. 自然科学中的实证研究标准

西方心理学在独立之前长期孕育于哲学母体中。文艺复兴运动之后,随着自然科学发展的高歌猛进和日益成功,对心理学的研究产生了很大的吸引力。在 19 世纪中期,天文学、解剖学、生物学和物理学等多门自然科学已获得了巨

---

① 舒尔兹:《现代心理学史》,杨立能译,人民出版社 1982 年版,第 62 页。
② 波林:《实验心理学史》,高觉敷译,商务印书馆 1982 年版,第 369 页。
③ Caciopo J. et al, "Realism, instrumentalism, and scientific symbiosis", *American Psychologist*, 2004, 4.

大进步,它们的共同特点是信奉实验的方法,这就使得一些学者意识到,若要摆脱哲学的束缚而成为一门独立的学科,则必须把观察和实验的方法引入心理学,将它建设成为一门实验科学。

伽利略是人类历史上"第一次把人的意识经验看作次要、不真实而且完全依赖感觉的,而感觉则是虚假的。外在于人类的世界是真实、重要且受尊重的。这样,伽利略把我们现在包含在心理学中的内容排除在科学之外,而且许多现代自然科学家也拒绝把心理学作为一门科学,其拒绝的理由和伽利略一样"。近代物理学体系完善者牛顿也说:"凡不是从现象中推导出来的任何说法都应称之为假说,而这种假说无论是形而上学的或者是物理学的,无论是属于隐蔽性质的或者是力学性质的,在实验哲学中都没有它们的地位。在这种哲学中,特殊的问题总是从现象中推论出来,然后用归纳法加以概括而使之带有普遍性的。"①他提出,必须把那些从各种现象中运用一般归纳而导出的命题看做是完全正确的,或者是非常接近于正确的。他的物理学体系对联想主义心理学影响十分深远。笛卡尔在《关于方法的演说》中也强调:决不能接受任何不清晰不明确的概念;把一个问题再进一步分解为其必要的组成部分;在分解的时候遵循由简到繁的顺序;研究方法要做到全面的详述,总结出普遍的观点。

但是,伽利略等人否定心理学研究的依据同时也为后世的科学家提供了一个怀疑的靶标。从此以后,许多学者付出了艰苦的努力,对人的心理经验进行了大量可以客观量化的研究,并且获得了成功,而"伽利略关于意识经验等第二性质无法进行实证研究的结论,无疑是不正确的"。

2.哲学中的实证主义

实证研究标准与实证主义哲学有着千丝万缕的联系。在自然科学胜利旗帜的指引下,不仅心理学、社会学走向了实证研究,而且西方哲学在黑格尔去世之后也受到了根本性的瓦解,出现了一股实证主义的思潮。对此,狄尔泰指出:"哲学精神指导生活的功能从宏大的形而上学体系转移到实证研究的工作。从19世纪中叶以来,各种因素导致体系哲学对科学、文学、宗教生活和政治的影响离奇下降。1848年以来为人民自由的斗争,德国和意大利民族国家的巩固,经济的快速发展和相应的阶级力量的转变,最后还有国际政治——所有这一切都引起抽象思辨兴趣的消退。"②

作为实证研究标准方法论基础的实证主义哲学经历了三个发展阶段与变迁:

---

① 牛顿:《牛顿自然哲学著作选》,王福山等译,上海世纪出版集团2001年版,第53页。
② 张汝伦:《现代西方哲学十五讲》,北京大学出版社2006年版,第88页。

第一个阶段为孔德的实证主义。实证主义哲学的创始人孔德（1798—1857），继承了古代和近代西方哲学中经验主义的传统，创立了实证主义哲学。认为实证就是指能为事实所证明的、确实的、实在的、有用的东西，而所谓科学就是指对人们所经验、经历的事实与现象的描写与记录。世界上只有人们亲身经验的事实才是确实可靠的。科学的任务只是研究和记录"是什么"，而没有必要去探讨"为什么"。在孔德看来，真正的实证精神用对现象的不变规律的研究来代替所谓原因。他坚持把知识等同于经验观察，经验是知识的唯一来源，一切科学知识都必须建立在经验证实的基础上，要把科学应用于哲学和社会。他从不可知论和现象论出发，建立其实证主义体系，以超越唯物主义与唯心主义。孔德把自然科学的实证方法推广到社会科学领域，认为社会现象也服从于自然规律，因此可以用实证方法加以研究。孔德甚至把他的社会学同物理学相提并论，认为社会学也可分为静力学和动力学。社会静力学是对社会的一种静态的研究，社会动力学是对社会的运动和发展规律的研究，它们都使用实证方法。孔德认为，通过实证方法，自然科学和社会科学得到统一，各门学科通过实证的方法而形成统一的科学体系。正是这种对实证方法的强调影响了心理学家，心理学家开始了以实证方法研究人的尝试。按照孔德的观点，形成实证哲学的第一步是进行科学分类，从研究无机到有机的现象共有五门基本科学：天文学、物理学、化学、生理学和社会学。而数学是精确可靠的，可以列在这五大基本科学之前。孔德强烈要求采取实证或科学的方法，提倡方法论的还原论和科学统一。他反对心理学的内省研究，认为应该坚持两种客观的方法研究心理学，第一种方法是把心理学还原为生理学，第二种方法是把心理学还原为社会学。孔德一再强调，他的实证哲学所肯定的知识纯粹是关于现象范围的知识。至于造成这些现象的原因是什么，在现象之后的事物的本质是什么，都不属于实证知识的范围，实证科学所关心的只是描述事实，只问是什么，而不问为什么。

孔德把许多美好的词义赋予"实证"。认为其具有"实在的"、"有用的"、"确定的"和"精确的"等意义。他在《实证精神论》（1884）一书中提出"实证的"含义具有这样六个方面："第一，实证的意味着必须是现实的。一切知识必须以被观察到的事实为出发点，反对神学与形而上学的玄想，因此，实证的是与空想的相对立的。第二，实证的意味着必须是有用的。反对使知识去满足人无用的、空泛的好奇心。知识必须求实在，以有益于我们个人和集体生活的不断改善，因此，实证的与无用的是相对立的。第三，实证的意味着必须是确实的。反对对那些不着边际、悬而未决的问题做抽象议论，而致力于个人以及人类精神的一致，因此，实证的与不确实的是相对立的。第四，实证的也意味着是精确的。反对超越实在现象性质所允许的正确度去谈论事物，而提倡观点的明晰性与坚固性,因此,实证的与暧昧的是相对立的。第五,实证的还意味着是积极的或建设的。反对形而上学否定现实的破坏倾向而以建设为目的,因此,实证的与消极的是相对立的。第六,实证的最后还意味着是相对的。因为人们对现象的研究受到人的内在状况和外在状况的限制,因而总是具有相对意义。以往哲学上追求绝对知识的倾向是必须加以反对的。所以,实证的是与绝对的相对立的。"①

耐人寻味的是,与孔德生活在几乎同时代的革命导师马克思却对这种实证主义做过尖锐批判:"我现在顺便地研究孔德,因为英国人和法国人都对这个家伙大肆渲染。使他们受迷惑的是他的著作简直像百科全书,包罗万象。但是这和黑格尔比起来却非常可怜(虽然孔德作为专业的数学家和物理学家要比黑格尔强,就是说在细节上比他强,但是整个说来,黑格尔甚至在这方面也比他不知道强多少倍)。而且这种实证主义破烂货是出版于1832年!"②

第二个阶段为马赫的要素实证主义。马赫(1838—1916)是奥地利物理学家、哲学家和心理学家。主要著作有《力学及其发展的历史批判概论》(1883)、《感觉的分析》(1886)、《认识与谬误》(1905)。马赫提出唯物主义与唯心主义都是把物质和精神对立起来的心物二元论,要克服这种对立,必须建立起一种统一的世界观和宇宙结构。据马赫的观点,事物是由一种中性的"要素"组成的,无论是物质的还是精神的都是这种要素的复合体。所谓要素就是我们通常称之为感觉存在的那些东西。马赫只承认直接的感觉印象才是真实的,物质、运动、规律都不是客观存在的东西,而是人们生活中有用的假设;因果律是人们心理的产物,应该用函数关系来取代;一切科学只能描述而不能解释。他指出科学理论只不过是我们感官观察的概括描写,强调科学研究的可证实原则,认为任何不能用实验来做决定的问题都是没有意义的。他甚至否认原子的实在性。20世纪初期新物理学的革命性发展,从根本上动摇了马赫的这种彻底的实证主义思想根基。

第三个阶段是维也纳学派的逻辑实证主义。受爱因斯坦等人的新物理学革命思想影响,罗素、石里克为代表的维也纳学派,试图以逻辑实证主义思想来修正孔德等人的强实证主义观点。"新物理学首先不是在大量直接观察的实验基础上,而主要是在少量实验事实的启发下通过逻辑分析为主要手段的'思想实验'建立起来的。这是新物理学的一大特点。"③新物理理论的数学化趋势展

---

① 张厚粲:《行为主义心理学》,浙江教育出版社2004年版,第7页。
② 《马克思恩格斯选集》第4卷,人民出版社1995年版,第574页。
③ 李醒民:《现代科学革命的认识论和方法论启示》,载《湖南社会科学》2007年第2期。

第一章　心理学理论研究的科学地位

示了对科学做逻辑分析的可能性。罗素认为,只有逻辑意义上的可实证性才能拯救实证主义,即从"数理逻辑所做出的实证方法论方案",而逻辑实证主义主要是指意义的可实证性。石里克也强调,科学研究需要"逻辑 + 经验"这样的双重标准。逻辑实证主义的最基本特点就是把世界归纳为逻辑结构,把哲学的研究对象限制在语言上,把研究的方法归结为对命题的经验分析。其中经验分析的目的在于澄清科学陈述的认识内容,从而澄清这些陈述中的词语意义。逻辑实证主义取消了与可观察物的联系,而解释和预测具有相同的逻辑意义。它要求任何科学理论、科学命题和科学概念都必须同实在合乎逻辑地联系起来,抛弃那些大而空洞没有益处的理论教条,主张哲学要像科学那样一点一滴地解决问题。逻辑实证主义对心理学中的行为主义和操作主义影响极为深远。当然,维也纳学派在 20 世纪 50 年代被波普的证伪主义和库恩的历史主义所消解。因为逻辑实证主义面临着许多严重的理论困难,"它离开活生生的现实世界和历史事实,从不变的逻辑形式出发,遵循固定不变的方法和原则去建构知识大厦,这是对科学的阻碍"①。

3. 后实证主义哲学的兴起

后实证主义哲学是在新物理学、科学历史主义、科学证伪主义基础上产生的一种新科学思潮。

进入 20 世纪中期之后,西方科学哲学界出现了一股重新认识的方法论价值意义的新运动,涌现出了像科学历史主义范式论、多元方法论、科学研究纲领方法论等流派。他们对科学的本质、科学结构、科学的合理性、科学认识、科学发现等相关问题进行了日益深入的讨论。这些众多新科学哲学的一个共同点是,强调科学知识并非始于经验,而始于问题。理论先于经验观察,一切观察都是在一定理论指导之下进行,观察与实验也只有在一定的理论关系中才有实际的意义。传统科学观的危机发生以后,理论的前提假设也需要有相应的变化。这些新科学观点极大地影响了心理学界对学科领域内重大理论问题的重新认识和思考,进而也为心理学研究提供了新的思想基础,即如何重新从学科水平上讨论实证心理学的评价标准问题。后实证主义的科学观和方法论集中表现出三个显著的特点:第一,强调科学理论不再仅仅是来自经验事实的归纳,自然科学及其方法不是唯一的科学方法,而是研究必不可少的工具。第二,科学革命之后的常规科学时期,理论范式或认识模型决定了研究问题的选择和经验事实的搜集,理论的能动作用更为明显,与理论范式不一致的经验事实将被视为研究的反例。也即是说,相对于经验观察,理论是首要的和第一位的。第三,客

---

① 唐晓嘉等:《逻辑原子主义对确定性知识的追求》,载《哲学研究》2006 年第 3 期。

观实体是存在的,但由于人的认识能力有限,只能部分地认识事物的真实性,只能对某种理论进行证伪。总而言之,实证主义的研究目标是正确的,但是由于单一研究方法的局限性以及客观实在现象的复杂性,导致极端科学目标很难实现。因此,提倡实证范式与多元范式相结合。目前后实证主义哲学普遍将科学实在论、科学解释学和社会建构论作为自己的元理论基础和评价标准。

所谓科学实在论是指对科学知识的解释要保证其正确性。科学实在论所讲的"实在"意味着"存在着的东西",它强调客观世界存在着三种意义的"实在"内容:一是指独立于人的客观实在,其本质特征是超验性;二是指经验实在,即人的经验可触及的实在;三是功能、关系性存在及观念性实在。"不只是存在我们能感知的东西,也存在理论科学方法允许的范围内我们能想象的东西。我们拥有关于事物、结构、过程等我们不能感知的可靠知识。"①科学实在论强调,理论陈述没有必要采用传统经验实证主义的标准,非观察性经验的心理现象知识与工具设计的改进,有可能超越直接的观察和测量。矛盾性、冲突性也可能为真,多样性、差异性和节省性也是科学研究的真值内容。

科学解释学是后实证主义的另一个重要方法论武器。解释学是有关意义、理解和解释等问题的学说体系,其"作为后实证主义的智力世界的基础——现象学和解释学传统的延续"。狄尔泰被看做是西方传统解释学的集大成者,当代科学解释学在继承狄尔泰精神遗产的同时也强调意义性阐释方法的本体论地位。认为对"意义"的理解具有人类存在的本体论特征,理解就是对意义的重新认识和重新构造。科学研究工作首先需要探讨多重意义结构,然后从表面意义揭示隐蔽意义。寻求意义的多样性、不确定性,也可以有着不同程度的真实性与合理性。客观必然性、确定性和逻辑的一元性,不再是现代科学知识解释的焦点。科学研究的本体性规定只能存在于解释的方法论中,且只有通过各种解释之间的"冲突"才可获悉被解释的存在。

社会建构论是后实证主义的另一个重要理论支柱。其不仅在对现代心理学的认识论、方法论基础领域的批判方面颇有建树,而且在建设性上也相当富有成效。社会建构论的一个典型特征是强调理论的社会建构特性。认为心理学的概念、理论完全是社会建构的产物,心理学不是知识的客观性的积累过程,而是一种社会建构的结果。在社会互动的过程中,开放的对话态度、互动方式可以改善对现有解释的丰富性和精确度。在研究过程中,理论家建构出一定的理论体系,提出一定的假设或预测,这些理论假设可以为实验心理学提供研究

———————

① Caciopo J. et al, "Realism, instrumentalism, and scientific symbiosis", *American Psychologist*, 2004, 4.

课题。关于理论的社会建构性思想虽然带有一些相对主义的色彩,但为心理学开辟了一个新的视角,有利于心理学内涵的扩展。

第四节　心理学基本理论研究的意义

革命导师马克思曾经指出,"理论只要说服人,就能掌握群众;而理论只要彻底,就能说服人。所谓彻底,就是抓住事物的根本。但人的根本就是人本身"①。恩格斯说过:"一个民族想要站在科学的最高峰,就一刻也不能没有理论思维。""什么是从自然科学到神秘主义的最可靠的道路。这并不是自然哲学的过度理论化,而是蔑视一切理论、不相信一切思维的最肤浅的经验论……无论对一切理论思维多么轻视,可是没有理论思维,就会连两件自然的事实也联系不起来,或者连二者之间所存在的联系都无法了解……而轻视理论显然是自然主义的,因而是不正确的思维的最确实的道路。"毛主席也说过:"科学技术有实用的,还有理论的。要加强理论研究,要有专人搞,不搞理论是不行的。要培养一批懂得理论的人才。"加强心理学的基本理论研究对于"强根固本、疏浚源泉",具有十分重要的学术意义。

一、心理学科学发展战略定位与规划的需要

心理学基本理论研究或者理论心理学在学科性质上,是一门探讨元理论与实体理论的分支学科。通过元理论与实体理论的统一来寻求心理学建设的框架,以便在不同的学派和理论体系之间架设一座能相互沟通的桥梁。强调理论心理学与实验心理学是并存的,其宗旨是推进心理学向类似物理学中的理论物理学与实验物理学、经济学中的理论经济学与应用经济学那样的研究形态迈进。

理论心理学作为一门新兴的分支学科,其发展虽然落后于心理学的其他领域,但是必须肯定它具有独立存在的必要与价值。有学者说得好:经验自然科学积累了如此庞大数量的实证的知识材料,以至在每一个研究领域中有系统地依据材料的内在联系把这些材料加以整理的必要,就简直成为无可避免的。建立各个知识领域互相间的正确联系,也同样成为无可避免的。因此,自然科学便走进了理论的领域,而在这里经验的方法就不中用了,在这里只有理论思维才能有所帮助。心理学的发展离不开科学的发展,科学的发展离不开理论思

---

① 《马克思恩格斯全集》第1卷,人民出版社1995年版,第9页。

维。历史的经验证明,健康的、科学的发展无论如何不能仅仅建立在已有经验的基础上,而必须求助于清醒的理论思维和理论智慧。那种把心理学的学科定位仅仅停留在实证的层面上,还不足以支撑及维系起一门具有独特研究范式和研究方法的学科发展战略的任务。心理学的科学发展需要全球化的视野和深刻的理论穿透力。比较系统深入地研究心理学科发展中的理论问题,不仅可以更好地实现如何总结中国当代心理学科发展的历史经验的学术任务,而且对于能够从理论视角与现实视角、学科进展与学术演变转型相结合的高度,进一步深刻地理解改革开放以来中国心理学快速发展的经验成就,努力寻求我国心理学学科繁荣的新机制,把心理学建设推向更高的层次和水平等重要问题的探讨,具有重要的理论和实践启发意义。同时,对于"如何认识现实"、"如何探讨学术发展规律"与"如何在学术研究中拿出立场"等问题的把握,也具有积极的学术价值。

进入新的千年以来,作为一门全球性学科的心理学迫切要求进一步讨论"究竟有哪些问题会促进当代科学的发展"。格根提出要探索一种具有新的途径和视野的理论计划,主要包括四个方面的内容:一是逐步超越实证主义;二是确定理论研究的重点领域;三是讨论与文化实践有关的理论;四是发掘理论智慧的社会文化资源。从目前来看,心理学基本理论研究具有四种基本的战略意义:一是共有性战略,心理学的基本理论将研究内容集中于科学的共同特征,从方法论的层面上强化科学研究的意义和作用;二是规划性战略,有学者指出,"近几年来,理论心理学的最重大成就之一就是提出如何取得统一的规划"[1],即将心理学领域统一规划为心理主义和物质主义两种本体论,心理主义的本体论强调要将研究领域限制到思想、感觉和有意义行为上,物质主义的本体论则认为应该将心理学限制到身体的物质状态,特别是脑和神经系统上;三是发明性战略,把研究焦点集中于科学知识产生的可推论的层面,建构心理学知识的发明系统,增强科学研究的系统性和创造性;四是评论性战略,理论评论将研究重点集中于指出有意义的科学阐述,反思、评价、预测或填补理论空白。当代心理学的理论研究中许多关键领域在性质上的变化,已经给不远的将来提出了新的前景和发展问题。

二、提高心理学科学研究水平的需要

加强基本理论研究也是提高心理学整体研究水平的需要。美国国家科学院士斯梅尔瑟认为,理论的用处和价值体现在四个方面:一是系统地整理并建

---

① 哈瑞:《认知科学哲学导论》,魏屹东译,上海科技教育出版社 2006 年版,第 13 页。

立相互的联系。理论是这样一种机制,借助于它可以把时常是独立进行、互不相谋的经验研究活动的分散结果,放在一个框架中进行系统的整理并建立相互的关系。二是概括功能。理论力求使研究上的发现和论点的适用范围超越理论形成的范围。三是提高敏感程度的功能,提醒人们注意一些具体的问题。如果对社会现象的研究漫不经心、没有理论指导,这些问题就不一定看得清楚,而这些问题恰恰有可能是进行理论阐释的依据。四是有应用的潜在价值。"理论的应用应当为观察社会现象提供论点、角度和方法,从而使实践活动更有针对性,更为有效。"①

北美著名理论心理学家斯坦姆指出,心理学的科学研究要取得重大突破面临着以下10种类型的两难性问题:①无法公式化;②无固定的规则;③非对错性;④无法测量;⑤每种解决方法仅适用一次;⑥无固定选择的方案;⑦本质的独特性;⑧解决一种问题会引起另外的并发症状;⑨解释是由效果来决定的;⑩良好的动机及计划常常被不好的实践结果所扭曲,而现实社会中所存在的问题更加重了理论研究的缺陷。

针对这些困难且复杂的问题,斯坦姆认为传统心理学理论研究的危机与失败并不意味着理论研究的终结,相反地从侧面增进了对心理学理论建设反思与改善的契机。他预测目前心理学的理论将会在以下三个方面取得积极的作用:一是反思本质。对心理本质问题的反思,仍然需要确立物质心理生命这一最为基本的概念之上,无疑神经生物还原论的研究最为符合科学的共同准则。除了神经还原论之外,还可以采用其他合理的方法来概括和解释心理学现象,而不能完全归结于身体和大脑方面的因素。狄尔泰所强调的"反思性经验概念"不仅在精神科学中具有重要地位,而且能够成为理论心理学的方法论基础。一旦一个理论说明了心理存在的依据,它在事实上便可以揭示心理变化的实质。二是考虑道德因素。心理学理论研究不仅牵涉到规范的有效性问题,而且包含着价值性问题。心理学理论研究倡导科学的"真实性"、"正确性"、"真诚性"与"解释开放性",通过积极推动与其他学科的联盟,从科学哲学、社会科学、历史和道德方面的训练来提高自己的研究水平。三是进行证伪性检验总结。以证伪原则修正、替代经验主义的证实原则,为理论研究的通约性提供了内在可能,因而"理论心理学不仅是,而且将持续成为一个不断全球化的心理学的重要的努力方向"。

① 斯梅尔瑟:《社会学理论》,载《国际社会科学杂志》1995年第1期。

三、培养心理学新型人力资源的需要

对于学习和研究心理学的人来说，心理学基本理论是一门重要的必修课，是为专业课学习服务的一门基础课。心理学既是一个高度分化的学科，也是一个高度分裂的学科。从大的方面来说，心理学可以划分为两种阵营、两种文化。从小的方面来说，存在着各种理论模型的竞争。因此，有必要从历史的进程中发现形形色色的心理学研究之间的内在联系，从五花八门的理论观点之间寻找到连贯性和统一性。加强心理学的基本理论研究和理论教育工作，不仅有助于了解当代心理学的全貌，而且有助于确立专业科学精神。系统地学习和掌握心理学理论的基本知识，才能为今后的学习和研究奠定坚实的基础，才能在科学研究中有所成就。如果我们能够通过不断引进西方理论心理学的最新研究成果和理论评论工作，积极创造有利于推进理论研究的良好学术环境，则至少会使我们的年轻一代认识到：不能完全依靠注重培养一套狭窄的、有限的规范技能养成而心满意足，"理想的境界是提供一种心理学性质的人才教育事业而不是培训工作"。否则，我们只能训练培养出"实证的人"或者"单向度的人"，自然很难培养出有国际影响的心理学大家。美国学者雷默说过："如果一个人想胜任自己的专业，如果一个人的专业要在整体上卓有成效，那么某种哲学——即有关该专业的本质和价值的整套基本信念——则是需要的。这个专业能对社会产生多大的影响，在很大程度上取决于该专业对它所要提供的有可能对社会产生的价值做何理解。——作为专业人员，对自己的目标有明确认识并且确信这些目标的重要意义的人，是组成这个专业的人链的中坚。而不能缺乏有关它的本质和价值的整套基本信念。"[1]

在这方面，老一辈学者的治学经验是值得我们学习的。老一辈著名心理学家潘菽、朱智贤、曹日昌、高觉敷、陈立等大家，他们无一不对理论了如指掌，将理论与实证运用自如，从而撰写出不朽的传世之作。比如潘菽先生早年对心理学的发展寄希望于实验研究，认为要取得一致的正确看法，靠空洞的论争是于事无补的，只有通过实验取得可靠的结果，才能求得共识，从而推动心理学的发展。后经过一个时期的实践和对心理学各流派分支进一步研究，对于同一个科学事实和实验结果，仍会有很不同的以至相反的解释。关键在于看问题的观点和方法。只有把看问题的根本观点搞端正了，才能够对心理事实有一个正确的认识，因而才能够从根本上提高心理学的科学性。基于这种认识，潘先生转而更加注重心理学基本理论的研究。

---

① 雷默：《音乐教育的哲学》，熊蕾译，人民音乐出版社 2003 年版，第 17 页。

当前我国的心理学正处于改革、发展的转型时期,需要大力培养新型的心理学人力资源,才能满足人民群众日益增长的迫切需要。而新型的心理学人力资源的培养离不开专业化和职业化的发展,因为专业化和职业化是心理学改革发展的必由之路。所谓职业化是指在学术专业化培养训练基础之上的一种具有较高深的、独特的专门知识与技能标准的社会职业实践性活动。职业化改革进程要求越来越多的心理学工作者不再局限于学术和教学研究,而要鼓励实践应用并逐渐走上职业化发展道路。以心理健康咨询与治疗领域的职业化发展模式为例,便需要不断促进"科学家—职业家"的分离,通过"科研—临床—教学—服务"等多项专业活动任务,提高专业人员的技能水平。职业化强调更重视专业人员的实际操作技能,但同时也不降低学术标准,犹如优秀的医生必须有相关学术研究成果一样。这无疑是一种更高的心理学专业化发展要求。当今理论研究与技术方法发展所面临着深层次、高难度的问题,再次恢复着更加明显的相互影响和联系。

要提高心理学的基本理论研究水平,也需要克服这一领域中长期存在的一些方法论问题。经过近半个世纪对心理学实证性研究之后的发展,也进一步发现和暴露了传统心理学理论研究中的许多缺陷。"问题中的心理学理论"长期以来难以解决学科自身内部的许多问题,诸如概念、词义的含糊性、逻辑关系、语言表达的矛盾性,理论的综述性、空泛性、非实用性、非实践性,以及脱离客观内容的形式化、主观虚构等问题,这严重地影响到了理论性研究的学术含量和公认度。而理论性研究在心理学的主流范式中的学术地位之所以比较低,其中有很重要的一个原因是由于理论性研究多属于深层次的和高难度的,这本身也造成了自己的不足。因为如果长期无法产生出有重大意义的研究成果,那么否定这一类型的研究也不失为一种合理的选择。我们完全可以说,"心理学理论中的问题"起源于"问题中的心理学理论"。因此,提高心理学理论研究的科学水平是恢复其学术尊严的必由之路。也就是说,必须将科学精神、科学观念、科学方法、科学认识、科学价值、科学标准、科学语言,乃至科学表达的方式和构造手段,均要带到心理学的理论研究之中,以严谨的科学态度和方法阻止心理学理论学科的解体。否则自然会损害到理论研究的学术声誉和社会形象。从这个意义上讲,扎实推进心理学基本理论研究是提升学术地位的必由之路。

[复习思考题]

1. 当代心理学所关注的时代性主题应该是什么?

2. 如何理解心理学基本理论研究的内涵与体系结构?

3. 心理学理论研究与哲学研究的联系及区别。

4. 如何正确理解科学与理论、科学与实验的关系？
5. 科学与心理学的哲学问题分野及融合。
6. 实证主义对心理学的贡献及其限度。
7. 现代西方哲学反心理主义对心理学理论研究发展启示。
8. 加强心理学基本理论研究的学科建设意义。
9. 如何推动心理学理论研究的发展与改革？
10. 后理论时期的心理学理论研究的发展前景。

第二章

心理学理论研究发展新趋势

当前国际心理学的理论研究呈现出了一种复兴的趋势，强实证主义的研究进路有所衰落，"后经验主义研究日益兴盛"①。美国心理学会于1963年成立的哲学与理论心理学分会（Society for Theoretical and Philosophical Psychology, STPP），是APA的第24分会，标志着理论心理学研究的学术合法化建制，而1985年所成立的国际理论心理协会（ISTP），更是站在国际的大舞台上引领着理论心理学的发展与革新。近30年来，心理学研究出现了一股理论化的热潮，不仅像认知心理学、认知科学和认知神经科学等实证主义的研究范式步入了一个理论创新的发展阶段，而且以理论心理学、社会建构论、文化心理学、质化研究等为代表的后实证研究范式，也不断展现出心理学理论研究本身的内在学术魅力与文化自信。新世纪的心理学研究范式走向了一个更为开放的新时代。

第一节　从心理学理论到理论心理学

从心理学的理论研究，发展到理论心理学科的专门建立，是心理学理论得以繁荣的学科建制基础。

---

① 叶浩生：《后经验主义时代的理论心理学》，载《心理学报》2007年第1期。

一、理论心理学的兴起

1. 理论心理学的立论之基根源于现代科学重新澄清理论价值运动的有力推动

关于心理学"为什么需要有理论心理学"问题的一个立足基始点是,究竟如何正确处理科学与理论之间的关系? 这不仅涉及了理论心理学的学科合法性存在问题,而且影响到了整个心理学理论研究的学术地位问题。现代心理学一直强调实证经验高于理论,理论被视为无谓的空谈,而实证则是科学活动的灵魂,没有实证证据的陈述是站不住脚的,应防止一切形而上学与伪科学的混入。在这种观点指导下的心理学必然会轻视理论研究,认为没有必要存在"理论心理学"这样的学科分支。实证至上的原则给理论发展带来了毁灭性的后果。由于心理学理论是从超经验的角度做有关人的心理活动规律的研究,许多现象的非经验属性使它难以符合客观性证实原则,显然这种研究是为实证科学的要求所不相容的。当然,这种反理论、终结理论的倾向并非心理学界独有的现象,而与近现代科学的强实证化追求相同步。不仅自然科学界存在过否定理论研究的运动,而且自黑格尔的宏大叙事理论解体之后,整个哲学社会科学研究也出现了"对抽象思辨兴趣的消退"潮流。然而伴随着 20 世纪初期微观物理学的巨大成就,西方科学哲学界掀起了一场重新认识理论研究价值意义的运动,在科学知识社会学领域取得了许多新的重要突破。有关科学的评价标准也经历了从绝对到相对、从相对到融合的变革历程,实证主义的科学观遇到了很多基础性的挑战。新兴的科学哲学思想在本体论和认识论层面有力地廓清了科学与理论之间的传统认识盲区,消除了阻碍心理学理论研究的主要屏障,为"理论心理学"的研究创造了有利条件。

长期以来对心理学理论的怀疑及批评根源于传统的重视实证研究的经验主义观点。理论研究与实证研究本是科学研究的重要方法,但由于近代自然科学的巨大成功,使得实证研究超越了由具体方法论的范畴上升为本体方法论范畴的地位,而理论则被视为一种由研究而来的对事物秩序的规定和安排,甚至被当做无谓的空谈。在这种科学理论观的支配下,现代心理学也把经验观察和实验作为检验知识的唯一标准。强调理论是由证据决定的,经验观察高于理论。理论不能独立存在,需要依附于事实。按照这种观点为指导的心理学研究必然会轻视理论工作,也没有必要存在"理论心理学"这样一种学科分支。"反理论"、"终结理论"曾主导了心理学长达半个世纪之久。然而,伴随着 20 世纪初期微观物理学的巨大成就,西方科学哲学界出现了一股重新认识理论研究方法论价值意义的新运动，涌现出了像后实证主义、历史主义范式论、多元方法论、科学研究纲领方法论等流派，他们对科学的本质、科学结构、科学的合理性、科学认识、科学发现等相关问题进行了日益深入的讨论，并在与经验主义者屡次交锋中产生了许多新的重要观点。

第一，经验观察包含着理论。经验观察曾是否定理论的最主要障碍，而新兴的科学哲学研究者则尖锐地披露了客观实证原则的虚假性，因为"观察本身包含着理论"。观察与实验也只有在一定的理论关系中才有实际的意义。经验研究需要为相应的理论立场提供基本的合理性证明。经验决定论并不能成为否定理论的主要根据，科学不能再继续依赖经验主义了，实际上经验主义不能证实科学陈述的有效性。① 因为观察和实验均依赖于某种前提和假设，如果把一个从未做过实验的人领进实验室，直接对他说："请你观察吧。"那么这个人就一定会问："观察什么？"这说明所谓客观性的观察也是需要建立在预设性的前提之上。观察与实验也只有在一定的理论关系中才有实际的意义。经验研究需要为相应的理论立场提供基本的合理性证明。科学本质上是一种解题活动，科学的首要任务是研究问题，问题是科学思维的焦点。通过对"问题"和"理论"关系的讨论来探讨科学的进步问题，而理论问题的解决比经验问题的解决对于学科的发展具有更深远的意义。理论在认识上的重要性在于为问题的解决提供了合适的解答。因此，经验主义并不能成为否定理论的主要根据，实证研究也不能证伪理论概念。无论搜集资料的经验活动工作量多么巨大，所得到的数据多么精确，成熟的科学理论也不可能在观察与实验等经验操作活动中产生。只要有一定的证据理论便可以存在。所谓客观性的观察也是需要建立在假说性的知识之上的。观察的关联性、描述性定义和对其正确的测量都依赖于所涉及的理论。现代科学的迅猛发展主要是由"思想驱动"与"数据驱动"这样两种互为联系的内生性知识资源推动的结果。

第二，理论也是科学研究方法的一种。从数据收集走向理论的研究方法是合理的研究方法，但不是唯一的方法。因此，经验观察不能作为独立的检验理论决定性因素。没有一种研究发现不使用理论术语，有时理论是通过数学的方法来表达知识。理论是观察与研究思考问题的基本框架和普遍方法，无论关注实验问题还是思考自然和社会现象都离不开理论方法。通过理论来挖掘其他问题也是一种常用的方法。

第三，理论与实践的关系并不完全处于被动的从属地位，它也具有积极性

---

① 波兰尼：《社会、经济和哲学》，彭锋等译，商务印书馆 2006 年版，第 248 页。

和主动性。科学理论来源于实践与实验,并随着客观世界和人们的实践活动的发展而发展,但理论也会成为科学知识研究中最重要的成分而需要不断加强。

同时,科学本质上是一种解决问题的活动,问题是科学思维的焦点。理论通常在解决现有问题,又总是被新问题的突破而得到完善。这些新科学哲学思想的问世,为理论探索作为一种科学方法进入心理学的研究领域提供了合理性的依据。另外,积极借助于理论分支学科建设提升学术水平,乃是现代自然科学发展的通行做法。许多成熟的学科均有理论学科分支,像物理学中有理论物理学,经济学中有理论经济学。数学和生物学中虽然没有专门的理论学科分支,但其中许多内容属于理论性质的研究。在物理学界,实验工作被视为物理研究中最重要的事项,但有的物理学家可以侧重于理论,有的可以偏重于实验。理论家和实验家并不意味着是同一个人。某些学者只提出理论,而证实或证伪工作留给其他人。即使没有从事任何原始实验的物理学家也可以对科学做出贡献。现代许多重要的发现多是理论型学者,像爱因斯坦的相对论就留给了其他科学家证实。经济学上的"用脚投票"学说提出后,随即有 1000 多项研究证明了其适用范围和条件。这说明理论建构是科学研究必然的和必需的基础。当前在欧美方兴未艾的科学实在论、科学解释学和社会建构论运动,也极大地影响了心理学界对学科领域理论问题的重新认识和思考,即需要加强对相关成熟学科的学习,特别是需要在学科水平上讨论心理学的重要理论问题,否则便会落后于科学发展的时代潮流。

2. 理论心理学的立论之基起源于学科内部矛盾问题解决的需要

理论心理学科建制的立论基础一方面得益于外部力量的正面推动,"在过去 50 年里,心理学的发展就是在外部影响下不断更新的历史";另一方面则来自于心理学科内部对发展危机问题解决的积极探索。现代心理学的分裂危机发展现状,催生了需要解决问题的理论性学科分支的存在价值。科学实证心理学在取得巨大进步的同时也面临着许多严重的缺陷和矛盾,缺少统一的范式,鲜有人能说清楚心理学的核心概念是什么,逻辑起点是什么。许多理论受到质疑,心理学的数学化和公式化也受到了很多批评,而本能论和智力种族论等观点更使得心理学理论一度声名狼藉。心理学是在没有一种系统的理论中前进了 100 多年,这种忽视理论建设而专注于实证研究的直接后果导致了研究的琐碎和分裂。正如有学者曾经评论所讲:"关于心理学范式、理论、观点、学科分支,最可悲的事实就是它们的出现或逝去都与前面的出现或逝去没有关系。结果是,当我们谈论起来时,在心理学上,我们更加接近的事实不是库恩的范式转移,而是心理学的平行发展。最好的描述就是我们认为的从一个理论到另外一个理论。"①当代著名心理学家斯腾伯格也指出,心理学科发展的破碎和分裂的现实使人不能不想到盲人摸象的故事。每个人摸到不同部分就使得人们对大象的概念千差万别。在心理学中类似的情况是,当长期研究某一现象或问题时,就会认为通过这个侧面可以认识整个现象。如在对人的智力的研究中,心理测量学发现了"遗传因素",从而相信遗传因素可以对智力做出主要解释;生理心理学家在从事认知任务研究时,通过功能性磁共振脑成像或正电子发射断层扫描术,发现大脑中有一个或两个区域发光,于是认为大脑的这些区域是智力产生的根源。文化心理学家认为智力随文化不同而异,于是主张智力只不过是文化的产物。每一类心理学家触摸到这只"象"的不同部位,从而坚信这个部位就是整个大象。目前的制度会导致人们无视专门学科领域之外的心理现象。像想象、动机、情绪等心理现象,如果不被看做是核心领域的一部分,也许就会被所有学科所忽视。这种情况同样发生在研究这些现象的人们中。由于通常是按不同学科来招聘的,所以这些人很难求职。人们会认为学习交叉学科的人难以胜任任何一个学科的工作。同时,某一研究领域的权威机构也会感到这些人难以带给该领域巨大利益,或是认为他们难以胜任对研究生进行所谓"核心领域"的教学,而拒绝聘用这些人。当前的学科制度会阻碍新途径的实现。②

有学者在《21世纪的心理学》一文中提出,新世纪的心理学将有四个主要特点:一是神经科学研究;二是进化心理学;三是计算心理学;四是心理学的分裂与重组。随着心理学研究的进一步发展,学科的分裂与重组会成为一个必然的趋势。当前许多心理学理论被分裂、重组和处在更新换代之中,这种现状也迫切需要一门理论心理学分支。当其他科学纷纷走向体系化和理论化的时代发展潮流之际,心理学仍然"像一个智力迷宫",这不能不说是这门学科发展的悲哀。进入新的千年以来,心理学进入了一个急剧变革和不断重组的新阶段,迫切需要提升学科的整体理论研究水平,以回应现代心理科学日新月异变革的挑战。因为"从某种意义上讲,现代心理学并不缺乏实验的资料,通过多年的努力,心理学已积累了大量的数据、素材、定理、模型等等,现代心理学所缺乏的恰恰是这些资料的内在关系,即怎样把这些零乱的素材构建成合理的框架体系。这就需要理论工作者,需要理论心理学的优先发展"③。

① Goertzen, "Complexity theory, critical realism, and crisis in psychology", *Varieties of theoretical psychology*(Toronto: Captus Press, 2009), p. 59.

② Sternberg et al, "Unified psychology", *American Psychologist*, 2001, 12.

③ 叶浩生:《论心理学的分裂与整合》,载《陕西师大学报》(哲社版)2002年第6期。

3. 理论心理学的立论之基源起于心理学科内部实体理论的持续积累

理论心理学不同于传统心理学基本理论研究的一个重要转向是逐渐放弃了宏大理论的建构,而重点致力于中层理论及实体理论的探究。这种变化无疑得益于以认知心理学、推论统计技术、实验心理学和发展心理学等为代表的实体理论成果的积累。认知心理学与认知科学作为当代心理学发展的新方向,不仅代表了心理学的先进思想和方法,而且对心理学的理论发展产生了强烈驱动。当前第二代认知科学的兴盛更是超越了以往实证主义范式,初步实现了计算主义、功能主义与解释主义的融合,为建构理论提供了新的技术思路。现代统计学中推论统计的发展也促进了对理论的理解持有更为开放的态度,并鼓励对理论模型的更广泛应用。在数据统计处理过程中,个别的数据并不重要,集中分布描述成为优先选择原则,而这一种原则恰恰体现了理论研究的选择功能。如对记忆过程的实验不是通过研究个别的记忆活动获得,而是通过比较不同条件下各组被试对所限定的实验任务的反应来体现。研究的结论不再是实验中任何单个被试的情况,而是对总结记忆活动机制及特点的某种合理抽象特征。有关数据结果的解释需要通过观察并结合推论统计技术来加以确认,这种方法实施的一个重要后果是使理论得到了极大的简化。实验心理学虽然一向以轻视理论而著称,但正像有学者指出的那样:"在实验设计中,这种知识表现为对既有术语、定义和命题的选择性接受,对理论争论中热点或盲点的选择性注意,对变量的选择性控制,对实验范式即经典经验模型的选择性制定,以及解释性统计工具的选择性使用,等等。在实体理论建构中,这意味着对既有研究结果的选择性整合、理论参量及其结构的选择性设置、理论和经验问题的选择性面向,以及选择性的理论修辞。"[①]当前发展心理学中有关儿童理论的研究,也充分揭示了"理论"作为一种"初级理解"的解释学精确细节与证据,即人类理解他人的方式常常涉及范畴、特征、关系等推理性问题。这充分显示了理论图式这一人类认知方式的普遍性问题。当今诸多实体理论的持续积累,显著提高了心理学的理论阐释力度,为理论心理学分支学科建设奠定了良好的现实理论依据点。

4. 理论心理学的立论之基取决于自身特定的研究对象与方法

一门学科分支是否真正能够"立"得起来,除了要看它是否有明确的研究对象和方法之外,还需要视其对于解决学科内在矛盾问题的促进程度。从研究对象上看,理论心理学以心理学的学科性质、研究对象、方法论和涉及全学科范围的理论问题为研究领域,有着自己特定的研究对象、任务和结构体系,并不同于

---

① 车文博:《中外心理学比较思想史》(第3卷),上海教育出版社2009年版,第634页。

哲学心理学,而与实验心理学相并存。在研究方法上,理论心理学运用理论思维的方法,总结实证性与非实证性意义的心理活动存在规律,建构一定的理论体系,提出一定的假设或做出预测。既能够为实验心理学提供研究课题,也可以通过逻辑分析的方法判断和鉴别概念、命题、理论的真伪问题。在结构体系上,理论心理学形成了元理论与实体理论相结合的独立学科体系。在研究流派上,涌现出了社会建构论、哲学心理学、人类心理学、现象学心理学、解释学和释义学心理学、批判心理学、文化心理学、女性主义心理学、后现代心理学、心理逻辑学、理论神经科学和心智哲学等一批精彩纷呈的学术流派,极大地带动了理论心理学整体学术势力的增强。

二、西方理论心理学演进历程

关于理论心理学的发展演变,我们似可以归纳为以下三个时期。

1. 理论心理学的开辟阶段(20 世纪 50 年代末期—20 世纪 70 年代)

心理学的理论研究虽然一直伴随着科学心理学的发展,但是作为一门独立学科分支的理论心理学,其诞生于 20 世纪 50 年代末期。1958 年,库克发表了系统清理和反思心理科学的著作——《心理学作为一门科学一个世纪的结论》,随后主持出版了六卷本的理论心理学巨著《心理学:一门科学的研究》,被学术界视为是整个心理学界最博大精深的理论著作。库克深入研究了心理学研究中本体论的反常问题,并对核心学科中的术语、概念和方法的不确定性等问题,提出了新的研究领域和方法。理论心理学科发展中的另一个重大事件是罗伊斯于 1967 年在加拿大阿尔伯特大学,为专门进行心理学的基础理论研究而成立的"理论心理学高级研究中心",它被视为"作为一门独立的分支学科开始恢复它在心理学中的合法地位"。当时美国一些大学的理论方向的博士学位也需要到这个中心去申请。罗伊斯相继主编了五卷理论心理学的会议论文集(1970—1979),后又推出了专著《心理学的多元方法论:理论类型、特征与普遍观点、体系和范式》(1975),对理论心理学的研究目标、任务和方法进行了明确规划。他提出,理论心理学是由元理论和实体理论两部分组成的命题,同时亦将理论心理学概括为三种类型:唯理论(逻辑一致)、经验论(可观察、可重复)和隐喻论(通过符号达到普遍的真知)。关于理论心理学的研究任务,罗伊斯提出有两项内容:一是运用不同的方法构成理论,二是要深化理论批评。在他看来,由于当代心理学作为一门理论科学还没有成熟起来,因此在理性方面普遍缺乏深度。其结果是理论大量增加,却无人加以评论,难以达到去伪存真。理论的激增本来并非是坏事,但是不加评论和选择的激增却造成了混乱。此外,在 70 年代相继问世了一批有影响的理论心理学专著,像马克斯的《理论心理学文选》

（1975）、查普林等人的《心理学的体系和理论》（1970）、罗宾逊的《心理学的理论体系》（1975），受到各国心理学家的好评。当然，六七十年代西方的理论心理学研究还不够系统，尚没有形成统一的研究势力。

补充资料 2－1　　库克

　　美国心理学理论家库克，1917 年出生于纽约，随后在那里长大并开始了自己的大学生涯。青少年时期对文学颇感兴趣，后进入纽约大学取得了哲学与心理学学士学位，随后在爱荷华州立大学和杜克大学学习。1942 年获得心理学博士学位，成为一名全职的大学教员长达 22 年。1959—1963 年，库克出版了许多著作，主持了六卷本的理论心理学巨著《心理学：一门科学的研究》，并在 1985 年又主编了《一个世纪的心理学》。他使用理论探索视角，对心理学的科学地位、心理学与其他学科的关系、心理学的方法论和一些具体的理论问题做了深入的分析讨论，为理论心理学的发展做出了杰出的贡献，成为美国理论心理学的领袖人物。1964 年，库克离开了杜克大学前往纽约，接受了一项福特基金会计划资助。1967 年库克作为全职的教授回到了德克萨斯州立大学，此后前往波士顿大学任教。1978 年当选为美国心理协会普通心理学与哲学心理学的主席。库克在当代理论心理学的领域里留下了深深的脚印，他激励着许多心理学理论工作者为心理学的创新与发展而前进。

库克（1917—1996）

2. 理论心理学的发展壮大时期（20 世纪 80 年代—20 世纪 90 年代中期）

　　20 世纪 80 年代中期以后，北美、欧洲等国的心理学界可以说才真正地进入了一个"理论研究热潮"的发展时期。最为突出的特点是，形成了比较统一的研究力量，出版了专门的理论学术刊物，建立了理论心理学的国际组织。1985 年国际理论心理学协会（ISTP）在英国建立，并召开了第一届理论心理学的国际学术会议。以后又相继在加拿大、澳大利亚、德国、法国和日本等国举办了多次大型的国际学术会议。许多国际的心理学组织也相继成立了理论心理学分会，像英国的心理学会 1985 年设立了"哲学与心理学分会"，瑞典、挪威等国创立了"理论心理学研究中心"，美国这一时期也成立了"理论心理学与哲学分会"。加拿大的理论心理学研究和组织在国际上更是有很大的影响力，世界上第一个理论心理学的高级研究中心就设在阿尔伯特大学，目前国际上权威的理论心理学杂志"Theory & Psychology"，也由加拿大的卡尔加里大学主编和出版。在专业出版领域，除了主流刊物如《心理学年鉴》、《美国心理学家》、《认知科学》、

《心理学历史》等权威杂志大量登载理论心理学的文献之外,专业性的理论心理学杂志在80年代中期也先后创刊,如《理论心理学与哲学杂志》、《哲学心理学》、《文化与心理学》、《国际人格结构心理学》、《心理学历史与哲学杂志》、《行为与哲学》、《理论与心理学评论》、《国际心理学评论》、《范式心理学国际通信》、《国际心理学杂志》和《当代心理科学研究方向》等。这批专业学术期刊的问世,有力地推动了理论心理学良好研究氛围的形成,也极大地带动了理论心理学整体学术实力的增强。进入90年代中期以来,欧美一些著名大学如伯明翰大学、圣乔治大学、约克大学、卡尔加里大学等十几所高校,成为理论心理学研究的重要阵地,这些大学纷纷建立了理论与哲学领域的研究中心,培养理论心理学方向的高级人才。

在这一时期,一大批理论心理学的专著也相继公开出版。如曾担任美国普通心理学分会、哲学心理学分会主席的库克,在美国国家科学基金会和美国心理学会的资助下,发起了对心理学科学地位的研究,他主编出版的《一个世纪的心理学》(1985)一书,被誉为是"整个理论心理学界最博大精深的理论著作"。国际理论心理协会也编辑出版了《理论心理学的当代问题》(1985)、《理论心理学的发展趋势》(1988)等书籍。90年代以后,随着认知科学的进一步发展,理论心理学研究又出现了与认知科学、认知神经科学、神经计算科学相结合的趋势,许多有影响的新著,像《认知科学哲学》、《认知科学的发展动力》、《21世纪的心与脑科学》、《认知神经科学》等书,以崭新的科学视角与综合性的学术观点在多层面上支持了心理学的理论探讨,更增加了理论心理学的研究内容和学术深度。

在学术方面,后现代主义心理学的异军突起,文化心理学、社会建构主义日益活跃,关于心理学的分裂与整合问题在这一时期的研究也比较深入,与认知科学相结合,形成了研究传统。这个时期的特点是加强了与人文科学、认知科学的互动关系。同时,理论家更多地关注一些比较特殊的问题,而不是总体性的问题。加强对许多中介理论问题的广泛讨论,是这一时期理论心理学研究的重心内容。可以预言,当前充满生机的认知科学、神经生理学、计算神经科学和质性研究方法学将可能主导未来理论心理学的元理论建构与实体理论发展的方向。

3. 新千年的理论心理学

进入新世纪以来理论心理学又出现了许多新的特点,其中对研究方法的批判和反思已成为理论心理学关注的核心话题。对理论心理学方法论问题的探讨,其根本宗旨是"重建科学方法论基础,以便为心理学研究提供新的途径和视角"。寻找把主观性转变为客观性的途径是理论心理学的基本任务之一,运用新的知识和技术方法阻止心理学的解体。有关"心理学理论如何行动"是近年来国际理论心理学的又一热点问题。2006 年第 3 期的《理论与心理学》杂志专门发表了一组"理论在行动"的系列论文。格根等学者提出,传统关于理论与实践的区别是有缺陷的,对有效的实践活动而言,理论是一种应对复杂的、不确定实践活动的有效形式,其本身也是一种实践。社会行动是在群体合作中产生的,主动性的理论研究对于社会行动是十分有益的,特别是当社会处于变革阶段时,理论话语具有不可或缺的价值组织和逻辑支持功能,并对现存的实践活动加以反省和清理。近年来,理论心理学的研究领域更为广泛。如 2009 年国际理论心理学大会讨论主题所涉及的主要内容有:活动理论、人类心理学、临床理论、认知科学、批判心理学、文化心理学、发展理论、认识论、道德、进化心理学、女性心理学、健康心理学、解释学、心理学史、本土心理学、方法论、现象学、哲学心理学、后殖民理论、后现代心理学、心理分析理论、社会建构论、系统理论、理论神经科学和心理学应用方面的理论。斯坦姆强调今后理论心理学的研究有五大任务:一是专注于方法论的假设;二是理解学科的分裂;三是整合后现代主义;四是阐明全球化;五是探讨理论和模式假设的应用。理论心理学的发展不仅关乎微观理论的前途,而且也关乎整个心理学理论的前途。[①]

　　在元理论指导思想上,目前理论心理学逐渐形成了一种后实证主义的研究形态。这种观点较"实证主义"的"强科学主义"弱,而比后现代主义的"弱科学主义"强。后实证主义的具体研究方法与后现代主义的方法有着显著的差别,其既不是激进的相对主义,也不是狭隘的实证主义,而是一种有限度的"可推论的实在主义"(inferential realism),即力图在维护科学标准和形象的前提下,推进理论型知识研究的科学性质,在此基础上寻求理论的同一性。这种科学观和方法论立场更容易被学术界所认同接受。

补充资料 2 - 2　　美国理论心理学家格根

　　美国心理学家格根,出生于 1925 年,在北卡罗来纳州的达拉谟长大,父亲是杜克大学的数学系主任。他中学毕业后进入耶鲁大学,1959 年毕业后随即成为了美国海军的一名军官。后又进入了杜克大学的研究所,获得心理学博士学位(1963),成为哈佛大学社会系的助理教授,并成为哈佛导师委员会的主席以及大学教育委员会的负责人。在哈佛任职期间,他同时兼职于国家自然基金会和国家心理健康机构。1967 年格根担任斯沃斯莫尔学院心理学系的主任,

---

① Stam,"On the uses of theory",*The General Psychologist*,2008,2.

时间长达 10 年,成为诠释理论学术研究的领头人。他早期的每项研究都是典型的实证研究。在大学时代接受的是传统的经验主义心理学训练。格根在回顾这一段经历时说:"大学教育使我明白了两点:其一,上个世纪对人类生存与发展的最伟大的贡献来自于自然科学;其二,我们对人类行为之所以产生的根源还知之甚少。"由此激发了格根一个重要的信念:"如果我们能够获得有关人类行为的'科学'知识,将有助于解决众多的社会问题,如减少越轨、侵犯、偏见、冲突、不道德等行为的发生——这正是心理学家的存在价值。"格根的主要工作是社会建构论,其代表作品《背景下的社会建构》、《社会建构的邀请》、《实在与关系,社会建构的探讨》等都囊括了他大部分观点。他特别关注对"关系的"自我看法的培养,他有一句与哲学家笛卡尔"我思故我在"同样闻名的论述"我建构故我在"。虽然格根的社会建构论引起了许多专家学者包括一些心理学家的诘难,但不可否认,他坚持挑战传统、多元性的学者思路给了我们很多的启发,即从心理学理论的角度去重新构建心理学,为科学与通往圣洁的真理之路架起了一座桥梁。

Kenneth Gergen(1925—)

第二节　西方理论心理学研究的新特点

一、西方理论心理学研究的新特点

近 20 年来,西方心理学界所出现的"实证主义的衰落和理论心理学的复兴"特点,可以说是西方主流心理学发展的又一个新的重要趋势。西方心理学的权威刊物《美国心理学家》杂志上的一篇文章指出:"理论心理学以其重要的方式而成为一门富有活力和发展前途的分支学科——在过去 25 年当中,理论心理学工作已取得了显著的、持续的进步,这些工作大多数已经成为学科发展的主流。"①

---

① Slife,"Toward a theoretical psychology:should a subdiscipline be formally recognized?",*American Psychologist*,1997,2.

当前欧美国家理论心理学的发展特点,主要反映在以下几个方面:

1. 实体理论的整合研究成为理论心理学发展的重点

从元理论研究转向了实体理论及亚理论的整合分析是目前西方理论心理学发展的重心。元理论研究一度曾经被认为是理论心理学的发展重点。国内不少学者近年来也提出我国应"重点研究心理学的元理论",建立统一的心理学观即"大心理学观"。但是,心理学的元理论究竟如何"元"呢? 如果单纯用理论思维的方法对心理学问题进行研究和推断,或者发明许多抽象的命题,只给出结论而不说明在什么条件下这一结论是成立的"理论研究",自然是一种没有科学生命力的心理学理论。理论心理学应该属于一种新的知识形态,其长远目标当然应该是建构统一的理论,形成所谓的"大心理学观"。但是就近期和中期发展目标而言,研究的重点应该是对实体理论及亚理论的整合,以便为理论心理学实现长期的学科发展目标做好科学理论上的准备。如果寻求通过理论化的一个简单转向,来克服现代心理学发展中的所有困难与危机,是不现实且有害于理论心理学的科学形象的。因此,新世纪的理论心理学研究转向了具体的小范围的问题的反思上,"转向实际的和可能的问题以及心理学如何能认识到这种差别的理论整合性学术探讨工作"[1]。

近10年来西方理论心理学对于亚理论的整合性研究内容主要集中于这样12个主题:①认知、知觉和符号学;②方法学、假设检验、数学模型;③临床心理学和心理病理学、精神病学的和疾病的研究;④心理学的哲学;⑤社会心理学与发展心理学;⑥女性主义、性别社会实体;⑦社会建构论与话语心理学;⑧历史研究或涉及编史工作的研究;⑨批判性理论与心理学的社会性评论;⑩精神分析与新精神分析;⑪解释学和现象学;⑫后现代主义和解构主义。

2. 后基础论运动汇成了新潮流

当前西方理论心理学的另一个重要发展变化特点是,理论研究的"后基础论"运动趋势的日益高涨。这一"后基础论"运动研究势力的主要代表是社会建构主义、解释学、女性主义心理学、后认知主义、后实证心理学和话语心理学。面对当代心理学从一种科学危机走向另一种科学危机的新困境,西方理论心理学研究者试图在不断处于分化和专门化的无穷无尽的过程中,重新阐释心理学的方法论、认识论和本体论等基础问题,以便在中等范围的理论中寻求心理学发展的基本支撑点。其中社会建构主义的心理学观点尤为引人注目。最近几年,以格根为代表的后现代主义心理学——社会建构论者,不仅在对现代心理

---

① Stam,"Theory and disciplinarity",*American Psychologist*,1998,1.

学的认识论、方法论基础领域的批判方面颇有建树,而且在其建设性上也相当富有成效。社会建构论者在认识论上提出了社会认识论这一新的理解方式。他们认为,心理学的概念、理论完全是社会建构的产物,心理学不是知识的客观性的积累过程,而是一种社会建构的结果。知识的建构过程是通过语言实现的,因此,语言规则是科学事实产生的语言前结构。语言本身是社会现象,其意义依赖于语境,语言规则包含着"文化生活的模式"。在研究方法上,社会建构论者提出话语分析是心理学的最基本方法,认为心理学常用的话语分析并不亚于自然科学的精确性。另外,当前心理学中的解释学、女性主义运动以及推论心理学等研究势力的日益扩大,也以间接的方式为西方理论心理学带来了有关学科的认识论和本体论方面的一系列重大问题,这些基础问题与心理学的实践和研究之间形成了当前西方理论心理学研究的一个重要组成部分。斯塔姆认为,心理学在解释学上的研究可以澄清为什么在这个学科的其他领域还存在理论上的盲点和死角;而女性主义的理论分析的变化性、范围和深度,已经有潜力去影响本学科的大领域的变化;推论心理学目前也已经产生了一批实质性的学术著作,形成了一种"离散心理学",但最终所有的工作还需要进一步去完成。

3. 积极探索理论心理学的研究技术方法

现代心理学是一门理论上缺乏中心,然而在方法论上仍试图保持一致的"独特"学科。当前西方理论心理学虽然是以反思与批评心理学的"方法中心论"而起家的,但是其并非否定心理学实证方法的应用,而是主张理论与方法的契合性和多样性,同时也以方法来训练自己。20世纪的心理学在许多领域取得了巨大的进步,然而其也面临着被肢解和分裂的威胁。因此,理论心理学更关心的议题是"哪些心理学问题和理论仍然富有成果并继续影响着学科的发展","心理学应该继续做什么"。为此,有的学者明确提出,寻找把主观性转变为客观性的途径是理论心理学的基本任务之一,也就是要运用新的知识和技术方法来提高心理学理论的研究水平。

近10年来,心理学的理论研究在方法上的一个突出成就是元分析技术的大量运用。所谓元分析是对已有研究结果的总体分析。元分析使用测量和统计分析技术,对已进行的研究或实验进行定量化的总结,寻找出一组相同内容研究的结果所反应的共同效应。元分析的研究步骤是由对以往研究文献的检索、对研究的分类与编码、对研究结果的测定、分析与评价效果四个部分组成。元分析技术的提出被认为是理论心理学在研究方法方面的重要革新,为理论心理学研究提供了严谨、规范的研究程序。

认知心理学的兴盛更为理论心理学重新认识人的心理活动规律提供了新

的认识论工具。长期以来,物理主义的统一性定量研究范型,经常在不断地烦扰着心理学。心理学中的许多"鸿沟与争论"[1],均起源于这一障碍,导致了心理学规律的性质难以得到正确的解决。认知心理学者西蒙认为,心理学的规律不同于物理学的规律,企图用几个基本公式概括所有的心理现象和行为模式是不切实际的。而且其他自然科学的规律也不一定都是定量规律,多数属于定性结构的规律。心理学的规律类似于生物学的规律。生物学的知识依赖于对千百万种动植物的研究,许多生物学的规律都只适用于单一的物种,因此,只有在最抽象的和质的水平上才能谈论生物学的最一般规律。心理学研究应从生物学理论中得到启发,"这样才能解释心理学中的许多定性结构规律"[2]。理论型的心理学家并不是要退回到哲学心理学的思辨猜测研究旧路,理论心理学的人力资源必须经过广泛的科学和心理学知识方法的训练。

伴随着世纪之交人们对心理学理论研究的反思和重建,目前理论心理学的方法已经作为一种横断的科学方法论,内在地融入了心理学科发展的可能趋势之中。当代理论研究与技术方法面临着深层次、高难度的问题,再次恢复着更加明显的相互影响和联系。新理论的进步需要运用非传统的手段与非传统的方法。

4.为建立专门的理论心理学学科而努力

在提高理论研究方式的科学化水平的基础上,进一步寻求心理学理论研究走向繁荣的学科内在发展机制,是西方理论心理学发展的又一重要特点。近年来西方理论心理学者正在为建立一个专门而独立的理论心理学分支的学科建制而积极努力。现代各门科学发展繁荣的经验证明,学科化是提升某一领域研究的科学化水平的一个重要途径。没有专门而独立的合法化学科制度作保证,就难以发展及壮大某一学科的发展,更无法吸引和维系学科制度中的精英们长期献身于该领域的学术事业。当前西方的理论心理学虽然在学术机构、出版物与学会建设方面取得了令人瞩目的成就,但是在数量和规模上仍然比较少,无法与其他心理学科分支的研究气势相提并论。作为一门独立的理论心理学科分支实际上尚未真正独立。为此,美国学者谢里夫等人在十年前便明确呼吁:心理学界应该正式承认理论心理学这样一门分支学科,心理学的现实需要一门理论心理学;应该在每一个大学的心理系和研究机构中为理论心理学者设置一个位置,正如"每一个心理系得益于一个和多个实验设计或数理统计方面的专

---

① Hezewijk,"The century of theoretical psychology",*Theory & Psychology*,2000,1.

② 司马贺:《人类的认知》,荆其诚等译,科学出版社1986年版,第3页。

家一样,他们也同样得益于一个或多个理论心理学家"①;心理学的研究基本上属于一项"理论的事业";理论心理学需要优先发展和研究资助;加强理论型心理学高级人才的培养工作。当然,这些主张能否实现,显然有待于今后的进一步努力。

二、西方理论心理学研究的复兴对国内的启示

当前西方理论心理学研究中许多关键领域在性质上的变化,已经给不远的将来提出了新的发展前景和问题。其对于我们遵循科学发展规律,提升学术水平,积极推进国内心理学理论建设和教育工作,无疑具有十分重要的借鉴意义。

首先,西方理论心理学的学科建制合法性与合理性之基的确立,为国内心理学的理论性研究的复兴提供了一个难得的时代性发展机遇。持续创新是心理学进步繁荣的不竭动力。心理学是一门西方传统文化与现代工业文明社会土地上成长壮大起来的大学科和重型学科,可西方学者们仍不满足,继续坚持以更加开放的科学态度与立场,反思与修正传统心理学的科学观和方法论,重新发现问题、重新发现意义,以追求和建设更加完美的心理学。西方学者的这种理论创新与实践的精神非常值得我们学习。心理学在我国长期以来是一门小学科和轻型学科。改革开放以来国内心理学的整体学科建设事业虽然走上了跨越式发展的新阶段,但我们仍是"世界上心理学研究落后的国家"(黄希庭,2008)。作为基础研究重要组成部分之一的心理学理论研究在国内面临着严重的发展困境。在强化实证性研究已成为近30年来国内心理学发展的学术的大背景下,目前关注宏观与中观理论问题的学者越来越少。学术中心地区鲜有人投身史论领域的事业,研究力量薄弱,所占资源相对稀缺,理论话语权不足,学术队伍后继乏人,因而在应对我国心理学的重大理论或元理论问题时候几乎失声。国内理论性的学术研究所面临的发展危机根本上还是由学术研究偏向所造成的。多年来强调实证研究的导向是正确的,但是也需要防止出现另一种极端——反理论或终结理论。如果我们坚持狭窄的传统科学观定位,显然不利于我国心理学学科建设进一步走向繁荣。同其他问题的研究路径所相似的是,西方心理学一直是中国学者观照、把握和理解同类型问题的参照,而当前国外理论心理学科分支的日益成熟,对于我们不断尽力缩小与西方的落后时间差具有重要的意义。积极推进理论心理学的研究有助于我们确立一种新的认识理解视角和科学立场。作为一门既有实证性又有理论性的心理科学,其发展自然需

---

① Slife, "Avoiding an EST monopoly: toward a pluralism of philosophies and methods", *Journal of Contemporary Psychotherapy*, 2005, 1.

要建立在比较全面的科学体系和深厚的基础理论之上。因为仅仅停留在经验、实证的层面上的研究积累，尚不足以支撑和维系这门具有独特范式与研究方法的学科。不同的学科分支、学术研究方向、学术观点和学术流派的形成及发展，既是心理学研究繁荣兴盛的重要标志，也是推动我国心理学跨越式发展的内在动力机制。加强国内理论心理学研究，特别需要从有利于学科长远的发展目标和任务出发，以一种关心性、建设性的立场视角，不断调整及改变过去那种单纯的怀疑、批判甚至否定的风气。在科学研究中，批判性思维与关怀性思维均是推动学科建设发展的先决条件之一。关怀性思维与创造性思维、批判性思维一样，都是不可忽视的。按照美国学者李普曼提出的 3C 理论，即创造性思维、批判性思维和关怀性思维，其中的关怀性思维主要体现在承认、重视、尊重、珍惜、关照、培育、同情、欣赏和回应等方面。① 仅有批判性思维视角是远远不够的，良好的学术研究成果既是批判出来的，更是积极鼓励出来的。在心理学的人才教育和培养方面，关怀性与建设性的思维立场更是异常重要。如果我们能够通过不断引进西方理论心理学的最新研究成果和理论评论工作，积极创造有利于推进理论研究的良好学术环境，则至少会使我们的年轻一代认识到：不能完全依靠注重培养一套狭隘的、有限的规范技能而心满意足，理想的境界是提供一种心理学性质的人才教育事业而不是培训工作。

其次，西方理论心理学在研究方法上的新路径，对于不断深化国内理论性研究水平、提高回应重大理论与实践问题的服务需要，具有十分积极的借鉴意义。研究方法的不确定性是多年来制约心理学理论研究的一大瓶颈性因素。长期以来，国内的理论心理学研究存在着许多缺陷，诸如研究的空泛性、非实用性、非实践性等问题，严重地影响到了这一向度研究的学术含量和社会公认度。提高这一向度的研究水平必须积极借鉴实证研究的先进思想，引进一些行之有效的量化方法，以加强自身研究的科学性和可操作性。近十年来，西方理论心理学研究在方法论领域做出了许多积极的探索，其不仅取得了"价值理性"方面的积极进展，而且在"工具理性"领域也有了明显的突破。从"价值理性"的方法论意义而言，随着理论心理学研究的日益展开，理论研究作为一种分析战略，一种方法论的形式，补充及丰富了实证的研究标准。就"工具理性"意义来讲，理论心理学的研究方法，普遍重视从研究对象的内在意义来界定抽象的概念，从中分析出结构性的一般关系，然后再来建构理论。在理论心理学的研究方法中，效度与信度不再被当做固定的、可以用量化工具测量的一个指标，而是研究

① Lipman. "Caring thinking". Paper presented at the Sixth International Conference on Thinking, Massachusetts Institute of Technology, Boston, MA, 1994.

项目各部分和各阶段之间的一种"关系"。解释的推论则成为对研究结果的认同,并在认同中扩展自己的认知结构和内容含量,从而使研究达到"真实"。

同时,深化国内理论心理学理论性研究不仅要提高科学化程度,而且也要加强理论心理学的实践应用研究、政策研究,提升为社会服务的总体水平。传统心理学的元理论研究不同程度地存在着脱离实践的倾向,所建立的各种科学模型充其量只是科学作为学术活动的模型,距离解决实践问题仍然有很大差距。而近年来西方理论心理学不仅重视如何做好提高理论研究科学化水平的具体方法,同时也加强了理论研究与社会实践的结合工作。格根等学者指出,理论的作用尽管目前还不很清楚,但是关于"什么是心理学理论的目的和功能,一方面现存的问题会为未来元理论工作提供生长点,另一方面现存和潜在的社会事务需要对于理论提出了明确的要求……心理学和社会学要求在学者与实践者、政策制定者与政治活动者之间开展进一步的对话和交流"。当前西方学界越来越重视加强理论与实践的对接问题,涌现出了像"理论评价"和"合作反思"这样两种比较成熟的实践行动模式。相比之下,多年来我国心理学界缺乏面向社会现实、结合分支学科的重大理论和实践问题的研究,"而且越是接近宏观的制度与社会文化层面的问题,相关的基础性研究就越少"①。积极借鉴目前西方"理论心理学在行动"的方法,紧密配合国家社会政策开展质化研究和行动研究,是进一步提升理论心理学回应社会实践需要的重要策略途径。

第三,需要重视解决国内理论心理学研究中的"追新"与"创新"过程中的滞后及错位问题。近年来国内理论心理学面临着追新不够和创新不够的双重突出问题。所谓"追新"不够主要体现在追赶西方先进水平的工作不够系统及到位,在引进、评价、消化或转化领域尚有大量的工作要做。西方理论心理学研究中的许多新兴思想和理念,仅仅吸引了个别学者的关注,大多数研究仍然停留在对西方理论心理学的一知半解之中,抑或徘徊于传统的基本理论问题研究框架之间摸索前行。目前国内学者还拿不出一部完整的反映前沿水平的理论心理学专著,继续拓展理论心理学研究的广度与深度仍然是一项十分繁重的任务。而创新不够则更为明显。多年来国内理论心理学研究虽然在我国心理学史和本土心理学方面不乏原创性的成果,但是总体原创性不足,学理深度也明显不够。没有建立起理论心理学观察分析问题的理论模式和话语系统,自然会影响着理论心理学研究水平的进一步提升。令人欣慰的是,当今国内学者已经普遍关注到了大力鼓励、支持原创性的理论研究的重要性,但却面临着元理论

---

① 黄希庭:《中国高校哲学社会科学发展报告·心理学》,广西师大出版社 2008 年版,第 113 页。

视野中普遍性创新与特色本土性的二元对峙问题。有学者强调特色性和本土性，有的则突出普遍性和共通性问题。解决问题的关键则在于如何遵循"普遍规律"与"特色创新"这一方法论原则的合理转换。从科学的普适性而言，绝不存在中国特色的数学、中国特色的物理学，但却需要有中国特色的经济学、中国特色的文化学、中国特色的社会学；从人类共同性的角度来看，人类具有共同的人性、共同的理性、共同的情感和行为方式，用同样的方法和规则来研究并约束本质相同的人，似乎不会有什么问题。可是另一方面，人又是社会的产物、文化的动物，不同社会中的人接受不同的文化和制度的滋养，对心理规则的要求和遵守又会带有极强的本土特征。中国人的行为生存方式、文化心理模式也会对全球多元化的发展进程有所补充、丰富。问题的症结在于目前学术界尚没有找到二者联系的中介，结果是只看到对立而忽视了统一。合理把握心理学的学科性质，必须坚持普适性与特色性相统一的方法论原则，建构多元同构的心理学元理论基础。然而，目前国内几乎所有的心理学研究大都沿用西方相对成熟的实验范式或因循其理论框架，普遍关注从硬件设施方面推动学科建设，而"硬件设施方面相信可以很快与国外缩小差距，但在研究思想创新和理论发展方面，我国学者的学术研究如果要赶超国际先进水平，恐怕是更难达到的目标"①。这是我们中国任何一个力争上游的科学研究者不得不面临的艰巨挑战。

特色性创新就是我们长期主张的要创建一种面向世界的具有中国化的心理学，为全球心理学提供新的资料、课题、理念和方法，在世界心理学的发展中做出一定的贡献。我国学者在评述、学习和转借西方先进理论的基础上，在面向国际化的征程中应该做出中国人应有的心理学理论贡献。在这方面，我国理论心理学的特色创新除了要将传统文化心理推向世界之外，还可以做这样几方面的工作：一是把现代相关研究成果推介到国外；二是积极实施中国的理论心理学行动的方案；三是拿出基于中国立场对世界心理科学性质的重构与理解，将是我们未来的发展目标。而第一个重点任务是需要借鉴西方"理论心理学在行动"的方法，紧密配合国家社会政策方面的心理学研究项目，开展诸如实施"向日葵计划"、"从零到一行动方案"和"赋权运动"之类的质化研究和行动研究，从理论心理学的立场总结并使当下中国的深度研究走向世界，扩大理论心理学的影响力。

在理论创新走向世界的进程中，国内一批长期从事实证研究的学者为我们理论心理学的研究做出了范例，他们已经在学习引进与创新方面迈出了可喜的

---

① 张卫东等：《认知神经科学对心理学的研究贡献》，载《华东师范大学学报》（教育科学版）2007年第1期。

步伐,像陈霖、杨治良、黄希庭、林崇德等学者推出的拓扑知觉理论、社会内隐现象的"钢筋水泥模型"、"分阶段综合模型"、智力的多元结构理论等理论,标志着中国心理学研究转型发展时期的新成就。面对我国学术界这种"建构模型"、"创立学说"的新的良好学术风气,只要我们一步一个脚印坚实地走下去,大力加强心理学理论建设和理论教育工作,培养新型的理论心理学的人力资源,通过大力加强理论心理学分支学科建设,扎实推进国内心理学的理论研究水平迈上一个新的发展层次,则不是不可能的。

第三节　国内理论心理学发展的新问题

当前西方理论心理学研究取向及其方法论进展对于我们遵循科学发展规律,提升心理学研究的理论水平,建立中国特色的理论心理学具有一定的借鉴意义。同其他问题的研究路径所相似的是,西方学术研究一直是中国学者观照、把握和理解同类型问题的参照。然而,中国学者在评述、学习和转借西方先进理论的探索历程中,也需要逐渐走上一个剥离和独立建构的过程,在面向世界的基础上做出中国人应有的心理学理论贡献。

一、新中国前30年心理学的发展与曲折道路

中国的心理学引进自西方。中国传统文化中只有心理学思想而没有心理学科。从1889年颜永吉翻译的第一部汉译心理学著作《心灵学》在中国出版至今已有一百二十多年的历史。在20世纪二三十年代,便有学者开始关注理论心理学问题,如潘菽的《心理学的过去与将来》(1927)、《意识的研究》(1931)、《理论心理学》(1945)等论文和著作。

中华人民共和国建国以后,心理学在中国内地的发展经历了一个不平凡的历程。以潘菽先生为杰出代表的中国老一辈心理学家一直特别重视心理学的理论建设工作,在20世纪五六十年代和80年代初期,理论性研究模式一度曾成为国内心理学发展的主流。国内学者普遍将改革开放前30年中国心理学的发展划分为以下三个阶段:

1. 学习改造阶段(1950－1956年)

作为学科建制的中国心理学出现于20世纪初期,随着新学制的建立,清政府在同文馆和师范馆中开设了心理学课,1920年东南大学设立了中国第一个心理系,中国心理学会于1921年成立(比日本还早一年),在蔡元培等学者的倡导下中央研究院创建了心理研究所,抗日战争之前全国已有十多所大学设有心理

系。但是,旧中国的心理学很难开展,如"前中央大学的心理系在抗战前的 15 年之中招生人数不足 50 人,学生毕业后大都很难找到适当的工作"①。新中国成立之初,党和政府于 1949 年 11 月即成立了中国科学院,很快地设置了心理学研究机构,重建了中国心理学会(1950 年 6 月成立了中国科学院心理研究所筹备处,1951 年中科院心理所成立)。1952 年全国高等学校院系调整,在北京大学哲学系开设心理学专业,各高等师范院校先后设立心理学教研室,将心理学列为师范生的必修课。1955 年 8 月中国心理学会正式成立并举行了第一次会员代表大会。1956 年在全国科学规划中将心理学作为基础学科之一,并制定了十二年发展远景规划,确定了心理学科发展的方向。这一时期基本上完成了机构、人员调整和心理学科规划的制定。重视学习辩证唯物主义、苏联心理学以及巴甫洛夫学说,以此改造旧的心理学,逐步开展各项研究和培养新生力量,为新中国心理学的进一步发展打下了良好的基础。

2. 初步繁荣阶段(1957—1965 年)

1957 年,全国心理学工作者曾对心理学教学和科研工作中脱离实际的倾向开展了心理学如何联系实际、为经济建设服务问题的讨论,这使心理学工作者充分认识到科研工作要密切联系实际的必要性,在劳动心理、工程心理、医学心理和教育心理等领域取得一定成绩,推动了应用心理的发展。但 1958 年 8 月,由北京师范大学首先发起了一场波及全国的"批判心理学资产阶级方向"运动,在 1959 年逐步纠正了这一批判运动的错误,开展了关于心理学对象、任务、方法和学科性质等基本理论问题的学术大讨论,明确心理学研究的方向应是贯彻理论联系实际的方针,把重点放在解决实际问题的研究上;同时不应忽视基础理论问题的研究;心理学既要研究阶级的特殊心理活动的规律,也要研究人类心理的共同规律;在学科任务上,要研究人的心理形式或反映过程而不是内容;在研究方法上,除阶级分析外还需使用其他方法;在学科性质上,强调心理学是介于社会科学和自然科学之间的中间科学。60 年代初期,北京大学、北京师范大学、华东师范大学和南京师范学院等高校开设了心理学专业,培养了一批心理学专业人员。中国科学院心理所与 17 个省、市、自治区的 20 多个师范院校协作开展了教育心理学的研究,中国心理学会也成立了教育心理专业委员会,同时制订了儿童心理年龄特征的五年研究计划,促进了科研和教学工作的开展。1962 年由国家科委、科学院和教育部组织制定了 1963 — 1972 年科学技术发展规划,心理学也提出了十年规划方案。此后两年多时间里中国心理学研究

---

① 中国心理学会常务理事会:《中国心理学六十年的回顾与展望》,载《心理学报》1982 年第 1 期。

有了较快的发展,在解决工业、国防、医学、教育方面的综合性和关键性的心理学问题上取得了一定的成果,在学术研究、专业队伍、刊物和教材的出版等各方面都显出了初步繁荣的景象,特别是组织出版了比较适合国内需要,至今影响广泛的三本心理学经典教材:《普通心理学》(曹日昌主编)、《教育心理学》(潘菽主编)、《儿童心理学》(朱智贤主编)。

3. 停滞不前阶段(1966—1976 年)

在"文革"期间全盘否定了心理学工作,撤销中国科学院心理研究所和各大专院校的心理学教研室,停止开设一切心理学课程。广大心理学工作者下放劳动,多数被迫改行,有的还遭到迫害。"文化大革命"开始后中科院心理所撤销,科研事业处于完全停滞状态。这 10 年使中国心理学加大了与国际心理学水平的差距。

抛开反"右"和"文革"的不正常干扰,新中国成立 30 年以来心理学还是取得了许多积极进展,形成了一定的研究传统格局,为改革开放以来的恢复重建工作奠定了学科建制基础和研究发展方向。集中表现在以下几个方面:

首先,自然科学发展模式定向为心理学的发展奠定了良好的学科建制基础。改革开放之前的 30 年中老一辈学者对中国心理学发展贡献最为突出的成就之一,可能是自然科学的学科建制定向模式。早在 20 世纪 20 年代蔡元培先生便将心理学定位于"驾于自然科学与社会科学之间的一门科学",并在 1928 年的中央研究院成立了心理学研究所。新中国建立后,党和政府也将心理学的学科编制归属于自然科学的生物学部。至少如果没有这一学科定位方向,按照文科的建制发展,中国的心理学可能会受到极"左"思潮的更大冲击,也不可能为新时期心理学的大发展,打下良好的学科建设基础,特别是在科研经费、实验室建设和政策支持的力度方面,是哲学人文社会科学所难以达到的。同时,以潘菽先生为杰出代表的老一辈学者高瞻远瞩地将心理学定位于"既有自然科学的性质又有社会科学的属性",强调"不能把心理现象简单化,以为所有问题现在都可应用现代自然科学的新技术进行研究。其实现代的自然科学的方法技术对研究心理现象来说,还是很不够的"。由于心理学"还在幼年发展阶段,任务重,能力小,研究的问题多于可用的方法,应当兼容并包,应用和创造一切可用的方法,不要局限于任何一种方法束缚自己的手脚"①。这些论断至今仍有旺盛的学术生命力。

其次,重视提高心理学基本理论问题的研究水平。心理学一直被看做是一门实证科学、经验科学,而中国心理学学科建制的自然科学性质定位更被许多

---

① 潘菽:《中国心理学的现状和发展趋向》,载《心理学报》1958 年第 1 期。

研究者所强调。但仅仅停留在经验、实证的层面上的研究积累，还不足以支撑及维系起一门具有独特研究范式、研究方法和发展战略的学科。新中国成立初期的一批心理学家像潘菽、曹日昌、朱智贤、陈立、高觉敷和张述祖等先生，我们固然可以看到他们十分重视实证研究和解决社会实际的应用导向问题，但也要看到他们重视建立独立的学科任务定向和进行深入理论思考的艰辛努力。像曹日昌先生在 50 年代末便总结提出过中国心理学的三项重点工作：一是理论任务与学科方向定位；二是为社会主义建设服务；三是计划分工与协作问题。"要使心理学迅速地发展，获得较多的成果，应当多路进军，广为试探。"心理学的主要任务是解决人类认识的问题，大部分的工作只是间接服务于实际。理论研究与直接联系实际的研究工作应当做适当安排。"目前的主要力量应当放在理论研究上……必须使研究的成果既有助于任务的完成，也有助于学科理论的提高。"①改革开放初期中国心理学重建和发展的主要领军人物潘菽，更是异常重视心理学基本理论问题的研究。老一辈学者大都有留学经历，学贯中西，德高望重，既有深厚的实证研究底蕴，又有很高的马克思主义理论水平，很少有做理论研究和实证研究的区分。他们普遍能够从心理学的发展和社会主义建设的要求出发，认识到辩证唯物主义指导中国心理学工作的重要性和必要性，并试图在心理学的科研和教学中加以正确体现，且能在各自的研究领域中将理论与实证自然地融会贯通。这种学术素养优势在当代学者身上是很难看到的。

第三，突出心理学的基础研究，加强应用研究。基础心理学涉及普通心理学、实验心理学、生理心理学、心理统计测量和发展心理学等领域的丰富主题和内容的研究。心理学基础研究的任务是揭示心理活动的规律，它直接关系到心理学的理论建设与发展。在五六十年代，中国心理学界在感知觉、记忆、错觉以及结合针刺麻醉进行痛觉研究等领域，进行了大量的实验研究，取得了丰富的学术成果。在生理心理学方面，进行较多的是关于动物与人类高级神经活动方面的实验研究，同时采用脑电、电生理、微电极和生物化学等方法，对痛觉、学习、记忆、注意和情绪应激状态等方面的生理机制研究。发展心理学方面，在新中国成立前便有了许多研究积累，新中国成立后对中国儿童认知发展、类比推理、语言和数学思维发展规律的实验研究，形成了明显的优势特色。与此同时，积极开展心理学联系实际，扩大及加深应用心理学的研究，更是这一时期中国心理学研究的重点。"从 1956 年到 1966 年全国社会主义建设的 10 年中，我国心理学界试图以马克思主义为指导，结合实际，开始探索适合我国需要、能为社会主义经济文化建设服务的方向，调整并落实规划，在教育、劳动生产、医学等

---

① 曹日昌：《心理学界的论争》，载《心理学报》1959 年第 3 期。

领域中以及在基本心理过程、心理的生理机制和心理发展等方面的研究都进行了相当数量的工作。"①

二、改革开放三十多年中国心理学整体事业的快速发展

改革开放以来,随着我国社会主义经济建设事业的飞速发展,中国心理学走过了恢复重建阶段,并进入了一个前所未有的快速发展时期。有学者将三十多年来中国心理学的发展划分为三个阶段:重建期(1978 年至 1980 年代后期)、稳步成长期(1980 年代后期到 1990 年代后期)和快速发展期(1990 年代后期以来至今)。三十多年来,中国的心理学在专业教学和学科建设、学术研究和服务社会等方面都得到空前的提升。

1978 年,我国仅有 5 所大学设立了心理系,到 2008 年我国心理学本科专业已发展到 260 多所高校,拥有心理学硕士学位授予权单位 107 个。在博士培养方面,1982 年中科院心理所、北大、北京师大、华东师大和杭州师大 5 个单位拥有授予权,而目前 24 个单位拥有心理学博士学位授予权,一级学科授权点 9 个。现在全国有中央级研究所 1 个,4 所高校建成教育部人文社会科学重点基地。在 2003 年全国高校心理学本科专业每年招生突破了 2000 人,硕士每年招生 1000 多人,博士招生 500 人左右,其中有超过一半的省、直辖市和自治区建立了本硕博完整的培养教学体制。改革开放以来中国心理学的人才培养规模、教材建设和实验室建设,呈现出了超越式发展速度。

在科研政策环境方面,三十多年来党和政府对心理学发展的大力支持更是前所未有的。1978 年教育部为心理学平反昭雪,北京大学、华东师大等 4 所高校恢复心理系,开始招收心理学专业本科生。1980 年后,国务院学位委员会批准中科院心理所和北京师大等 5 所高校拥有博士学位授予权。1999 年国家科技部组织制订"全国基础研究'十五'计划和 2015 年远景规划",将心理学确定为 18 个优先发展的基础学科之一。2000 年,心理学被国务院学位委员会确定为国家一级学科。在 2006 年的《国务院科技发展纲要(2006—2020)》中,又将"脑科学与认知科学"列入国家 8 个科学前沿问题之一。近年来,已有 10 多所国内知名高校将心理学及其相关研究列入"985"和"211"工程重点建设项目,教育部直属的 6 所师范大学也于 2008 年联合启动了"教师教育创新平台"建设计划,把心理学作为师范院校的优势特色学科之一。同时国家对心理学事业的发展还相继推出了一系列重要的政策指导性文件,如 1994 年《中共中央关于进

① 王甦等:《中国心理科学》,吉林教育出版社 1999 年版,第 14 页。

一步加强和改进学校德育工作的若干意见》中提出"通过多种方式对不同年龄层次的学生进行心理健康教育和指导",1999年教育部颁布了《关于加强中小学心理健康教育的若干意见》,2001年教育部又制定了《关于加强普通高等学校大学生心理健康教育工作的意见》,对大中小学心理健康教育做了具体的要求和规定。近十年来,许多职能部门将心理学人才的职业化建设也纳入到了规范化管理中,像劳动部认证的"心理咨询师"、卫生部认证的"心理治疗师"、人事部认证的"心理保健师"等,这些系统制度化的保障措施必将对我国心理学的专业化事业的蓬勃发展起到积极的推动作用。这些有力地说明了心理学科被正式列入我国主要学科建设系列,从而在点和面上都有力地促进了我国各科研机构、院校中心理学专业人才的培养工作,进而提高了心理科学在我国的教育和研究水平。

在学术研究发展的整体特点方面,改革开放三十多年来中国心理学研究出现了一种发展、改革和转型的良好局面。

1. 学习引进与创新意识明显增强

心理学的理论和研究范式大部分来自国外,国际化是提升我国心理学研究水平的重要途径。1980年第22届国际心理学大会讨论并一致通过了接纳中国心理学会加入国际心理科学联合会。2004年国际心理学大会在北京的成功举行,充分体现了中国心理学的学术成就和影响力。而积极引进吸收国外心理学的理论模式与技术方法,在此基础上结合自己的实际情况,开展一些有特色的中小型理论和应用性问题的研究,可以说是三十多年来心理学发展的总体特征。在指导思想上,不仅呈现出了开放性与多元性的特点,而且在辩证唯物主义的指导下,进一步结合了中国传统的、西方的心理学思想,正在逐步形成一种理性、包容而又不失个性的"一元"的中国心理学科学观和方法论。在研究方法上,不断引进西方心理学的新理论、新技术和新方法,采取多元化的范式研究人类心理活动的模式。值得关注的是目前我国学者已经在学习引进与创新意识方面迈出了可喜的步伐,像拓扑知觉理论、智力的多元结构理论和时间认知分段综合模型等,这些具有原创性的基础研究成果,产生了一定的国际学术反响。

2. 实证化已成为学术研究的主流

实证研究是提高心理学研究水平的主要进路。强化实证性、可操作性已成为三十多年来中国心理学研究的一个主旋律。有学者在反思与总结改革开放以来中国心理学发展的成就时提出"继续强化实证研究将是今后中国心理学发展的一大成功经验"。这是国际心理学发展中长期存在的实证主义与人文主义的争论,以及对两种研究取向的消长、起伏和融合趋势在我国心理学界的某种程度的回应。国内许多学者强调,实证化与心理学的科学化要求是内在相关的,实证地研究人的心理问题是心理学科稳定发展的客观要求。心理学的科研成果只有得到实证材料或实验结果的支持,才能发展、巩固和完善。也就是说研究心理学问题要尽量注意"操作化",必须能够直接或间接予以验证,否则就会使心理学哲学化。目前我国心理学普遍地重视实验与测量研究,除了传统的基础心理学研究主题如感觉、知觉、注意、记忆和思维等,进一步加强了实证研究的力度以外,新发展起来的社会心理学、人格心理学也逐渐衍变为实验社会心理学、人格测量学。近十年来成长起来的一批经过两大科学训练的年轻一代学者,均十分注重以实证操作化的方法,探讨心理学的一般理论问题或具体实际问题。这种重视心理学研究的实证化倾向,在一定程度上促进了我国心理学学术水平的提高和良好的学术氛围的形成,也深化了心理学研究的学理价值。进入新千年以来,我国学者又展开了一场更加激烈和不断升级的研究方法上的竞争运动。

3. 认知化成为引领学科前沿的主要方向

改革开放三十多年来,中国心理学的基础理论研究出现了两次明显的转向,第一次是 80 年代初期出现了普通心理学和实验心理学研究转向认知心理学的探讨;第二次是 90 年代中期以来则由认知心理学研究转向认知科学特别是认知神经科学的研究。认知心理学和认知科学研究范式,是当代心理科学研究的又一次新的战略转移,认知神经科学作为一种研究纲领代表了心理学的先进思想和方法,对中国心理学的基础理论研究方面产生了前沿引导作用。我国心理学工作者在认知心理学和认知神经影像学方面开展了大量的卓有成效的研究,在知觉识别模式、空间知觉、汉字认知、汉字记忆规律及机制、语言理解和问题解决、机器理解汉语、自我与人格的脑神经机制等方面都有了十分深入的研究,引起了国外的关注。最为突出的成就是应用认知学和人工智能领域的心理学研究,已被列入全国重点科研计划,受到了党和政府的高度重视。

4. 本土化研究得到了广泛重视

80 年代中期以来,中国心理学又出现了一场规模较大的本土化研究运动。对于中国古代心理学思想的系统性发掘整理,可以说是开启了国内心理学研究本土化运动的先声。随后是发展心理学界开展的"中国儿童心理发展与教育"这一大规模的全国性协作研究,其中推出的一系列重大成果,标志着中国心理学为丰富世界心理学理论做出了独特的贡献。与此同时,一批认知心理学研究者也不自觉地参与到了"本土化"研究运动的行列中来。在 80 年代末期,香港、台湾学者极力倡导的本土心理学及其研究成果在内地得到了广泛的传播交流,这在很大程度上加强了我国心理学的本土化研究潮流。从 90 年代开始，中国心理学的本土化研究取向发展到了尝试进行整体思考架构的阶段，这在文化心理学和社会心理学的研究中反映得最为明显。许多学者提出要建构本土化的概念和理论模式，标志着国内心理学工作者开始具有了对本土化的心理学研究的自觉意识。心理学研究的本土化即中国化的目的，并非建立故步自封的本国心理学，而是要创建面向全球的具有中国特色的心理学，为世界心理学提供新的资料、课题、理念和方法，在世界心理学的发展中做出一定的贡献。正如老一辈心理学家潘菽多次所强调的那样：中国心理学必须走自己的路，建立具有中国特色的科学心理学体系，以便能更好地为我国社会主义建设服务，并为国际心理科学的发展做出我们应有的努力。年轻一代的学者也日益认识到，建立原创性的中国心理学理论具有十分重要的意义。中国人的行为生存方式、文化心理模式也会对全球多元化的发展进程有所补充和丰富。

三、寻求中国心理学繁荣的新机制：问题与出路

中国心理学自恢复重建以来，在极短的时期内获得了蓬勃生机，取得了举世公认的长足进步，曾在神州大地上掀起过一场不小的"心理学热"。三十多年来，中国心理学不仅以前所未有的规模和速度日益缩小着与国际心理学研究水平的距离，而且在基础研究和应用研究领域迈出了坚实的步伐。进入新千年以来，我国心理学更是经历了一个跨越式的快速发展转型阶段，在我国的社会主义物质文明与精神文明建设事业中日益发挥出其他学科难以替代的作用。但是，变革与转型中的我国心理学本身也遭遇着不少困境与问题。旧的问题并没有解决，新的困境和问题又在不断地产生。许多新旧问题及困境日益成为制约我国心理学再上一个新的层次的瓶颈性因素。

1. 与发达国家的心理学发展水平差距还较大

改革开放三十多年来是我国现代心理学发展史上少有的黄金时代，取得了国际公认的成就。但是，我国仍然是世界上心理学发展落后的国家，尤其是与以美国为代表的发达国家的心理学研究相比存在较大差距。从学科发展的专业人才队伍的数量上来讲，美国目前有 20 多万心理学工作者，日本和英国各有5 万多人，而我国只有 7 千多人。与国外心理学发展的平均水平相比，国内心理学专业工作者的人数与拥有 13 亿人口大国并不相称。我国平均每 13 万人中才有一位心理学工作者，按人口比率居于世界末位。与发达国家相比我们则更为落后。美国只有我们 1/6 的人口，却有心理学工作者 20 多万人，按人口比率约为我国人口比率的 130 倍。美国有 1000 多个心理学系，我国目前有 200 多所

大学有心理系,且只有为数不多的几所高校有较强的教学科研实力。根据联合国教科文组织提出的要求,应该在每6000—7500名中小学生中,至少有一位心理学专业工作者为师生服务。如果按照这一标准,我国仅在中小学便需要有3万名心理学专业工作者。"当然,各国有自己的国情,但是从这个悬殊的差异中我们可以体会到,我国心理学工作的规模确实是比较小的。"(黄希庭,2008)从心理学的学科结构内容发展来看,近年来心理学的大发展仍然是"计划经济的产物",许多学科建设成就是外延式扩展发展的结果,而不是内涵式质量发展提高的客观反映。心理学在国内的小学科、边缘学科和轻型学科形象并没有从根本上得到改变。而西方国家的心理学早在半个世纪以前便成为一门大学科、热门学科和重型学科。国外服务于健康领域的心理学专业人员占52%,高等教育15%,商业和政府机构12%,中小学教育机构19%,私人独立执业人员达到8%。我国的心理学专业工作者绝大多数在高校,且80%在高等师范院校工作。"而在师范院校里,又有70%以上的心理学家从事发展心理学、教育心理学的教学和研究。"(林崇德,2008)这种文化学术范畴的轻型学科结构发展水平,很难支撑起重型学科结构的社会发展任务,必将严重地影响到中国心理学事业发展水平的进一步提升。有些人认为,西方国家心理学的繁荣得益于各国社会和政府所给予的许多特殊优惠政策支持,我们国家对心理学的重视程度还是不够,例如最近几年我国许多重点大学对心理学科建设的支持还是有限的。针对这一现状,中国心理学会前任理事长张侃说得好:"心理学不仅对认识人和发展人是一个重要的学科,同时也是人类科学系统中一个不可或缺的部分,现在一些正在建设一流大学的高校尚没有将建立心理学系纳入计划,不能说不令人感到惊讶。这表明我们的一些高等院校的管理人员对教育和人类知识体系的认识还有待于进一步向国际一流大学看齐。纵观全世界,没有任何一个国际一流的大学没有一个很好的心理学系的。换句话说,没有很好的心理系的大学,很难成为国际知名的大学。"①

同时还必须指出的是,尽管多年来我国广大心理学工作者已经认识到了应当重视社会应用问题,然而应用研究、开发研究仍然停留在低层次的普及水平上,心理学的应用型专业人力资源的数量少、质量偏低,远远不能适应中国社会主义市场经济建设和人民群众日益增长的迫切需要。国内大学心理学毕业生长期以来就业困难,高校心理学教学与研究人员多数处于饱和状态。这就需要我们进一步加大学科建设的改革力度,培养一大批高水平的心理学新型人力资源,寻求我国心理学繁荣的可持续内涵式发展进路。

---

① 张侃:《我国心理学的现状与发展对策》,载《心理与行为研究》2003年第2期。

2. 关注社会经济文化建设发展的重大理论与实践问题的研究成果偏少

多年来我国心理学界缺乏面向社会现实、结合分支学科的重大理论和实践问题的研究，虽然最近两年在研究中国社会和谐、地震心理救援方面的心理学研究有所开拓，但在总体上我国心理学界紧密结合社会实际、分支学科的心理学重大理论的研究则更少。缺乏系统的基础研究，而且越是接近宏观的制度与社会文化层面的问题，相关的基础性研究就越少。改革开放以来我国心理学对国家社会政策的影响力，远远无法与经济学、法学等学科相比，与教育学、社会学也不能相比。这当然同中国心理学发展的政策体制有一定的关系，但也与我们心理学研究者自身的素质需要进一步提高有很大关系，自然会影响到心理学研究的业绩和效度，限制了心理学研究在国家社会发展中理应发挥的功能。当前我国正处于社会转型时期，从制度重建到人心安顿，从生活温饱问题到公共治理，各种利益矛盾非常复杂，且在不断地变化之中。这就需要我国学术界不断加强心理学的政策研究，改进完善社会管理决策水平。只有不断提高理论研究水平和政策水平，才能逐步缩小与西方心理学先进发展水平的差距。

3. 对心理学理论研究的重视不够，人文社会科学向度的研究水平不高

现代心理学自其诞生之日起便存在着"理论主干脆弱、学科枝叶茂盛"的发展危机。近20年来，我国心理学界在对学科理论建设方面的研究，不但没有给予应有的重视，反而轻视这方面的探索努力。老一辈心理学家潘菽去世以后（1988），实证性研究已占据了中国心理学发展的主流地位，理论研究模式的昔日风光不再，主流研究明显地出现了轻视理论、终极理论甚至反理论的倾向，以致有的学者发出了目前中国心理学对"理论的兴趣降低到最低程度"的惊呼。[①]现在中国学术界谁都在承认：心理学是一门兼有自然科学与人文社会科学属性的中间科学，但在具体的研究发展策略上则多偏向于纯粹的自然科学。受某些西方研究方法正统论和等级论观念的影响，我国人文社会科学取向的心理学研究力量薄弱，一直没有取得应有的学术地位。目前我国将心理学的学科性质定位于理科，代表国内研究水平最高的是中科院心理所。因为"心理学是作为一门科学被建立的，近代中国接受心理学也是把它作为理科看待的。这样的做法和看法自然没错，但问题是心理学领域出现了排他的科学主义观念。于是，非实验、非实证、非定量的研究均被主流心理学所拒斥。科学主义在中国心理学中同样有明显表现，并且与中国国情相结合，又渲染上本土社会文化的色彩。在此历史背景下，中国心理学唯恐被人批评不科学。此外，是不是还有这样的

---

① 周晓虹：《现代社会心理学的危机与后现代社会心理学》，载《江苏社会科学》1994年第4期。

含义,在意识形态的制约下,理科相对安全一些。但是,这种做法的弊端也是显而易见的。……心理学本是一门综合性、横跨文理的学科,却因此被局限在相对狭窄的领域中"[①]。

蓬勃发展中的我国心理学所面临的诸多问题和困境,毕竟是在前进道路上所遇到的困难及挑战。面对新世纪中国社会主义现代化建设事业日新月异变革需要的严峻挑战,需要进一步加强宏观的指导性研究,为寻求我国心理学繁荣的内涵式发展战略新机制,至少应在以下几个方面做出不懈的努力。

首先,需要丰富及补充现行的心理学评价标准,确立"一导多元"的科学评价体系。长期以来,科学心理学形成了一种根深蒂固的经验观察标准即实证的本体方法论评价体系。这一标准对于推动心理学的科学化进步曾经起到过突出的作用,但也存在着对人心理现象的理解过于简单和狭窄的问题。许多西方学者提出,心理学的研究从实证主义传统评价标准中解放出来是十分必要的。我们固然应当看到现代西方心理学的总体发展格局呈现出强调实证研究的特点,但同时也要看到他们始终不减对人文精神的追求和对科学文化的反省,呈现出了一种不拘一格、自由发展的强劲态势。欧美心理学家不断地推出各种新的理论学说,体现出了对人类心理活动本质规律认识的不断发展和深化进程。相形之下,研究力量本身薄弱的中国心理学却将自己的研究视野和标准限制在狭窄的领域,且有走向极端的不良趋势。像近10年来我国心理学研究的主流出现了实验研究至上的局面,不仅轻视心理学的理论性研究,而且还排斥测量研究和心理健康咨询的研究。许多真实验的实证性研究方法重复雷同,研究结论零碎肤浅,研究范式千篇一律,严重地模糊了人类心理世界内容的丰富性和多样性。当然要改变这一根深蒂固的观念、寻找出替代性标准目前还是相当不容易的,这势必会影响到我国心理学进一步的纵深发展。我们认为,确立心理学研究的多元评价标准、丰富及补充现有的科研评价体系是非常必要的。从科研成果的评价指标来看,如果单纯按照理科的SCI认定指标,国际上的绝大多数心理学刊物属于SSCI,只有极少数偏重于生物学杂志才符合理科的要求,一刀切的评价体系并不利于我国心理学的发展。目前美国科学基金会把科学分为七大部类:物理化学科学、数学科学、环境科学、技术科学、生命科学、社会经济学和心理学。从我国心理学基础理论和学科发展的战略、前瞻、全局的高度来看,只有确立"一导多元"指导思想与研究评价标准体系,才能正确引领学科发展的方向。研究心理学问题的路子应该是宽广的,对此我们应该有一个比较清醒的认识。

_____

① 钟年:《中国话语中的心理和心理学》,载《心理学报》2008年第6期。

其次，加强人文社会科学向度的心理学研究力度，尤其需要深化理论性研究领域的学术水平。心理学作为一门既有实证性又有理论性的学科分支，其发展自然需要建立在比较科学的理论体系和深厚的基础理论之上。不同的学术研究方向、学术观点和学术流派的形成及发展，是心理学研究繁荣兴盛的重要标志，也是推动我国心理学跨越式发展的内在动力机制。但是目前国内心理学界存在着"重理轻文"和"行政权力主导学术研究"的偏差，不同观点的学术争鸣和交流很不够，关注心理学宏观与中观理论问题的学者比较少，研究力量薄弱，所占资源相对稀缺，理论话语权不足，因而在应对我国心理学的重大理论或元理论问题时几乎失声。我国心理学理论研究深度的不够，其根本原因在心理学哲学研究的滞后及错位状态。十多年前曾有一些学者提出倡议，在中国社会科学院再建立一个偏重于人文社会科学向度的心理学研究所，可惜一直没有能得到有关职能部门的重视。由于政策导向的影响，国内人文社会科学向度的研究缺乏长时段的有影响的学术成果，急功近利，追逐时尚，缺少实证研究者那种扎实的功夫。从某种程度上讲，心理学的理论研究包括人文社会科学向度的学术探讨，急需要通过提高研究水平来证明自己的存在价值。

再次，扎实推进心理学专业化和职业化改革进程，深化及细化实体性的基础建设工作。当前我国心理学跨越式发展之后带来的一大突出问题是如何实现从学术化向专业化、职业化的转变，因为专业化和职业化是心理学改革发展的必由之路。所谓职业化是指在学术专业化培养训练基础之上的一种具有较高深的、独特的专门知识与技能标准的社会职业实践性活动。职业化改革进程要求越来越多的心理学工作者不再局限于学术和教学研究，而要鼓励其实践应用并逐渐走上职业化发展道路。但是目前国内在这方面的工作还并没有真正开展起来，尤其缺乏具有实体性的配套组织落实措施。就专业化发展政策的宏观层面而言，20世纪90年代中期以来我国政府支持心理学的政策体系更加健全，研究投入不断增加，心理学的人力资源数量增长较快，但质量提升和结构优化还不尽如人意。从中观层面看，我国心理学的专业化、职业化政策的实施细则还没有出台，心理学的专业人才培养目标定位"泛化多而深化不足"，尤其是对于健康、经济、高新技术、管理、医学、教育等相关的心理学特色专业的实践性培养活动，缺少相应的具体实施措施和保障体系支持。心理学专业化、职业化改革进程迫切要求我们在遵循客观规律的前提下，加强国际合作，不断夯实基础，扎实推进基础性建设工作，不断完善人才培养模式和严格质量标准，提高心理学从业者的专业素质，进而从根本上实现专业人才质量培养水平的提高和结构调整的优化，使未来的中国心理学事业走向新的辉煌。

[复习思考题]

1. 心理学理论及理论心理学研究的变革与挑战。
2. 西方后实证主义的兴起对理论建设的意义。
3. 心理学理论的实践引领作用。
4. 如何扎实推进国内心理学的理论研究？
5. 中国理论心理学迈向全球化的可能性及现实性。
6. 中国传统文化中的心理学思想对当代心理学理论建设的启示。
7. 新中国心理学理论建设成就与经验教训评析。
8. 关于理论心理学如何行动的案例模式研究。

第三章

心理学理论研究的方法论问题

现代心理学理论研究的一个重要内容是方法论问题。研究方法的进步是科学发展的一个重要标志。黑格尔曾经指出,方法并不是外在的形式,而是内容的灵魂和概念。方法论是指讨论研究方法如何符合科学原理的理论,其包括研究方法的指导思想、选择方法的依据、理论的评价标准、科学哲学对心理学的影响、方法与对象的关系、研究方法的利弊得失、心理学研究所应遵循的指导原则等。心理学的方法论立场旨在明确一些作为研究前提的基本观点,这是心理学基本理论需要深入讨论的基础性问题。

第一节　心理学研究的两大方法论支柱

科学研究总是围绕"发现问题"、"理解问题"和"解决问题"而展开的,仅仅发现问题对于我们认识自然,认识心理,促进人心理的健康发展是远远不够的。人们在探求和认识世界的时候,总是希望回答为什么的问题,即想要解释人们所接触到的现象是在哪些因素的影响下产生和形成的。也就是探讨某些现象背后相对稳定的因果机制问题,通过研究总结和寻求因果关系为中心的规律性探讨,才构成了人类知识积累、进步的可能。

一、自然科学研究方法的贡献

心理学是 19 世纪中后期新科学建设运动的产物。自然科学向度的研究方法为心理学灌注了第一块方法论基石。自然科学向度的心理学研究强调实证的、定量化的方法,力图以实证的自然科学为楷模摆脱哲学附庸的地位,成为一门类似于物理学那样的经验自然科学。1879年,德国学者冯特这位被誉为"19世纪的亚里士多德"在世界上建立了第一个心理学实验室,标志着心理学这门新学科的正式创立。自然科学的实证方法已经成为"现代心理学"中不可动摇的基本硬核地带,为提高心理学的科学化水准做出了巨大的贡献。较之于一切唯心主义和精神心理虚无论,自然科学化向度为心理学的研究注入了坚强的本体论基础,导致了对实验研究的极度重视。

中国的心理学引进自西方,传统文化中只有心理学思想而没有心理科学。作为学科建制的中国心理学出现于20世纪初期。1909年蔡元培留学期间在德国曾师从过冯特,回国后积极提倡和发展心理学科,他与许多学者一起努力于1928年在中央研究院成立了心理研究所。蔡元培先生将心理学定位为"驾于自然科学与社会科学之间的一门科学"。新中国建立后,党和政府也非常重视心理学的建设,在学科建制上将其归属于自然科学的生物学部。如果完全按照文科的建制发展,中国的心理学可能会受到意识形态的更大冲击,也不可能为改革开放以来我国心理学的跨越式发展打下良好的学科建设基础,特别是在科研经费、实验室建设和政策支持的力度方面,这是哲学人文社会科学所难以相比的。理科培养模式对心理学人力资源的训练素质提高发挥了极为突出的作用。正因为如此,中国学术界虽然承认心理学是一门综合的科学,但在具体的研究发展策略上则偏重于自然科学。目前我国将心理学的学科性质定位于自然科学取向,代表国内研究水平最高的是中科院心理所。因为"心理学是作为一门科学被建立的,近代中国接受心理学也是把它作为理科看待的。这样的做法和看法自然没错"①。

科学心理学的诞生是19世纪自然科学革命运动的产物,这是一个自然科学取得辉煌胜利的全盛时代。自然科学的三大发现"能量守恒与转化定律、进化论和细胞学说",直接推动了人们对自然、生命和人类的新认识与理解,进而"掀开了心理学澎湃发展的序幕"②,为科学心理学的产生不仅提供了思想知识武器,同时也提供了研究方法工具。这三大发现和这一时代的其他科学成就,使得自然科学研究集中于揭示事物的演变过程、研究事物的发生和发展。人们开始从个别科学领域各种过程的联系,看到自然界这一整体联系的基本情景。赫尔姆霍兹等人的能量守恒与转化定律破除了长期在哲学中盛行的生机论观点,打破了有机界与无机界之间不可逾越的鸿沟。人和动物机体只能由食物获

① 钟年:《中国话语中的心理和心理学》,载《心理学报》2008年第6期。
② 傅小兰:《荆其诚心理学文集》,人民出版社2006年版,第11页。

得生命力量,食物的化学能转化为数量相等的热能和机械作用就是生命活动,有力地说明了生命机体完全可以通过机体自身的物理化学过程得到解释,而不需要以超自然的力量来解释。进化论揭示了宇宙事物由无生物到有生物、从低级生命细胞到高级生命机体呈现出阶梯式的发展规律。达尔文进化论中的许多观念,像遗传、环境、个体差异、适应等概念,几乎成为以后科学心理学研究的重要主题,特别是对美国心理学的铸造和影响更为突出。"当科学心理学从欧洲输入到美国,在北美得以确立时,心理学家在寻求抽象和普遍性的心理规律时,采纳的是自上而下的实证主义方法。通过模仿自然科学,心理学家希冀确立人的行为和心理功能的元素周期表。"

以物理学为代表的近代自然科学方法论体系所强调的基本原则是:①客观决定论。科学研究主体必须与研究对象分立并保持距离(价值中立),认识客体完全不依赖于认识主体,物质世界不以人的意志为转移。未受主体干扰介入的客观事物的原本状况,才是科学研究的真正对象。②还原论。认为任何自然对象都可以均质化、物理化、数学化,研究自然对象必须从整体向构成部分的物质单元还原。③因果论。物质运动普遍存在着规律,即因果关系,对事物因果关系的解释就是对客观规律的揭示。④有限论。近代自然科学主张必须从根本上放弃古代亚里士多德以来的那种"元物理学"的、形而上的哲学思维方式,而自限于有限的认识,在此基础上强调科学知识的可积累性和无止境性。这些思想方法能够全面而完整地揭示出宏观、低速物质世界运动变化中的客观规律,极大地推动了物理学、化学和生物学的飞速发展。同时,有力地推动了人类认识发展史上实现了一次伟大的革命性转变。即在认识论上,深刻地揭示了客观性在认识过程中的地位作用问题。在方法论上,强调对物质世界的客观描述,突出了经验证实和实验研究方法的至高无上性。同时,在身心问题和心理精神问题的认识上,也具有划时代的实质性意义,它从根本上破除了世界神性论、身体神秘论的历史迷信,开创了"物质第一性、物质决定意识并且决定人心理"的唯物主义科学认识模式。在伽利略、牛顿的自然科学理论体系中,自然规律既没有"神"的位置,也没有人的精神和心理的位置。近代自然科学范式及其所取得的巨大成就对心理学的影响十分深远,自然科学化一度成为心理学的根本追求。因此,早期科学心理学的先驱者普遍模仿当时最先进的自然科学——物理学,以物理学的规律描述人的心理活动规律,取得了一定成就。随着生物学的进一步发展,心理学转向了生物学寻求实现心理学科学梦想的途径。作为自然科学的心理学在学科建制中产生了广泛而深远的影响。

二、人文社会科学研究的方法论贡献

有学者说得好："一个国家、民族的物质文明和精神文明的建设发展,终究离不开自然科学和人文社会科学这两个翅膀,否则就很难在更高的层次上实现未来的腾飞。"①从学科性质上来讲,心理学是一门介于自然科学与人文社会科学性质的中间科学。国际心理学既存在着自然科学向度的学科分支群,同时也分布着人文社会科学向度的学科分支群。在研究对象上,人文社会科学向度的心理学主要是指偏重于哲学、人文精神、社会、经济、文化、教育、政策等领域的研究。在研究方法上,这一向度的研究反对完全按照纯粹的自然科学和实证方法来建设心理学。强调把人当做"人"来研究,而不是当成"物"来研究。在研究宗旨上,其倡导关心人类的生活,尊重人的价值与尊严,充分考虑文化、社会历史条件对人的心理的影响。认为心理学本质上是一门具有人文精神的科学,也就是价值、意义上的科学。

人既是自然的生物,更是社会的动物,也是教育的产物。自然科学所处理的对象是无生命、无意识的实体性物质存在,研究重点是寻找存在于自然实体中的机械规律和因果关系。发掘因果机制是科学研究的基本任务,也是科学知识积累和学科进步的核心。社会科学与自然科学在探讨因果关系时的差别反映在以下几个方面:

(1)自然科学研究关注的是微观层次的现象分布和运动规律,人文社会科学探讨的是相对宏观层次的社会现象分布和运动规律。微观运动通常对许多细微的因素忽略不计,如时间因素、因果关系链接较短、原因与结果的中介因素等。人文社会科学由于重视历史性,对于因果关系的起因和结果,需要通过时间上的考察。社会科学的因果分析通常是多元起因、联合起因、选择起因等交叉组合的复杂关系。这种复杂性也是概然性的因果关系,即非决定性。

(2)操作控制。自然科学研究可以在实验室里通过实验来完成,社会科学的对象操作控制往往无法完成。在这种情况下,思想上的"操控—假想"成为一个推断因果机制的重要手段。当然这种操控必须符合一定的逻辑过程。②

(3)社会科学研究也符合因果机制的要求。两个社会现象之间究竟有什么样的关系才能构成因果关系?休谟认为,因果关系包含时间上的先后问题、经验上的相邻和恒常的关联。自然科学的研究对象是客观性的物质实体存在。纯粹的物质科学研究,由于变量有限,较易控制,实验结果的效度也较易判别,其科

① 王伟光:《加快构建哲学社会科学创新体系》,载《求是》2009 年第 5 期。
② 王天夫:《社会研究中的因果分析》,载《社会学研究》2006 年第 4 期。

学水准也容易定位。但作为研究人类行为活动的心理学,其所要涉及的问题则非常复杂。心理现象、社会规律与自然现象及规律不同。一种社会规律(或理论)所以被证明为真,往往并不是它具有普遍意义的真,而是因为人们知道了之后,实践使它为真。正如韦伯所讲,研究人的社会现象必须关照到人的动机,也必然涉及价值意义的问题。这样的关照是自然科学所没有的。因此,社会科学的研究无法完全按照自然科学的方法。只有以"理解"和"拟情"的方法来理解人的心理和社会。

狄尔泰也反对将心理学作为一门纯粹的自然科学。自然科学的研究仅仅是按照自然规律把一些观察到的事物与另外一些事物联系起来,并对它们做出解释。相反地人文社会科学需要研究的是人类有意义的生活,这种有意义的人类生活构成了不同于自然科学的人文社会科学的研究基础。关于什么是意义的问题,狄尔泰指出,人类生活具有一定的时间结构,即人类生活的每一刻承载着对于过去的觉醒和对于未来的参与,这样的时间结构组成了包括感觉经验、思想、情感、记忆和欲望的人类生活的内在结构,所有这些便形成了生活的意义。理解是把握人类生活意义和历史的基本手段。在他看来,心理学也许是精神科学中最根本性的学科,认为存在着两类心理学的概念及其相互作用的关系:一类是关于个人的第一序列心理概念,另一类是阐述文化系统运作的心理学概念。而文化系统的科学建立在心理与心理—物理内容之上,必须始于发达的心理生命概念。反思经验概念在精神科学中具有重要地位,反思具有循环性、解释性和体验性。人类对于心理—历史现实有某种固有的理解,而对于自然则没有这种理解。心理结构和心理生命的统一性的规定为解释学的。精神科学既关注于个体性和具体过程,也关注于一般理论和抽象结构。全部精神科学都是解释性的和相互依赖的,任何一门学科都不能享有心理学曾经享有的那种首要地位。李凯尔特也认为,要使自然科学和人文社会科学得以从本质特征方面区别开来,必须建立质料分类和形式分类的基本原则。自然是任其自生自长的东西的总和。与自然相对,文化则是按照预定的目的直接产生出来的,或者是虽然已经现成,但至少是由于它所固有的价值而为人们特意地保存着的。任何一种实在之所以有价值,或者与特定的价值相关,正是在于它的独特性,它的一次性的发生过程。认识自然意味着从普遍因素中形成普遍概念。而人文社会科学方法则旨在"研究现实的特殊性和个别性的科学方法"①。精神人文科学与自然科学是两类在研究主题与研究方法上均极不相同的科学。精神科学有优于自然认识的地方,它们的对象不是外部感觉给予的纯粹现象,而是一种生命

① 李凯尔特:《文化科学和自然科学》,涂纪亮译,商务印书馆1986年版,第15页。

科学。精神科学同自然科学一样具有同样的根本性、综合性和客观性。知识论的首要任务是要找到一个能为精神科学奠定基础的基础科学,狄尔泰提出这门科学就是心理学。其研究人类精神生活的整体结构和关系,能将各种精神科学组织成一个有机的系统。韦伯也提出,理解的目的是在于领会人的行动的意义。即使最为简单的有意义行动,也必然与一定的价值兴趣相联系。理解的主要特征是"神入理解",即对他人心境的重新体验。目标合理的行动是一种理想类型。它虽然不是一种普遍的经验行动,却是一种重要的行动范例,为人们提供了理解行动意义的可能手段。当然,现实生活中人们的行动并不全是合理的,常常包含相当多的非理性因素,但是,目标合理的行动这一理想类型则使得人们能够让这些非理性的因素展现出来。"愈是目标合理的行动因其最具有一般性,最缺乏文化意义的独特性,因而也最可理解。而愈是渗透有多种价值情感和其他的精神的行动,愈富有文化意义。因而实际上是愈难得到清楚的理解。"①理解的可能性与文化的特殊性恰好成反比关系。

不少人认为,人文社会科学向度的心理学,乃至社会科学,还没有达到自然科学的严谨水准,因此不够科学、不够成熟。这实际上是一种以自然科学的眼光和标准来理解和评估人文社会科学向度心理学的立场及方法,是不恰当的。实际上人文社会科学向度的心理学范式也有比较明确的研究纲领和程序。这种研究恰恰由于缺乏诸如有实验室的方法这样的东西来依靠,就迫使自己必须"以概念分析为首要步骤、以框架问题为主题",寻求更大程度的清晰性、严密性和精确性。现代人文社会科学尽管没有达到数学、物理、化学等自然科学那样的精密化陈述水准,但也没有必要像自然科学一样实现精确化,通过日益运用条理化的结构模式,增强自身的科学性和严密性。这一向度的研究范式把原创性,富于想象的感受性和纯粹理智逻辑的严格性二者结合起来,成为人类认识世界、建构知识系统不可取代的精神资源。

现代西方心理学的总体发展格局一方面呈现出了强调实证研究的特点,但另一方面也始终不减对人文精神的追求与科学文化的反省,呈现出了一种不拘一格、自由发展的强劲态势。欧美心理学者不断地推出各种新的理论学说,体现出了对人类心理活动本质规律认识的不断发展和深化进程,这无疑得益于人文社会科学心理学向度研究成果的支撑与驱动。美国著名心理学家布鲁纳指出,目前心理学需要"物质—生命—心理—文化"这样的知识谱系学维度,"促进与人文科学、社会科学这些解释性兄弟科学的联系"。

---

① 韦伯:《社会科学方法论》,韩水法等译,中央编译出版社 1999 年版,第 15 页。

三、心理学研究的两大阵营

英国学者斯诺认为,在西方的文化研究中一直存在着两种对立而分裂的传统:一种是人文文化,另一种是科学文化。以学科特征而论,可分为注重实证的文化人类学传统与理性的文化哲学传统;以国家和地缘而论,可分为美国传统和欧洲大陆传统;而以近现代科学思潮的角度视之,则体现为科学主义与人文主义的对立。在心理学研究中也长期存在着这样的"两种文化"现象。1984年美国心理学家金布尔通过对APA成员的调查也发现,心理学家在世界观和方法论上存在着两大阵营或两种文化。他将这两种文化的冲突概括为六个方面:①学术的价值:科学的和人本的;②行为的规律:决定论和非决定论;③知识的来源:观察的和直觉的;④发现的背景:实验室和现场研究、个案史;⑤规律的概括:法则认识和个别认识;⑥分析的水平:元素主义和整体主义。金布尔认为科学文化和人文文化的对立将始终困扰着心理学的发展,他本人对这两种文化的统一并不持乐观态度。

事实上,科学主义与人文主义的心理学研究,"总是此消彼长、互反互补地贯穿于心理学发展史的始终"①。属于科学主义阵营中的心理学家,可以列出铁钦纳、华生、斯金纳、巴甫洛夫、靳温、鲁利亚等人;属于人文主义阵营的则可以推选出布伦塔诺、詹姆斯、维果茨基、罗杰斯等人。心理学的创始人冯特早期属于第一阵营,晚期致力于民族心理学的研究。科学主义心理学研究倾向于对心理活动做出客观的、规范的、普适的、定量的和外在主义的结论,运用的方法多是实验的、统计的、测量的,常常受到"机械还原论"之类的指责;人文主义心理学研究侧重于对心理活动做出经验的、意义的、特定的、具体的及内在主义的结论,它所运用的方法多是内省的、描述的,常常受到"科学性不强"之类的批评。两大文化此起彼伏,此消彼长。

四、科学性与人文性如何统一

心理学的发展需要以"自然科学为体,人文社会科学为魂"。人的心理活动既具有自然的稳定性,又具有社会的可变性。心理学的科学理论必须充分反映人的心理活动的自然规律和社会性规律,否则就不是真正的心理学理论。当代科学的发展趋势是科学化和人文化,即社会科学奔向自然科学,自然科学奔向社会科学,充分证明了马克思在上个世纪的科学预言:"自然科学将变成人的科学的一部分。"因之,心理学理论建设不应该排斥人文科学的心理学理论探索。

---

① 钱谷融等:《文学心理学》,华东师大出版社2003年版,第28页。

心理学要成为真正的带头学科,必须走科学化和人文化的道路。在自然科学精神与人文科学精神的统一区域寻求理论基础结构的内在逻辑生长点,这是心理科学理论得以确立的先决前提。也就是说,必须着眼于20世纪以来的物理科学、生命科学、心理科学和认知科学的发展,它们为心理学元理论的统一性以及心智和生命的连续性问题提供了具有实证基础的系统性立场,即物理科学立场、生物科学立场、心理科学立场和社会科学文化立场:

(1)物理科学立场。心身问题在物理上是物质作用的结果,具有因果作用封闭性,不存在超自然的心理活动。

(2)生物科学立场。人是有生命的动物,心理是生命活动、脑物质活动的高级产物,具有不可还原性。

(3)心理科学立场。人具有心理精神品质,心理是人脑对客观现实的反映。

(4)社会科学立场。人是社会的文化的动物。人的心理系统内部以及与社会文化系统外界的相互作用所引发的变化,是心理系统事物存在的基本方式。文化是实在的,而社会生活性或文化性是心理活动的根本源泉。目前心理学需要"物质—生命—心理—文化"(图3-1)这样的知识谱系学维度,"促进与人文科学、社会科学这些解释性兄弟科学的联系"。

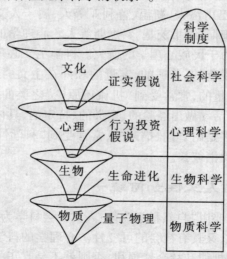

图3-1 心理学科学知识建构基础谱系图

后现代心理学者曾挑战了独立自我的地位。他们的研究表明:脱离集体的个体表现出更低的健康和主观的幸福水平;在相互联系的群体中,例如宗教社会,频繁的参与者表现更高的主观幸福和更长的平均寿命。

基于上述四个立场,我们认为需要重视解决心理学元理论的统一性以及心智和生命的连续性这两个观念。这两个观念可用于解决 21 世纪心理科学面临的两个根本性挑战:①如何在普遍性的基础上辨析清楚心理诸现象,理解心理的物理学和生物学基础,以及如何把描述人类心理的各种水平现象的概念系统应用于揭示心理连续性上的多种不同水平;②关于心理意识经验的解释的鸿沟,即一个物理活动的身体系统如何使该系统出现了附加的感受或主观体验。更进一步讲,在生物的社会文化层面上,心理作为一种实在的形态而自觉存在。这样,我们不仅要在物理学、生物学维度上研究心理的形成和发展问题,还要在社会文化维度上研究心理如何从个体的生活层面而生成和表现的。否则,我们的原创事实上却只能是又老又旧的东西,元理论研究的知识技术强度增加不上去。这从反面告诉人们,合理把握心理学的学科性质,必须坚持普适性与特色性相统一的方法论原则,建构多元同构的心理学元理论基础。

第二节　心理学实验范式的转变

　　实验研究是探讨总结心理活动因果关系和规律性的有效方式。实验范式是指由某项研究首先创立、被后人广泛采用的、在实验中对各种心理特质或行为进行测定的经典实验任务或技术,它具体表现为一套标准化的心理实验程序。实验范式侧重考虑实验变量数据获得的精确性和精巧性,涉及心理学各研究领域中自变量条件的创设、因变量指标的测量、测量指标与内在心理机制之间的关系等内容。实验范式具有特殊性,不同研究领域往往各有多种不同的实验范式。自费希纳等创立心理物理学以及冯特建立科学心理学以来,实验范式大致经历传统心理实验范式、认知心理实验范式和认知神经科学实验范式三个发展阶段,著名心理学家莫雷先生将之称为"心理学实验研究的三大浪潮"。

一、传统心理实验范式

　　传统心理实验范式开始于 19 世纪五六十年代的经典心理物理学,并在 20世纪五六十年代发展为现代心理物理学实验范式,即信号检测论。

　　经典心理物理学范式包括测量感觉阈限的实验范式和建立心理量表的实验范式。测量感觉阈限的实验范式包括最小变化法、平均误差法和恒定刺激法。建立各种心理量表的实验范式有等级排列法、对偶比较法、感觉等距法、差别阈限法、数量估计法和感觉比例法等。

　　传统心理物理范式曾经在心理学研究中占有重要地位。传统心理物理法作为一种实验设计的思想,已经潜移默化地贯穿于心理学实验设计和实验范式之中。然而,现代心理学研究中直接应用传统心理物理法进行的实验研究很少,并且各种实验心理学教材对这些方法都有详细介绍,本书不再赘述。下面介绍传统心理实验范式中最具代表性、适应面最广的现代心理物理学范式,即信号检测论。

1. 信号检测论基本原理

心理学信号检测实验一般在信号和噪音难以分清的条件下进行。主试有时只呈现噪音刺激(用 N 表示),有时信号刺激和噪音刺激同时呈现(以 SN 表示),要求判断是否有信号。判断结果有四种:把有信号的刺激正确判断为有信号称为击中(hit),把有信号的刺激错误判断为无信号称为漏报(miss),把无信号的刺激错误判断为有信号称为虚报(false alarm),把无信号的刺激正确判断为没有信号称为正确拒绝(correct rejection)。由于击中率和漏报率之和为1,虚报率和正确拒绝率之和也为1,因此采用击中率和漏报率就可计算判断标准和感受性。

信号检测论有两个测量指标,即判断标准和感受性。判断标准通常以 β 表示。要计算 β,先将击中率和虚报率转换为标准分数 Z_{SN}、Z_N,再将 Z_{SN}、Z_N 通过查正态分布表转换为正态分布曲线的概率密度值 O_{SN}、O_N,O_{SN} 与 O_N 的比值就是 β 值。β 值可以解释被试对刺激进行判断时所持标准的严格性,一般 β 值越大($\beta > 1$)则判断标准越严格,β 值越小($\beta < 1$)则判断标准越宽松。

信号检测论最大优点是能将反应倾向性和反应敏感性区分开来。反应敏感性指标称为辨别力(d'),d' 的值为 Z_{SN} 和 Z_N 之差:当被试反应比较敏感时,击中率提高,虚报率下降,此时辨别力高;当击中率和虚报率接近时,被试辨别力居中;当被试的击中率低而虚报率高时,被试辨别力低。

2. 信号检测论实验范式

信号检测论的实验范式主要有有无法和迫选法。

有无法首先要通过预备实验选择符合被试的信号和噪音刺激,并规定二者出现的概率。一般信号和噪音的刺激强度以接近或略高于差别阈限为准。正式实验时,以随机方式呈现信号和噪音,要求被试回答刺激是信号还是噪音。根据判断结果可求出击中率 $P(y|SN)$ 和虚报率 $P(y|N)$。例如,呈现信号和噪音各100次,被试在100次呈现信号中报告有信号为16次,在100次噪音呈现中报告有信号为2次。那么,$P(y|SN) = 16/100 = 0.16$,$P(y|N) = 2/100 = 0.02$,由此就可计算出判断标准和辨别力:首先在正态分布表上查出击中率和虚报率对应的概率密度值(分别为0.242和0.054)和 Z 分数(分别为1和2);则判断标准 $\beta = 0.242/0.054 = 4.481$,$d' = 2 - 1 = 1$。这一结果表明,被试辨别力居中,但判断标准非常严格。

迫选法每次同时或以系列方式给被试呈现 2 到 8 个刺激,其中一个是信号,其余全是噪音,而且信号在每组刺激中的位置或先后顺序是完全随机的,要求被试从多个刺激中选出信号,故称为多项迫选法。柯学等于 2002 年研究了数字概念大小判断任务中的无意识语义启动效应。为了确定启动数字呈现多长时间时被试不能觉察启动刺激,他们采用了信号检测论的思想:先给呈现启动数字,呈现时间随机为 20 ms、30 ms、40 ms、50 ms 或 100 ms,最后依次呈现掩蔽刺激和伪靶刺激,其呈现时间分别为 80 ms 和 150 ms,要求按键对启动数字进行迫选反应。然后,以中文数字为噪音,阿拉伯数字为信号,由击中率和虚报率计算得到辨别力(d'),并检验击中概率和虚报概率是否有差异,以此考察 d' 与 0 之间是否存在差异,分析启动数字是否被觉察。结果发现,当启动数字呈现时间为 20 ms 或 30 ms 时,击中率和虚报率没有显著差异;当呈现时间为 40 ms、50 ms 或 100 ms 时,击中率和虚报率差异显著。因此,当启动数字呈现时间为 20 ms 或 30 ms 时,辨别力(d')与 0 值之间没有差异,表明此条件下被试不能觉察到启动数字。

二、认知心理实验范式

认知心理实验范式主要特点是预先设定信息加工流程,通过反应时和正确率等较简单指标,借助于复杂而精致的实验设计推断研究假设的合理性,从而实现对人类认知机制的研究。与传统心理实验范式相比,认知心理实验范式能更准确、更精细地分析人类心理过程以及人与环境之间的关系,因此该范式在当前心理学研究中仍然处于主导地位。在实际研究中,认知心理实验范式包括两个层次的应用:一是广泛通用的反应时实验范式,如减法反应时、加法反应时、开窗实验范式等。二是各个认知领域中采用的具体实验范式,如知觉领域的知觉组织实验范式、整体—局部实验范式等;注意领域的提示范式、启动与负启动范式、搜索范式等;记忆领域的实验性分离范式、RJR 范式、DSM 范式等。

1. 反应时实验范式

认知心理学已经形成了以反应时为指标并利用反应时数据推断认知加工机制的三个反应时实验范式,即减法反应时范式、加法反应时范式和开窗实验范式。

(1)减法反应时范式

减法反应时范式是用相减方法将反应时间分解为各个成分,然后用来分析信息加工过程的方法。19 世纪生理学家唐德斯最早提出反应时的减法反应时范式,即通过测量人的反应时来判定某个心理过程是否存在。其程序是:首先安排两种或两种以上反应时作业,其中一种作业包含另一种作业所没有的某个特定心理过程,它就是要测定的心理过程;两种作业其余方法均相同,这两种反应时之差就是此加工过程所需要的时间。

减法反应时范式在认知心理实验中有大量应用。启动效应、负启动效应、返回抑制等现象都是以反应时的相减为基础的。启动范式包括启动显示和探测显示。启动显示和探测显示根据刺激物理特征、语义等维度可形成语义相关条件和语义无关条件,如果语义相关条件反应时快于语义无关条件的反应时,那么这两种条件的反应时之差就是启动效应。负启动效应实验中启动显示和探测显示都包含目标刺激和干扰刺激,构成两种实验条件:启动显示中的干扰刺激成为探测显示中的目标刺激;探测显示中的目标刺激与启动显示无关。如果前一种条件的反应时慢于后一种条件的反应时,则二者反应时之差就是负启动效应。返回抑制也涉及目标出现在线索提示过的位置上和目标出现在没有提示过的位置上两种条件。当提示和目标呈现的时间间隔大于300 ms时,一般目标呈现于提示位置时的反应时慢于呈现于未提示位置时的反应时,二者之差就是返回抑制量。

(2)加法反应时范式

加法反应时范式又叫相加因素法,是由斯腾伯格发展起来的一种反应时新法。该范式认为,完成一种作业所需时间是一系列信息加工阶段分别需要时间的总和,如果发现可以影响完成作业所需时间的一些因素,那么单独地或成对地应用这些因素进行实验,判断这些因素是否与特定的信息加工阶段相联系。其基本逻辑是:如果两个因素的效应是相互制约的,即一个因素的效应可以改变另一个因素的效应,那么这两个因素只作用于同一个信息加工阶段;如果两个因素的效应是相互独立的,即可以相加,那么这两个因素各自作用于不同信息加工阶段。该范式关键在于确定加工的顺序并证实不同加工阶段的存在。

加法反应时范式的典型应用是斯腾伯格关于短时记忆提取过程的研究。游旭群和杨治良(1999)将加法反应时范式加以改进,在一个实验中检测了飞行员和控制组的表象旋转加工水平。结果发现,训练和旋转角度因素之间具有显著交互作用,由于旋转角度因素反映了表象旋转加工子系统加工量的差异,根据加法反应时范式的逻辑,这种交互作用表明训练和旋转角度因素作用于同一加工子系统,即负责表象旋转加工的子系统。另外,飞行员与控制组在旋转角度为0°时成绩无差异,表明负责形状编码和确认的子系统不受训练因素影响。但在45°、90°、135°、180°条件下,飞行员成绩显著好于控制组,且飞行员心理旋转速度快于控制组,表明表象旋转加工子系统受训练因素影响大。这些结果证明了心理旋转任务中存在形状编码和确认及负责心理旋转加工的子系统,并且说明这些子系统具有不同认知加工特性:表象旋转加工子系统更多表现出了认知可塑性和易变性特点,另外两个加工子系统则具有相对稳定性或较低的可塑性。

（3）开窗实验范式

开窗实验是一种能够比较直接地测量各个加工阶段的时间,而且也能比较明显地看出这些加工阶段的反应时技术。由于利用这些方法可以像打开窗户一样直接观察到认知加工过程的阶段,所以称为开窗实验。

开窗实验范式的典型范例是汉密尔顿（Hamilton,1977）等的字母转换实验。其实验程序为:呈现 1—4 个英文字母并在后面加上一个数字 n,要求说出英文字母表中每个字母之后第 n 个位置的字母。如呈现"ECKM ＋2"时,要求说出"GEMO"。以"KBHR ＋4"为例,这四个字母相继呈现,由被试按键控制,第一次按键后呈现 K,开始计时;接着要求被试进行出声转换,即说出"LMNO";然后再按键看第二个字母 B,要求说出"CDEF",如此循环直到被试最后报告出"OFLV"时停止计时。这样记录的是整体转换时间。还可以记录各个阶段的时间,如从字母出现到开始出声的时间就是刺激编码阶段的时间;从出声开始到出声结束,是转换阶段的时间;从出声结束到下一个字母呈现之间的时间,就是存储阶段的时间。由此可见,完成字母转换任务的加工过程可能包含三个阶段:首先是编码阶段,将所看到字母与记忆中的表征进行匹配,编码过程的时间是从按键看到第一个字母到开始出声转换之间的反应时;其次是转换阶段,根据实验要求进行转换操作,消耗的时间是从开始出声到出声结束之间的时间;最后是储存阶段,暂时储存前一个字母的转换结果,以保证最后能完整报告所有字母转换结果,消耗的时间是从前一个字母转换结束到按键呈现第二个字母之间的时间。

2. 常用认知心理实验范式

（1）知觉的实验范式

在知觉加工过程中,视觉系统必须首先把视觉输入组织成不同部分以形成视觉加工基本单元,此过程称为视知觉组织（perceptual grouping）。那么,知觉系统根据什么对视觉输入进行组织呢?格式塔心理学家提出了一些视知觉组织规律:①面积律。面积小的部分比面积大的部分容易被知觉成图形。②相邻性。空间靠近的物体容易被知觉成同一个整体。③相似性。性质相似的单元容易被知觉成同一整体。④封闭性。倾向于组成封闭图形的部分容易被知觉成一个整体。⑤连续性。倾向于组成连续曲线的刺激被组织成一个整体。⑥连接性。由性质均一的区域连接起来的部分容易被知觉成一个整体。⑦共同区域。位于同一个区域内的元素容易被知觉成属于同一个整体。

韩世辉等（1999）考察了连接性知觉组织与传统格式塔知觉组织原则的关系。他们要求被试分辨由小圆组成的大字母（H 或 E）,小圆的组织分别基于空间相邻性、形状相似性或连接性。他们发现形状相似性组织条件下反应时比空间相邻性组织条件下反应时长,并且能被附加的连接性组织加快;但是,空间相邻性组织条件下反应时不受附加的连接性组织的影响。在分辨知觉组织朝向的任务中发现了类似结果,但是较弱的空间相邻性组织条件下的反应时能被附加的连接性组织加快。这说明,与连接性组织相比,相似性组织可能发生得较晚,而空间相邻性组织可以发生得同样快或同样有效。①

(2)整体—局部范式

Navon(1977)开创了整体—局部范式。复合刺激时由小字母组成大字母,大、小字母要么一致(如大、小字母都是 H 或 S),要么不一致(如大字母是 H,而小字母是 S)。大字母代表图形的整体性质,小字母代表图形的局部性质。在视听干扰实验中,先呈现一个复合刺激图形,然后通过耳机呈现 H 或 S 的读音,要求判断听到的字母并按键反应。刺激图形中大、小字母可以与听觉刺激一致或不一致。实验发现,当视觉刺激中的大字母与听觉刺激一致时反应时最短,不一致时反应时最长,而辨别听觉刺激反应时不受小字母的影响。在图形辨别实验中,被试要么辨别大字母是 H 还是 S,要么辨别小字母是 H 还是 S。结果发现,辨别大字母反应时比辨别小字母的反应时短,辨别小字母的反应时受大字母的影响:当大、小字母一致时较短,不一致时较长;相反,辨别大字母反应时不受小字母影响。Navon 认为,在处理复合刺激时,知觉系统首先处理整体性质,然后再加工局部性质,这就是知觉加工的整体优先性假设。

(3)提示范式

提示范式(cuing paradigms)又叫做线索化范式,由波斯纳(Posner)于 1980年创立。提示一般分为中央提示和外周提示,也可以分别叫做内源性提示(endogenous cuing)和外源性提示(exogenous cuing),它们分别引发内源性注意和外源性注意。内源性注意是受意识控制的,外源性注意是由刺激特性驱动的。

内源性提示范式程序如下:①首先呈现注视刺激,包括中央注视点" + ",其两边各有一个与其等距离的方框,用于随后在其中呈现目标刺激。②间隔300ms 后呈现提示刺激,它与注视刺激相似,但中央的" + "被换成"←"或"→"。③间隔100ms 到 200ms 后呈现目标刺激,它也与注视刺激相似,但在与提示箭头指向一致的方框中呈现目标刺激,让被试判断目标刺激某一属性(如是"X"还是"O")。提示分为有效、无效两种:有效提示是指之后的目标刺激在箭头指向的方框内出现;无效提示是指之后的目标刺激在箭头指向相反的方框

① Han S,et al,"Interactions between perceptual organization based on Gestalt laws and those based on hierarchical processing", *Perception & Psychophysics*, 1999,7.

内出现。有效、无效提示下反应时或错误率之差就是提示效度效应。

外源性提示范式程序如下：①首先呈现注视刺激，它与内源性提示范式中注视刺激相同；②间隔200ms后呈现提示刺激，它与注视刺激相似，但左边或右边方框出现一个提示正方形，或者两个方框内均出现提示正方形；③间隔100ms到200ms后，在左侧或右侧方框中呈现目标刺激，要求判断目标刺激的某一属性。提示分为有效、无效、中性三种：有效提示下目标刺激位置与提示位置一致；无效提示下目标刺激位置与提示位置相反；中性提示时两个方框都出现提示正方形，即提示与目标无关。结果得到两个提示效应：一个是中性提示与有效提示的反应时或错误率之差，一个是无效提示与中性提示的反应时或错误率之差。

（4）启动与负启动范式

启动范式通过考察启动效应或负启动效应的变化来揭示认知过程的规律。启动效应是指某一加工任务对后来同样或相似任务的促进作用。负启动效应是指在前面任务中作为分心物的刺激变成了后面任务中的目标刺激而造成的反应时延长和正确率降低。Tipper(1985)应用正启动和负启动范式考察了选择性注意的目标激活和分心物抑制机制，具体程序如下：先后以很短时间间隔（如50ms）呈现启动显示和探测显示，要求对两种显示完成同样认知任务。启动显示和探测显示均由目标物体和分心物构成，实验设置五种条件：①目标重复条件。启动显示中的目标作为探测显示中的目标。②语义重复条件。启动中的目标与探测显示中目标有语义相关（如猫与狗）。③负启动条件。启动显示中的分心物成为探测显示中的目标。④语义负启动条件。启动显示中分心物与探测显示中目标有语义类别相关。⑤控制条件。启动显示和探测显示中目标和分心物无关。条件①与条件⑤反应时之差就是启动效应，反映了目标激活过程；条件②与条件⑤反应时之差就是语义启动效应，反映了语义激活过程；条件③与条件⑤反应时之差就是负启动效应，反映了分心物抑制过程；条件④与条件⑤反应时之差就是语义负启动效应，反映了语义抑制过程。结果发现，启动效应、负启动效应以及语义负启动效应均显著，但语义启动效应不显著，说明选择性注意同时存在目标激活和分心物抑制两种机制，并且分心物抑制发生在语义类别水平，而非知觉表征水平。

（5）视觉搜索范式

视觉搜索范式一般要求在一个刺激背景中，从目标靶子周围找到所设置的与目标相同的刺激。搜索任务包括一个或两个搜索目标，完成项目的时间是从该项目的刺激呈现到第二个目标被找到这段时间，测验成绩是完成全部项目的时间。

Schneider 和 Shiffrin(1977)在一个搜索实验中先呈现 1 到 4 个识记项目,然后再呈现 1 到 4 个再认项目,要求判断其中是否有识记过的项目。有两种实验条件:一种是识记项目为字母,再认项目除包含一个识记过的字母外其余均为数字,或者全部为数字(字母),不包含任何字母(数字),被试只需发现是否有字母(数字),此时识记和再认项目分属两个范畴,称为不同范畴条件;另一种是识记项目为数字(字母),再认项目也为数字(字母),其中可包含亦可不包含识记过的项目,此时识记和再认项目同属一个范畴,称为相同范畴条件。结果发现,相同范畴条件下,当识记和再认项目均为一个时,要达到 80% 正确率,再认项目呈现时间需达 800ms;不同范畴条件下,无论项目多少,再认项目呈现时间只需 80ms 就可达到 80% 正确率。这说明不同范畴条件的搜索和再认优于相同范畴条件,且识记和再认项目数量对不同范畴条件无影响,但相同范畴条件下,判断时间随着识记和再认项目增多而增加。可见,相同范畴条件下被试应用的是控制加工,不同范畴条件下被试应用的是以平行方式起作用的自动加工。

(6)记忆实验范式

①实验性分离范式。实验性分离范式分为任务分离范式和加工分离范式。任务分离是指用不同测验任务来揭示同一自变量不同作用的方法,其基本逻辑是:控制某一变量而比较其在内隐和外显记忆任务中的效应,如果该变量影响其中一种任务的成绩而不影响另一种任务,或者对两种任务影响方向不同,就说该变量在内隐和外显记忆任务之间出现了实验性分离。

由于任务分离范式中不同任务的底层加工过程可能是不纯净的,并且存在内隐和外显记忆任务的相互污染问题,Jocaby 等人提出了加工分离范式以克服这些缺陷,它通过一个简单任务将无意识加工从意识加工中分离出来。Jacoby(1991)在一个实验中要求被试学习视觉或听觉方式呈现的项目。包含测验要求判断测验项目是否为"旧";排除测验要求只对听到的项目再认为"旧"。记忆任务操作既可以是独立的意识性提取,其贡献为 $R - AR$,或熟悉性提取,其贡献为 $A - AR$;也可以是意识性和熟悉性提取的共同作用,其贡献为 AR。包含测验中被试用意识性和熟悉性提取两种机制来完成判断,此时对视觉呈现词判断为旧的概率为: $P(\text{"旧"} \mid \text{包含}) = A + R - AR$。排除测验中,熟悉性提取将视、听呈现词判断为旧,但意识性提取将视觉呈现的词判断为新,此时对视觉呈现词再认为旧的概率为: $P(\text{"旧"} \mid \text{排除}) = A - AR$。这样就可算出意识性和熟悉性提取的各自贡献: $R = P(\text{"旧"} \mid \text{包含}) - P(\text{"旧"} \mid \text{排除})$; $A = P(\text{"旧"} \mid \text{排除})/(1 - R)$。

梁三才和游旭群(2003)采用实验性分离范式考察了编码时注意状态对内

隐和外显记忆的影响。实验一采用任务分离范式考察了分散注意对词干线索回忆和词干补笔的影响,结果发现分散注意显著降低了线索回忆任务的成绩,但只有重度分散注意降低了词干补笔的成绩,轻度分散注意不影响词干补笔任务。由于词干补笔任务可能受到意识回忆的影响,他们在实验二中采用加工分离范式进一步考察了分散注意对意识性提取和自动提取的影响,结果发现分散注意只影响意识性提取,但不影响自动提取。这些结果说明,外显记忆编码过程依赖于注意资源,而内隐记忆编码过程不需要注意资源。①

②元记忆的 RJR 范式。知道感判断(Feeling of Knowing Judgement,简称 FOK 判断)是由 Hart 开辟的最早的元记忆研究范式,即 RJR 范式。该范式包括四个阶段:第一是回忆(Recall)阶段,通过不断向被试提出问题,确定一系列被试依靠记忆不能回答的项目;第二是 FOK 判断(Judgement)阶段,让被试判断自己是否能够再认那些不能回忆的答案;第三是再认(Recognition)阶段,即让被试对那些不能回答的问题答案做多项选择测验;第四阶段是对被试的 FOK 判断和再认成绩进行比较,得到 FOK 判断对再认成绩预测准确性的大小。

白学军等(2006)以小学五年级、初一和高一优生和差生为被试,采用 RJR 范式考察了 FOK 判断的发展过程,结果发现:优生的 FOK 判断发展水平高于差生;优生和差生的 FOK 判断发展均存在关键期,并且优生的关键期早于差生。其中,优生 FOK 判断发展的关键期是在小学五年级与初一年级之间,而差生 FOK 判断发展的关键期是在初一年级与高一年级之间。②

③错误记忆的 DRM 范式。错误记忆的常用实验范式为 Deese-Roediger-McDermott(简称 DRM)范式。经典 DRM 范式中共包括 36 个词表,每个词表由一个未呈现的目标词(也被称作关键诱饵,如寒冷)和与它相联系的 15 个学习项目(如冬天、冰雪、霜冻、感冒、发抖等)组成。词表中每个项目均与一个未呈现过的关键诱饵产生联想。向被试呈现这些词表,但不呈现关键诱饵。学习之后进行即时回忆测验和再认测验。这种范式的结果是:被试在即时回忆测验中错误地报告关键诱饵的几率甚至超过了一半呈现过的单词,并伴随着较高程度的自信;再认测验中对未学习过的关键诱饵的虚报率较高,几乎接近学过词的击中率。这就是错误记忆效应。

史小航和郝兴昌(2009)采用 DRM 范式考察了加工水平和呈现时间对错误记忆的影响。结果发现,加工水平对错误记忆没有影响,随着对词表加工水平

---

① 梁三才等:《内隐和外显记忆之间的实验性分离》,载《心理科学》2003 年第 4 期。
② 白学军等:《优生和差生 FOK 判断发展的实验研究》,载《心理发展与教育》2006 年第 1 期。

的提高,错误再认率差异不显著;而加工水平对正确记忆有显著影响,不同加工水平间的正确再认率差异显著,即错误记忆与正确记忆在加工水平上表现出了分离。在较慢呈现时间下,呈现时间对错误记忆和正确记忆的影响均不显著。这些结果进一步揭示了错误记忆的加工特性及其与正确记忆的关系。

(7)意识的实验范式

①无意识知觉的实验范式。无意识知觉实验范式包括 Stroop 范式、错误再认范式和排除测验范式。

Stroop 范式。无意识知觉研究采用传统 Stroop 任务的变式,此任务只涉及红、绿两种颜色,一般运用色词 red 或 green 作为启动刺激来启动对红、绿两种靶颜色的命名反应。操纵启动刺激的意识水平并控制启动刺激(色词)与靶颜色一致或不一致的比例,观察其对 Stroop 效应的影响。Merikle 等人(1995)采用此范式考察了 Stroop 任务中无意识知觉贡献的大小。结果发现,当一致的色词—色块对发生的概率远小于不一致发生的概率时,被试的反应结果依赖于对色词的知觉是有意识还是无意识的:在意识状态下,不一致色块的命名要快于一致色块的命名,即出现了 Stroop 效应的反转;而在无意识状态下,对一致色块的命名要快于对不一致色块的命名,即出现了典型的 Stroop 效应。

错误再认范式。错误再认是指再认测验中将那些未学过的项目误认为是"学过"的反应。杰克布等人(1989)将传统再认测验稍做改动,在每个测验词呈现之前以很快速度呈现一个背景词来干扰被试的反应。测验词和背景词有匹配、不匹配、无关三种关系。结果显示,若背景词以很短时间呈现(如 5ms),那么没学过的测验词在匹配下比不匹配下更可能被认为是"学过的";若背景词以较长时间呈现,则没学过的测验词在匹配下比不匹配下的错误再认率更低。他们认为,在匹配条件下,背景词与测验词完全相同,会引起对测验词知觉熟悉性的提高。当背景词被有意识知觉到时,被试认为背景词的呈现提高了测验词的知觉熟悉性,因而错误再认率低;相反,当背景词被无意识知觉时,被试将这种知觉熟悉性的提高归因于以前"学习过",因而错误再认率高。可见,这些错误再认有质的差异,反映了意识和无意识知觉之间质的差异。

排除测验范式。杰克布等人又将加工分离范式中的排除测验用于无意识知觉研究,其实验程序是:首先以不同时间呈现一个靶词,在掩蔽任务之后紧接着呈现靶词头三个字母组成的词干,让被试用除了刚才呈现过的单词之外的任意词补笔。此程序关键在于操纵靶词呈现时间以形成不同意识状态:短暂呈现引起对无意识知觉,这时被试在补笔时很难把靶词排除掉,导致靶词补笔率较高;较长呈现导致有意识知觉,此时被试在补笔时能将靶词排除掉,因而靶词补笔率较低。这种排除测验测量了无意识影响的相对量。德波尼(1994)以排除测验范式进行了一项无意识知觉研究。他们设计了短 SOA 和长 SOA 条件以引起靶词的无意识或有意识知觉;通过单作业和双作业任务形成集中注意或分配注意条件。结果表明,短 SOA 条件或分配注意条件下,被试无法有效将靶词排除,因而靶词补笔率较高,说明此时靶词的无意识影响大于意识影响;长 SOA 条件或集中注意条件下,被试能有效地排除靶词,因而靶词补笔率较低,说明此时靶词的有意识影响大于无意识影响。可见,意识和无意识知觉之间存在质的差异。

②阈下启动范式。阈下启动范式一般程序是:首先呈现一个阈下的启动刺激,然后呈现一个阈上的目标刺激,要求被试对目标刺激做出一定的反应,以考察阈下启动刺激对目标刺激加工的影响。柯学等(2002)运用阈下启动范式研究了数字概念大小判断任务中的无意识语义启动效应,实验一用信号检测论技术发现,当启动数字呈现为 30ms 时,被试是不能觉知到启动数字;在实验二中,启动数字和靶数字使用相同的刺激序列考察了启动数字和靶数字属于不同字体时的启动效应,发现启动数字对靶数字加工有促进或抑制作用;在实验三中,启动数字和靶数字使用两个不同的刺激序列,同样发现类似的启动效应。这些结果说明无意识知觉能够达到语义水平上的加工。

③内隐联想测验(IAT)。IAT 一般在计算机上进行。下面就以一个测量自尊的内隐联想测验为例。IAT 一般分为五部分,每部分都包含一个辨别任务。第一部分要求对属性词例证尽快地辨别并按键反应,即把属于“好”的刺激视为一类并按相同键反应(如“I”键),把属于“坏”的刺激视为一类并按相同键反应(如“E”键)。第二部分要求对靶概念词例证尽快地进行辨别并按键反应,即把属于“我”的刺激视为一类并按相同键反应(如“I”键),把属于“非我”的刺激视为一类并按相同键反应(如“E”键)。第三步,把前两步中所出现的所有刺激词混合后一个个随机呈现,要求把属于“我”和“好”的刺激都视为一类并按键反应(“I”键),把属于“非我”和“坏”的刺激视为一类并按相同键反应(“E”键)。第四步是第二步的反转,“我”类和“非我”类刺激标签呈现位置互换,同时相应的反应键也互换,其他不变,目的是在自我词和反应键之间建立新的联系,作为第五部分的练习。第五步是第三步的反转,即把属于“非我”和“好”的刺激归为一类并按相同键反应(“I”键),把属于“我”和“坏”的刺激视为一类并按相同键反应(“E”键)。上述每一反应的反应时及对错情况均由计算机自动记录。对所有反应时数据进行对数转换,再对相容组和不相容组分别计算其平均反应时。最后,用不相容组的平均反应时减去相容组的平均反应时,所得到的分数就是内隐自尊的强度。

（8）执行控制的实验范式

①Stroop 范式。在颜色命名实验中，当色词的颜色与该色词表示的意义不一致时，被试反应时比色词颜色与其意义一致时要长，如命名红色印刷的"绿"字的反应时比命名绿色印刷的"绿"字要长，这种现象称为 Stroop 效应。引发 Stroop 效应的任务称为 Stroop 任务。Stroop 任务及其变式是研究执行控制的常用范式。

王勇慧等（2003）将 Stroop 范式和 Go／Nogo 范式相结合，考察了注意缺陷型和混合型 ADHD 儿童的反应冲突和反应抑制能力，结果在反应冲突控制能力上未发现 ADHD 儿童总体与正常对照组儿童有明显差别。在反应停止能力上，ADHD 儿童明显弱于正常对照组儿童，这种弱势主要来自混合型 ADHD 儿童。这些结果说明，ADHD 儿童在反应冲突和反应停止上的缺损程度不同，两类 ADHD 儿童的认知和神经机制方面的缺损也可能不同。①

②侧抑制范式。侧抑制（Flanker）任务是了解抑制无关信息干扰能力的有效途径。经典的 Flanker 任务中，中央靶刺激（如一个红色的色块）两侧有两个相同的分心刺激，分心刺激与靶刺激的反应可一致（分心刺激亦为红色的色块）或不一致（分心刺激为绿色的色块）。在要求对靶刺激做出快速反应时，一致性条件与不一致条件下反应时的差就是 Flanker 效应量，它可用于衡量选择性注意的程度以及与靶刺激和分心刺激有关的反应竞争编码的激活。

邓晓红等（2006）在两个实验中分别使用外源性及内源性提示线索结合不同冲突水平的侧抑制任务，考察了强迫症（OCD）患者完成不同冲突水平 Flanker 任务时对分心刺激的抑制是否存在缺陷，外源性及内源性注意定向对分心刺激的干扰效应有无调节作用以及在何水平上发挥作用。结果发现，强迫症患者在不同冲突水平的侧抑制任务中均未表现出明显反应抑制缺陷；内、外源线索引起的集中注意对分心刺激干扰效应均有调节作用，且是在知觉水平上发挥作用；集中注意对强迫症患者和正常人反应冲突的调节作用无显著差异。

③停止信号范式。停止信号范式通过计算机呈现一系列刺激，并告诉被试，如果屏幕上出现某个刺激（如字母 X 或 O），就按 X 键和 O 键中的其中一个，如果听到作为停止信号的声音，就停止按任何一个键。反应规则可概括为：如果出现 X，则按 X 键；如果出现 O，则按 O 键；如果出现停止信号，则不按任何键。因此这种任务所要求的也是一种利用给定规则控制行为的能力，同时还测量对已形成的"按键反应倾向"进行抑制的能力。

---

① 王勇慧等：《两类亚型 ADHD 儿童的反应抑制》，载《心理学报》2003 年第 1 期。

王勇慧等(2005)采用停止信号范式,并操纵其中的反应冲突,探查注意缺陷型和混合型 ADHD 儿童在不同抑制功能(反应冲突和反应停止)上的表现,以及儿童在内源性和外源性注意条件下反应抑制表现。结果发现,与正常儿童相比,ADHD 儿童在两种反应抑制上都有不同程度缺损,不仅冲突效应量更大,而且反应停止错误率更高;但在控制年龄因素后,两种亚型 ADHD 儿童在反应冲突和反应停止能力上无差异。另外,儿童在内源性和外源性注意条件下反应抑制的表现模式相似,说明反应冲突和反应停止可能存在某些共同神经机制,两种亚型 ADHD 儿童在这些机制的功能缺损上有类似之处。[①]

④任务切换范式。任务切换范式最初使用区组设计,分单一任务区组和切换区组,任务序列如下:AAAAA...BBBBB...ABABAB...在切换区组中进行尽可能频繁的切换。结果表明,切换区组中的反应慢于单一任务区组中的反应。在切换区组中,被试需要记住任务序列并保持两种任务处于准备状态,工作记忆负担较重,因此不能确定切换区组中的反应减慢是由于工作记忆负担较重还是由于切换本身。为了解决这个问题。罗杰尔等人(1995)使用了交替转换范式:每执行 N 个同类任务切换一次,N 为一个大于 1 的整数,任务序列(以 $N=2$ 为例)为 AABBAABBAABB...在这样区组中切换试次与重复试次工作记忆负担相当,因此反应差异来自于切换。目前最常用的是交替转换范式。在前两种范式中,任务序列可预测,但在任务线索范式中任务序列是不可预测的,在每个靶子出现之前或同时,会有线索提示要执行的任务类型。应用此范式,重复和切换试次的工作记忆负担也可以平衡。

郭春彦和孙天义(2007)采用任务切换范式考察了预知和未预知条件下转换加工中的执行控制过程。结果发现:①任务重复与任务转换是两个不同过程;预知条件和未预知条件下都出现任务重复效应显著大于任务转换效应;②验证了转换加工包括内源性准备和外源性调节两个不同加工过程,内源性准备只是任务设置重构的一部分;③对先后呈现的两个任务(任务1—任务2:任务重复或任务转换)在预知重复、预知转换和未预知条件下,任务2对任务1影响不同,存在前瞻性记忆效应。由此推断转换加工的心理过程是:在预知情况下,任务1呈现后即启动内源性准备,直到任务2呈现时,通过外源性调节最终完成任务转换;而在未预知情况下,只能依赖外源性调节来实现。[②]

---

① 王勇慧等:《两种亚型 ADHD 儿童在停止信号中的反应抑制》,载《心理学报》2005 年第 2 期。

② 郭春彦等:《工作记忆转换加工中的外源性储备和内源性调节》,载《心理学报》2007 年第 6 期。

三、认知神经科学实验范式

认知神经科学是 21 世纪的领头学科,同时也是代表当前科学心理学最先进研究理念和最高研究水平的一种实验范式。认知神经科学是认知心理学和神经科学交叉发展的结果,认知心理学积累的大量分析人类行为和认知的方法与神经科学开发的大量测量或观察神经活动的技术和方法相结合,使直接考察认知过程的脑机制成为可能。认知神经科学采用的各种脑成像技术包括正电子发射层描术(PET)、功能磁共振成像技术(fMRI)、事件相关脑电位技术(ERP)、脑磁图技术(MEG)、光学成像技术以及单细胞记录技术等。与各种脑成像技术特点和要求相适应,认知神经科学开发出了针对不同脑成像技术的实验范式,如与 fMRI 对应的 Block 设计,与 ERP 对应的 Go/Nogo 范式、odd-ball 范式等。

1. ERP 实验范式

（1）odd-ball 范式

odd-ball 范式程序是:同一感觉通路的一系列刺激由两种刺激组成,标准刺激出现概率大(如 85%),偏差刺激出现概率较小(如 15%)。两种刺激出现的顺序是随机的。实验中让被试发现偏差刺激后尽快按键或计数,在偏差刺激出现后约 300ms 可以观察到一个正波,此即 P300。研究发现,在一般非注意条件下或偏差刺激与被试的任务无关时不能引起 P300。

靳玉萍等(2009)采用听觉 odd-ball 范式考察了夜班护理工作对神经外科年轻护士注意功能的影响。结果发现,夜班工作后,这些护士的注意功能下降,表现为事件相关电位 P300 中 P3a 的潜伏期缩短、波幅升高,而 P3b 的潜伏期延长、波幅下降。经充分休息后,上述注意功能下降得到明显恢复。这说明:夜班工作会引起神经外科年轻护士注意功能下降,这种下降与 P300 的变化具有相关性。[①]

（2）Go/Nogo 范式

Go/Nogo 范式是研究反应停止能力的常用范式,其具体程序是:随机交替出现两个不同的字母或图案,要求对其中的某个刺激做反应(Go 反应),而对另外一个刺激不反应(Nogo 反应)。对 Nogo 刺激的错误反应被认为是反应停止困难的一项指标。从电生理指标来看,Go 反应和 Nogo 反应引发不同的 P3 波。

王晓燕等(2008)考察了强迫症患者执行 Go/Nogo 任务时所诱发的事件相

① 靳玉萍等:《夜班护理工作对年轻护士注意功能影响的研究》,载《安徽卫生职业技术学院学报》2009 年第 5 期。

关电位(ERPs)特点,以及 Go/Nogo 任务诱发的 ERP 成分与脑反应抑制过程的关系。结果发现,强迫症患者在 Go 任务中平均反应时长于对照组,但反应错误数与正常对照组无差异。强迫症患者的 Go-P3 波幅与对照组无差异,但 Nogo-P3 波幅在 FZ、FCZ、FC3、FC4 点较对照组降低;强迫症患者的 Go/Nogo-P3 潜伏期与正常对照组无差异;强迫症患者颅脑电位分布范围小于对照组,其中以 Nogo 任务额区脑电活动减弱尤为明显。这些结果说明,强迫症患者 Go/Nogo 任务所诱发的事件相关电位出现异常,Nogo-P3 可能是反应额叶反应抑制过程的重要成分。[1]

2. fMRI 实验范式

(1)Block 设计

Block 设计也叫区组设计或区块设计,其主要思想是:在实验过程中要求在一个阶段持续完成一种任务,而在另一个阶段持续完成另一种实验任务,两个阶段交替进行。在 fMRI 研究中主要表现为静息阶段和约 30 秒的激活阶段互相交替进行,在每种实验条件下都要求被试连续、快速、重复地进行相同类型的测试。Block 设计是 fMRI 研究中最传统的一种设计方法。

郝贵峰等(2006)利用区块设计功能核磁共振成像技术研究声音熟悉性的神经基础,获得脑区激活图和局部血氧水平反应曲线,并分析行为反应结果与激活脑区之间的关系。结果发现,与接受不熟悉声音刺激相比,在接受熟悉声音刺激时后扣带回、丘脑、右颞中回和右前额中回显著激活;而在接受不熟悉声音刺激时,相对于接受熟悉声音刺激,左楔前叶、枕叶和楔叶显著激活。熟悉声音判断正确率与熟悉声音识别反应时呈负相关,而辨别熟悉声音的反应时与丘脑激活程度呈正相关。这说明,后扣带回、丘脑、右颞中回及右前额中回可能是辨别熟悉声音的神经基础,且辨别熟悉声音与不熟悉声音可能存在不同的神经基础。[2]

(2)事件相关设计

事件相关设计是指在配备高速 fMRI 系统的实验中,实验刺激可以随机呈现,通过数据处理可以分离出特定实验事件所对应脑激活图的设计方法。采用事件相关设计的 fMRI 称为事件相关功能性磁共振成像(event-related fMRI),简称 ER-FMRI。ER-FMRI 是当前最先进的磁共振成像技术,它的应用大大提高了

---

[1] 王晓燕等:《强迫症患者在 GO/NOGO 任务的事件相关电位研究》,载《中国心理卫生杂志》2008 年第 4 期。

[2] 郝贵峰等:《与识别声音熟悉性有关脑区的功能磁共振成像研究》,载《中国心理卫生杂志》2006 年第 2 期。

脑功能定位精度,使研究者可以更加精细地了解心理事件的内部结构。

郑东明等(2009)采用两种事件相关设计的反应抑制任务,应用功能磁共振技术获得两个任务反应抑制的激活图像并寻找共同激活区。在共同激活区中,进行信号强度与行为学数据的相关性分析以寻找与反应抑制活动最相关的部位。结果发现,成功的反应抑制在两个任务中分别激活了一系列以右侧大脑半球皮质为主的功能区,共同激活区包括右侧额中、下回皮质、右侧颞叶、枕叶皮质。其中位于右侧额中、下回皮质的激活区(BA9/46)的信号强度和两个任务的行为学数据都呈显著相关。这些结果表明,位于右侧额中、下回皮质的功能区(BA9/46)可能是反应抑制的神经中枢。[①]

从传统心理实验范式、认知心理实验范式到认知神经科学实验范式,心理学实验范式经历了三次变革。这三次变革大大加深了对心理现象本质的认识。传统心理实验范式奠定了心理实验方法的思想基础,并取得了一系列重要成果,但是存在研究设计过于简单、无法有效揭示高级心理过程规律等问题。认知心理实验范式因其实验设计的精巧性和分析问题的深入性和精确性,不仅对认知心理学发展作出了重大贡献,而且在当前和未来都具有强大的生命力,但是该范式仅仅局限于从行为或认知层次分析人类心理活动的结构与过程。认知神经科学范式高度融合了当代认知科学、计算科学和神经科学,将行为、认知和脑机制三者有机结合起来,多层次、多水平地分析心理过程规律及其神经基础,因而极大地提高了心理学研究的客观性。然而,由于各种脑成像技术本身具有一定局限性,认知神经科学实验范式难以广泛应用于各种心理过程研究,它目前尚无法取代认知心理实验范式。因此,认知心理实验范式仍然是当前心理学研究的主流范式。今后的心理学实验研究应该在不断整合各种认知心理实验范式的同时,吸收当代科学技术的最新成果,尤其是认知神经科学领域的新技术、新方法,更加深入地揭示人类心理的本质,揭开人脑的奥秘。

第三节　理论心理学研究的方法论进路及意义

近20年来,理论心理学不仅在西方取得了正式的"学术合法地位",而且在方法论上也日益体现出了许多重要价值。

---

① 郑东明等:《人类反应抑制的功能磁共振成像研究》,载《中国医学影像学杂志》2009年第1期。

一、理论心理学研究的方法论进路

在研究方法方面,心理学理论研究的进步需要有非传统的手段与方法。衡量学术研究水平的重要标准有两方面:一是有无先进的理论思想,二是有无方法技术手段。以往心理学对理论研究排斥的一个重要原因也在于其难以找到一种比较有效的方法。近 10 年来,理论心理学在方法论领域已经取得了一些较有创新的研究进路。

1. 元理论化研究路径

元理论化是理论心理学研究的重要方法进路。元理论是指以学科自身性质以及学科研究状态及其发展规律为对象的研究取向,其根本任务是"致力于理解心理学的本质和潜力"。元理论虽然是一种虚体理论,但却是科学理论中的灵魂和本体精神。现代科学研究的创新工作显著不同于以往阶段的特点在于,当今科学技术的变革是整体性的知识框架的变革,而不只是事务性的变化。有关理论本身及其社会意义的知识、技术、方法、策略手段、选择和评价的知识是最重要的一类知识,这就是"元理论"和"元技术"。元理论和元技术是一种在整体意义上的更多更好的理论或技术,可以为实体理论的规划、设计、预测和评价标准开辟更为广阔的空间。如果没有系统性的元理论战略设计规划和建设发展标准,就不可能带动实体理论的发展和繁荣。因此,重新思考传统基础理论的价值和重建科学的元理论基础便成为当代心理学研究的重要任务。从方法论范畴来讲,元理论涉及元理论方法论原则、元分析方法和元数据三大领域。元理论研究的方法论原则也有着比较明确的研究纲领和程序,并不是"怎么都行,怎么说都可以,或者没有任何标准"。相反地,元理论研究恰恰由于缺乏诸如有实验室的方法这样的手段来依靠,就迫使自己必须"以概念分析为首要步骤,以框架问题为主题",寻求更大程度的清晰性、严密性和精确性。后经验主义时代的理论心理学方法论原则,"一方面把心理学家的元理论文本而不是其现实的研究活动视为衡量其科学观和方法论的根本依据,另一方面则把自身的任务定位为逻辑主义与历史主义的主体研究方法论原则"①。这种科学方法论立场更容易被学术界所认同。在元分析方法和元数据领域,心理学元理论研究普遍加强了对已有研究结果的总体分析与定量处理,即使用测量和统计分析技术,通过"对以往研究文献的检索、分类与编码、研究结果的测定、分析与评价效果"这样四个步骤,分别总结以往研究或实验的量化趋势,寻找出相同内容研究结果所反映的共同效应。目前已成为元理论性研究总结和评价的一种

---

① 车文博:《中外心理学比较思想史》(第 3 卷),上海教育出版社 2009 年版,第 622 页。

有效手段,被认为是这一研究方法领域的一种重要革新。为了更好地探讨心理学领域中那些非实证的"意义性"问题,进而重建及确立一种更适合于心理与行为研究的新科学观,西方学者普遍将科学实在论、科学解释学和社会建构论作为自己的元理论基础和评价标准,取得了新的科学解释力度。

2. 多元化方法路径

多元化方法是理论心理学研究的另一基本进路。运用新的知识和技术方法阻止心理学的解体,寻找把主观性转变为客观性的途径是理论心理学的基本任务之一。面对近半个世纪以来心理学研究方法的日益刚性化问题,西方理论心理学者提出应该采取两种主要的应对方式:一种方式是选择质化的研究方法,另一种方式是通过确立一种弹性的多元化方法论评价标准体系来摆脱目前心理学的发展困境。把运用不同的方法构成理论,看成是心理学研究实践所坚持的方法论立场,目前已开始在发展方向上占领了这一学科。理论心理学的方法不再相信唯一性和确定性,而提倡方法的多样性、多元性以及系统的多相关性,因为方法的丰富性、多元性是学科成熟的标志。成熟学科的理论范式是相对稳定的,而方法是多元的,只有通过多样化的研究方法才能揭示科学的丰富内涵。判断科学是否成熟的一个重要标准就是看其研究方法是否具有多样性。理论心理学的多元化方法论取向,既尊重传统的科学方法如定量和实证的研究成果,也重视质的研究方法、叙事的方法和解释学的后现代主义方法。而实证的方法只是一种单一性的思维模式,追求确定性和数量化的认识论模式会促使人们忽视质量与思维的创造。多元化的理论心理学研究进路并不意味着科学统一理论的终结,相反地将会创造新的繁荣。因为多元化理论并存的一个前提是需要许多个性化理论的充分发展,这必将激发更多心理学家潜在的卓越创造力。与此同时,倡导心理学理论的多样性并不是抛弃科学的基本原则和规范,而是为了更好地理解和把握心理学发展的基本规律。这也是多元化理论存在发展的原则与规范。脱离开这些规范的理论研究,科学也就不成其为科学。有学者总结认为,目前心理学的研究方法的评价标准主要涉及"适用于所有研究的标准,适用于定量研究的特殊标准,适用于质化研究的特殊标准和社区心理学相关的研究标准"这四个方面的方法学标准。还有的学者指出,复杂的心理学问题必将由跨学科的研究队伍来负责攻克,"这种跨学科的综合,将为合理地解决关于人类本质的理论奠定一个自然科学化的基础"。如果有人关注某一基本心理现象,如学习,就会发现它可以用进化心理学的范式、大脑生理学的范式、认知范式、行为学范式、精神分析范式、发生认识论的范式等来研究,并没有唯一正确的理论,各种观点都能为研究学习问题提供不同的方法。理论心理学研究范式正是由于认识到了解决问题需要有多种可行的方法,因此就必然会产生不同的研究策略,即运用不同的方法组成"多元同构"的新心理学理论。

斯腾伯格提出,心理学研究者至少要抛开普遍存在的三种不良习惯:一是用单一方法(如反应时测验)排斥哪怕是有效的其他方法,而不是聚合多种方法论来研究心理现象;二是在心理学中以分支学科(如社会心理学、临床心理学等)的名义对学术进行区分,而不是以所研究的心理现象来区分;三是信奉单一的研究范式(如行为主义、认知心理学、精神分析等)。复杂的心理学问题必将由跨学科的研究队伍来负责攻克。目前心理学所遵循的一个方法是综合现有的各门学科的综合,这种跨学科的综合将为合理地解决关于人类本质的理论奠定一个自然科学化的基础。

3. 模型建构路径

模型是理论研究的一个重要方面。"经验现象—研究命题—微型理论(模型)——一般理论",是当代心理学研究变化的一个重要趋势。对于科学研究而言,科学的理论必然包含思想、模型、技术、方法和假设。由于模型方法处于现代科学方法的核心地位,因此模型建构的进路也相应地成为理论心理学研究的核心内容。如何把模型当做理论的核心使用,这正是科学创造力的核心,锻造理论的火炉。目前理论心理学的模型化路径集中表现出三种类型:第一种类型是通过有关理论的模型方法学质量标准和原则来制订理论心理学的科学评价方案与开发新的理论。当前在西方涌现出的一系列诸如"理论解释力的标准"、"分类学标准"和"运用启发式尺度单元"等研究原则,便普遍显现了这样的特点。而格拉塞等人提出的"扎根理论"也是建立理论模型的一个著名范例。这一理论提出通过收集和分析资料建立模型,从经验资料的基础上建构各种层级的理论,重视在"宏观大理论"与"微观操作性假设"之间建立中层理论,强调"大理论"与"小理论"之间的对接。第二种类型是集中致力于建构宏观的、理想性的心理学元理论模型,像斯塔茨的"整合的实证主义"和斯德萨兰的"心理逻辑学"等理论模型,便是通过建立具有普遍性的多等级框架来建设与理解心理学理论,以达到一致认同的不证自明的公理及其推论。第三种类型的模型研究倾向于对中观的实体性理论建构,如认知科学和后结构主义的模型研究重视从经验性研究中分析建立或创造模型。"这样的方案似乎优于传统的理论方向。如果进一步宽松地说的话,这样的特征甚至将会出现在理论心理学的整个领域。"[①]他们认为,理论心理学最终的目标是增强经验研究方法的清晰度和哲学的反思性。

---

① Wortham,"Redefining psychology methodologically", *Theory & Psychology*, 2009,1.

4. 理论研究的行动路径

"理论如何行动"是理论心理学研究的另一热点问题。传统心理学的元理论研究不同程度地存在着脱离实践的倾向,所建立的各种科学模型充其量只是科学作为学术活动的模型,距离解决实际问题仍然有很大差距。近年来西方理论心理学十分重视如何做好提高理论研究科学化水平的具体方法,同时也加强了理论研究与社会实践的结合。理论与实践的"紧张关系"(tense relationship)是所有专业教育的中心特点。亚里士多德曾说,理论是关于必然性的,实践是关于偶然性的。现代心理学同许多学科的观点普遍反对亚里士德的看法,认为理论来源于实践,同时,实践也受到理论的指导。在社会建构论者看来,这种对理论和实践的传统区别是有很大缺陷的。格根认为,理论是人类社会的一种文化智慧资源,理论与实践不是处在分离的状态,二者之间的关系如同家庭成员间高度依赖而又存在着紧张的关系一样。因为理论与实践并不单纯是对立的概念。某一实践可能有多种多样的理论解释,同一种理论也可以有多种多样的实践。理论是不确定行动的一种形式,其本身也是一种实践。社会建构论者强调理论要先行,理论要为实践服务,比如医学教育首先重视理论与科学,然后再介入实习。"从实用主义视角来看,我们不赞成传统的理论—实践分离说(该派学说认为理论是对知识的总结,实践也只是二次排序的衍生物)。相反,对于将理论话语和社会实践相糅合的可能性,我们极其敏感和关注。实践者可能利用理论调节他们自身的活动,整合各项活动为社会共有,贯穿理性认知于活动之中,提供可选择隐喻,自省自身的活动,甚至相互指导。在这种种行为活动中,理论话语都可称为有效实践的要素。我们甚至可以说,没有什么比一个行之有效的实践更具有理论意义了。"①理论话语是社会互动中的人们协商和建构的产物。同时,社会生活的实践者也利用理论话语为自己的行动提供理由。理论话语成为有效的实践行动的一个组成部分。在建构的过程中,语言实现着各种各样的功能,产生各种各样的后果,因此语言具有行动的力量。在社会建构论的话语心理学中,活动是首要的,现实与认知是次要的。也就是说焦点在于人们做什么,以及在实践中他们如何产生现实和认知的文本。人们描述世界,构造出适当的细节,提供它的道德意义并且突出它的因果关系的力量,他们描述认知,建构信仰、动机和情感的内心生活,正是这些内心生活使得他们的行动能够补充说明。理论作为一种社会建构不仅具有反思和批判的功能,理论作为心理学家的话语,像语言一样具有行动的特征。理论话语具有力量,且可以产生结果,并促进心理学实践的变革。"无论心理学在新世纪干些什么,它应该开始研

① Gergen,"Theory in action", *Theory & Psychology*,2006,3.

究人们的所作所为,也就是说心理学家应该接受维特根斯坦的遗产,并且应该研究人们的在场实践——现场实践。"(Potter,2006)

格根还指出:"理论不仅反思生活,而且创造生活。"理论的作用尽管目前还不很清楚,但是"什么是心理学理论的目的和功能,一方面现存的问题会为未来元理论工作提供生长点,另一方面现存和潜在的社会事务需要对于理论提出明确的要求……心理学和社会学要求在学者与实践者、政策制定者与政治活动者之间开展进一步的对话和交流"(Gergen,2006),即需要在社会实践中建构理论,在理论的导引下产生行动,根据社会实践的需要构建理论,把心理学的理论研究与社会实践融合在一起,充分发挥理论的行动特征,从而促使理论心理学健康发展。

近年来西方理论心理学十分重视理论研究与社会实践的结合工作,目前已涌现出了两种比较成熟的模式:一种是理论评价的行动模式,另一种是合作反思的行动模式。理论评价行动模式的步骤如下:一是现象分析,确定有意义的行动模式;二是建立模型,进行合理的解释;三是评估,即对行动方案的实践效果进行理论评价。而合作反思的模式,首先要求研究者与参与者建立研究目标并持有共同的一种假设;其次,采用统计分析方法收集有用的数据信息,开展实践评估与校正活动,在实践中重新认识并发现新的可能方向。当然,"新的社会实践会导致新的研究模式再次产生"[1]。国际心理联合会前任主席丹尼斯曾指出,心理学的发现和研究成果不应束之高阁,受益的不应只是少数大学或研究机构;心理学应该为社会服务,通过大量的实践和应用让普通百姓能够亲身地体验到心理学的科学魅力所在。

二、理论心理学的方法论意义

第一,试图丰富及扩展现行的科学评价标准,这种努力对于心理学的学科建设发展具有一定的本体论方法意义。本体论方法属于一级方法论的范畴。长期以来,科学心理学形成了一种根深蒂固的经验观察标准,即实证的本体方法论评价标准体系。实证方法已经成为现代心理学中不可动摇的基本硬核地带,较之于一切唯心主义和精神心理虚无论,这一方法论原则为心理学的研究注入了坚强的本体论基础,为推动心理学的科学化进程曾经发挥过十分突出的作用,但也存在着对人心理现象的理解过于狭窄的问题。在西方理论心理学者看来,心理学一直被看做是一门实证科学、经验科学,而仅仅停留在经验、实证

---

① Henriques,"The problem of psychology and the integration of human knowledge", *Theory & Psychology*,2008,6.

的层面上的研究积累,尚不足以支撑和维系这门具有独特范式与研究方法的学科。从传统的实证评价标准中解放出来是十分必要的,否则会导致一种"恶性智慧主义",并可能阻碍科技进步和创新。因为实证的研究标准并没有考虑与之相关的两个重要问题:第一是科学知识的内容和标准是什么,它们的普遍程度和深度如何;第二是科学知识的意义是什么,或者说这种意义是如何确立的。实证研究的评价标准并没有解决这些重大的科学问题,而只是一味地拒斥理论陈述而赋予观察事实以特别的认识论和方法论优先地位,造成了心理学的"本体论失常问题",模糊了人类心理世界通常所具有的丰富内涵。为了推进理论研究的科学性、约束性和解决问题的水平,理论心理学者提倡以科学实在主义、科学解释学和社会建构论的方法论立场重建心理学的本体论基础。其中本体论的方法研究内容主要涉及科学评价标准与发展规划等重大理论问题。对理论的标准可以在不同的层次、类型和水平上进行,概念与逻辑标准也是实验评价的一种重要方法。目前理论心理学已建立起了一种"后经验主义"的心理学理论新形态,这种新形态较"实证主义"的"强科学主义"弱,而比后现代主义的"弱科学主义"强。既不同于激进的相对主义的后现代心理学,也不同于狭隘的实证心理学,而是一种有限度的"可推论的新经验主义心理学"。就是力图在维护科学标准和形象的前提下,推动理论型知识的研究水平,在此基础上寻求科学的同一性。我们认为,这一本体论的多重规定与多元化评价标准的建立尽管还不完全成熟,但毕竟在一定程度上对心理学理论的新功能进行了有价值的探索,对于解决心理学研究中的本体失常问题,也具有重要的方法论意义。

第二,力图使理论从实践的被动消极状态中解放出来,这有助于我们更好地从理论与实践相统一的高度重新认识心理学理论研究的实践价值。理论心理学研究的突破,不仅需要解决好科学与实证之间的关系,而且还牵涉到如何正确对待理论与实践之间的关系问题。根据格根的论述,心理学的理论研究不仅需要从观察实验的狭窄界定中解放出来,而且也需要从实践的附属地位和被动状态中解放出来。心理学理论的生命力在于实践。脱离实践的心理学理论是僵死的理论,而且检验理论的现有标准和方法论实践的挑战经常是连续不断的。

为了进一步克服以往理论脱离实践的缺陷,当前西方理论心理学研究者在阐述理论与实践的关系问题上取得了不少新的重要成果。除了在实践中探索出了前面曾指出的"心理学理论在行动"两种比较有效的模式之外,在理论上也取得了不少新的建树。许多理论心理学者基于后经验主义的新科学方法论立场,积极引入科学实在论、科学解释学和社会建构论等新视角,对理论与实践的内在关系进行了新的定位,不仅阐明了理论的"方法"意义,也发掘了理论的"实践"意义。在方法意义上,一些研究者认同波普等人所讲的理论探讨也是一种科学研究的主要方法的观点。在关于理论的实践意义问题上,西方理论心理学者一方面赞同实践是检验理论的标准,但另一方面也提出心理学家应该在继承理性主义者的观点基础上对理论与实践的问题加以具体的选择和转向。认为心理学理论与实践之间的关系,二者并不总是处于分离状态。不能只承认实践标准对理论的单向度检验,而不承认理论标准对实践的检验。一种实践可能有多种多样的理论解释,同一种理论也可以有多种多样的实践方式。理论在实践活动中并不完全处于被动的从属地位,它也具有积极性和主动性。理论是一种应对复杂的、不确定性的实践活动的有效形式,理论本身具有实践的功能。"理论话语发挥着不可或缺的价值组织和逻辑支持功能,并对现存的实践活动加以反省和清理,从而使实践活动更有效,更有意义,更有科学色彩。"①因之,理论是人类社会的一种文化实践智慧资源。理论不仅反思生活,而且创造生活。心理学的学术研究与职业实践普遍面临着许多难以解决的问题,只有通过"理论—实践—研究"这样一种持续的双向交互循环作用,才能不断提升为社会实践服务的水平。这就需要"把理论建构视为心理学研究与心理学知识之间、心理学知识与心理学应用和实践之间的永无休止的解释学桥梁"。当前西方理论心理学者正是以这种全新的视角看待理论与实践的多重关系,为元科学研究从理论走向现实开辟了更加广阔的道路。不但能够为解决心理学理论与实践应用的矛盾问题探索新的方案,同时对于改善长期以来心理学理论研究的被动消极角色问题,也具有重要的科学方法认识论意义。

第三,理论心理学方法研究的日益深入发展,对于克服心理学理论研究的虚弱化痼疾问题,具有实质性的方法论意义。研究方法的不确定性是多年来制约心理学理论研究的一大瓶颈性因素,近10年来理论心理学研究在方法领域做出了许多有益的探索,不仅取得了"价值理性"方面的积极进展,而且在"工具理性"领域有了明显的进步。就"价值理性"的方法论意义而言,随着理论心理学研究的日益展开,理论研究作为一种分析战略,一种方法论的形式,补充及丰富了实证的研究标准。在理论心理学的方法论的指导下,通过理论反复互动的制定、论证和评论的过程,促进理论的发展。就"工具理性"方法论意义而论,理论心理学者异常重视从研究对象的内在意义来定义抽象的概念,从中分析出结构性的一般关系,然后再来建构理论。有的学者认为,研究过程及结果靠近绝对真理的可能性程度,应该以"可信性"、"真实性"、"彻底性"、"协调性"和"可理解性"等概念来代替。一些学者虽然继续沿用了效度、信度、解释推论等定量

---

① 叶浩生:《后经验主义时代的理论心理学》,载《心理学报》2007年第1期。

研究的概念,但是其意义内涵和检验标准已经出现了明显的变化。在理论心理学的研究方法中,效度与信度不再被当做固定的、可以用量化工具测量的一个指标,而是研究项目各部分和各阶段之间的一种"关系"。解释推论则成为对研究结果的认同,并在认同中扩展自己的认知结构和内容含量,从而以使研究达到"真实"。这对于解决心理学的理论研究缺乏实际操作问题具有积极的意义。

当然,持续发展中的理论心理学目前也面临着许多争论,解释的隔阂与鸿沟依然相当严峻。批评者认为,理论心理学存在着严重的"理论中心主义"和"新康德主义"倾向,仍然停留在"评论性阶段",并没有发展出一种"替代性标准",而要修改积习已久的评价标准又是一件十分困难的事情。也有的质疑者提出,经过三十多年的发展这一分支学科所研究的知识内涵尚不明确,缺乏一个系统的核心理论,使心理学者可以围绕这个中心来思考、组织、建立一门成熟完备的科学。此外,理论心理学界还没有形成一个统一的阵营,有些研究者倾向于后实证主义的观点通过多种理论模式作为建立科学研究秩序的根据;有的学者信奉实证研究的观点,普遍不愿意被研究方法的程序所限制,力图以严格的科学标准使理论研究符合传统的评价体系;有的则坚持批判主义的观点重建心理学理论。以致一些学者不得不承认:"理论心理学的最好前途,是让好几种理论围绕着心理科学对实践的贡献这一非常宽泛的主题而联合起来。"①这种发展现状自然削弱了理论心理学应有的影响力。

我们认为,理论心理学研究的发展及深化虽然步履艰难,但毕竟是在前进道路上所遇到的新困难。以往那种强烈要求取消理论研究的声音逐渐失去了市场,而愈来愈多的心理学研究者日益认识到:不论理论探讨有什么不足和缺陷,但它对现代心理学的学科建设和职业实践的重要贡献则是不可否认的。值得可喜的是,近20年来西方心理学理论研究的衰退局面已有了明显的改观,自然科学化追求和实证研究的成效得到了一定程度的反省,后基础论运动和后经验主义研究范式的日益高涨,显示出心理学理论研究在自身的发展历程中源源不断地获得新的发展动力。尽管在后经验主义时代里,理论研究与实证研究范式之间依然存在着许多分歧,却也蕴涵着某种潜在的建设性发展机遇。毫无疑问,在今后心理学的实证研究范式所占有的学术领导地位仍会持续一个时期,这不可避免地与理论性研究范式存在着难以通约性。况且理论心理学的研究形态本身也在不断生成与变化发展之中,同时还面临着在自身原有的框架内无法解决的内在矛盾。但是这些矛盾冲突是正常的、合理的,科学发现的实际过程常常含有"冲突性"的特征。"对于现实主义的多元论来说,冲突具有潜在的

① Wortham,"Redefining psychology methodologically",*Theory & Psychology*,2009,1.

現代心理学基本理论研究

建设性意义,这些冲突通过共同分享的价值观而得到解决。"(Spence,1987)从微观层面来讲,许多具体研究具有丰富的实证资料的支持,而大量的实证研究结果也需要形成一种比较系统化的理论假设。从宏观界面而言,许多具体的实证研究会逐渐关心那些经验性工作中所包含的"元物理意义"的形而上问题,因为较长时段地围绕着某一问题做实证研究,必须要有理论的关联性研究支撑。从这个意义上讲,更多的心理学的实证研究者将会走向一种"理论的自觉",进而会营造起一种有利于心理学理论创新的学术氛围。心理学的实证研究范式最终与理论研究的范式在科学目标上将走向一条殊途同归的发展进路。理论心理学要真正形成适应 21 世纪心理学的全球化形势,并在这种发展中成为类似理论物理学、理论经济学那样的成熟形态,还要付出巨大而艰辛的努力。实现这一崇高的学科发展使命及其建设目标,离开"实验研究与理论研究的携手共进"是难以达成的。

[复习思考题]

1. 自然科学方法论对心理学理论建设的积极贡献。
2. 现代物理学对心理学理论的奠基作用是什么?
3. 生物学为心理学的理论建设提供了哪些资源?
4. 现代人文社会科学取向的方法论立场对心理学发展的意义。
5. 如何提升人文社会科学向度的心理学研究水平?
6. 心理学实验范式转向为理论心理学的发展提供了哪些契机?
7. 从理论视角看实验研究。
8. 理论心理学研究的方法论内涵。
9. 心理学研究的多样化及其问题。
10. 心理学理论发展的模型化问题。

第四章

认知科学与心理学的理论创新

进入新千年以来,世界范围内的心理学发展又迈入了一个快速发展的高峰时期。国际心理学的知识更新速度超过了以往任何时期的知识更新速度。以"脑的十年"和"心智的十年"研究为核心的国家科学战略发展政策,又将心理学推向了一个鼓舞人心的新时代。不仅像认知心理学的实验范式研究进入了一个崭新的发展阶段,而且认知科学和认知神经科学也步入了一个理论创新的发展阶段。新世纪的心理学理论研究范式走向了一个更为开放的新时代。探讨总结当代认知科学的前沿发展问题,对于提高国内心理学理论研究的水平,具有十分重要的学术意义。

第一节 认知科学理论范式的转变

认知科学是 20 世纪 90 年代以来国际心理科学研究的前沿主战场,是衡量一个国家的心理科学研究水准的主要指标之一,更是现代心理学科发展的理论支撑。随着当前计算机科学与人工智能技术的日益迫切发展的需要,世界各发达国家纷纷投入大量的人力物力,用以资助认知科学的基础性学术研究,从而将心理学的研究也带进了"更深、更新的对认知活动的重视阶段"。因此,21 世纪初的国际认知心理学研究较之于 20 世纪 90 年代的研究出现了许多新的变化与特点,其中最明显的变化是认知心理学融入了认知科学之中,进一步衍变为认知科学,从而深化了心理学的研究内容。认知科学是近年来的新型学科,是关于"智能实体与他们的环境相互作用的原理"的跨界硬科学。世纪之交西方发达国家的心理学研究已进入了一个新的快速发展的高峰时期,心理学的基础研究范式出现了许多重要的变化,特别是现代心理学的核心基础学科——认知心理学的研究领域的转向持续出现了许多新的进展、方法和概念,不断地在为新世纪国际心理学聚积着内在的发展能量。21世纪的心理学将会在此基础上迈出新的更快的发展步伐。探讨新世纪初期认知心理学的变化特征,进一步探讨其对心理学理论的积极贡献,是我们寻求中国心理学新飞跃道路的重要学术课题。

一、认知心理学对心理本质的新理解

20世纪50年代末期,通讯技术和计算机的迅猛发展兴起了"认知革命"运动,而乔姆斯基的语言学更是推动了这一革命性运动的发展。

当然,认知心理学并没有形成一个统一的学派。早从20世纪60年代开始其便分化出两大派别:一是以皮亚杰、布鲁纳等人为代表的认知结构主义,从知识结构与认知结构的角度阐述个体知识获得及发展的内在心理机制;另一派是信息加工心理学,代表人有西蒙和纽维尔、诺曼等。信息加工心理学坚持以计算与信息加工的观点研究并分析个体认知加工活动的具体机制与规律,从信息观点理解人的心理活动的实质问题,成为当前心理学理论研究的一大主流思潮。

在心理学的理论上,首先需要正确认识及处理科学与心理学之间的关系问题,即如何认识"心理"和如何研究"心理"。这长期以来成为困扰心理学的一大难题。人们对哲学上的"唯心主义"之路行不通,也不满意。近代科学使得对心理问题的认识和理解走上了"唯物主义"的道路。人的心理属于虚体的第二性的研究对象,而不是第一性的实体。因为科学研究与第二性的虚体存在是格格不入的。为了给"唯心"的心理问题注入实体的内涵,唯物的科学心理学走了两条道路:心理实质 = 实证,心理实质 = 行为。

1. 心理实质 = 实证

科学心理学的实证主义者认为,凡能进行观察和操作测量的概念就是科学的概念,否则就是虚假的形而上学的概念。根据他们的观点,可以把人的心理现象划分为三个领域:第一个领域是能被直接观察记录到的心理现象,如行为、操作活动等;第二个领域是借助测验工具能被间接观察到的心理现象,如态度、智力、焦虑等这些不可直接观察的东西,能够转化成各种可直接观察的躯体的行为表现,如焦虑可操作化为失眠的次数、心率、头痛发生的次数等,虽然它们不可直接观察,但却可以间接得到证实,因而它们仍是心理学合法的研究对象;第三个领域是心灵、自我、价值等不可被观察到的现象。前两个领域是科学心理学合法的研究领域,因为运用科学的方法就能对其进行直接研究;而最后一个领域则被排除在科学心理学的研究领域之外,以确保心理学知识的可靠性、精确性。于是,心理学界自觉和不自觉地把方法放在第一位,形成了心理学中的方法中心倾向。科学只应该研究具体的事实,没有必要也不可能去认识事物的本质。

值得肯定的是,从实证的层面揭示心理规律较之于哲学思辨,给人扎实的、科学的形象,但是问题在于心理现象能够定量实证研究的是少数的、简单的,而复杂的、深层问题无法研究。这也造成了哲学界的反心理主义浪潮。

2. 心理实质 = 行为

科学心理学的第二条道路是行为主义所倡导的。行为主义心理学家为了给虚体的心理现象注入实体的内容,直接认为"心理 = 行为",认为不要研究心理问题,而强调心理学 = 行为学。人不仅是心理思考者,更是行动实践者。心理的问题不能单纯从心理方面来解决,以行动和行为直接便可以解决。例如,心理疾病,越想疾病越多,如果通过实践调节就可以缓解治疗心理疾病。从认识论的观点来看,"知难行易"。人的心理都可以通过行动来达成,"成功都是干出来的"。心理学要想适应社会的需要,就不能只着眼于人的内部世界,而有必要研究人的行为规律,从而有助于控制人的行为,亦即心动不如行动。

行为本体论在适应心理学发展的客观化趋势。"心理学不应当再以意识的科学这一贫乏而狭隘的定义而满足。必须勇敢地断言心理学是研究行为的实证科学。"(麦独孤,1908)皮尔斯伯里也说:"心理学可以最恰当地定义为人类行为的科学。人与任何物质现象一样,是可以客观地予以研究的。"①

心理学是一门科学,它只研究与行为有关系的东西。人们是否在思想,是不得而知的。在对人类行为的观察中没有发现任何思想的证据。通过语言,人们能够加以相互理解。

人具有通过自己的行动产生效果的能力。人性可以用广阔的潜能来描绘,通过人的能动性,人性的潜能在生物限制内可以被塑造成多种多样的形式。其他动物主要受先天的程序安排,只能以特殊的习惯定型化地生存。而人类的行为可以学习,可以塑造,可以矫正或控制。

行为主义的重要特点是强调心理学的自然科学性质和实际应用价值,认为心理学应该是一门像物理、化学一样的纯客观的实验科学,而主观心理难以用通常的方法研究。心理学的任务在于预测和控制人的行为,摒弃内隐的心理、意识,代之以外显的行为和行动问题。在研究方法上,强调客观观察和实验研究,摆脱唯心主义的束缚,这对心理学走上科学道路具有积极的作用。然而,问题在于这种外在主义的心理学研究方法无法囊括丰富而内在的心理世界,行为

---

① 张厚粲:《行为主义心理学》,浙江教育出版社2004年版,第20页。

主义实质上是心理学的取消主义。

3. 心理实质 = 信息

认知心理学开辟了认识和研究人的心理的第三条路线：心理的实质就是信息。信息是心理活动的基本方式和机制。传统意义上，物质概念具有质料和能量这两个范畴，现代通讯技术的发展证明，物质还有第三个方面的内容即信息。信息是系统内部和系统之间的相互联系形式，是系统有序程度的标记。信息过程必须以质料为载体，并借助于能量。它既不能与质料和能量过程分离，也不能归结为质料和能量过程。信息是事物的本质属性，知识是信息，文化是信息，教育是信息，心理也是信息。信息可以符号化、操作化，从计算模拟的层面给心理学灌注了第一性的实体内容。信息的符号化也简化了人的心理。语义性和意义性的心理现象研究难以进行。

在信息论中，信息从作为符号集的信息源里产生出来后，被发送器由信息符号转变为动态信号形式，又以这种形式为感受器所接受。信息借助于物质的能量活动而产生、加工和传递，但又不是物质和能量本身，而是物质和能量活动的作用方式之一。

信息有多种形式，物理信息、化学信息、生物信息、心理信息和社会文化信息。物理信息是物理系统中的信息传递；化学信息是化学反应中的信息识别；生物信息是生命活动中的信息传递、加工与识别；心理信息是心理活动中的信息。心理活动中的信息是一种高级的信息。从认知信息加工的观点来看，心理活动是围绕着信息展开的，感觉是接受信息，情绪是评价信息，意志是利用和发放信息。人脑是一个信息加工处理机构，脑的神经活动是信息活动，从感觉器官对刺激的分辨到神经电信号的转换、传输和加工处理，都是一系列信息活动的程序。

但是也有研究者认为，精神心理活动只是信息的一种高级形式，而非全部。心理虽然是一种信息，但它也不只是一种信息，心理生命的意义性超出了信息范畴，二者不能等同或混淆。

认知心理学的信息论观点既维护了唯物主义原理，又坚持了科学主义，从计算模拟的角度强化了心理学的本体论地位，因而受到了学术界的普遍认同，进而发展成为当代心理学的主流浪潮。

二、认知科学理论范式的转变

关于认知科学的发展分期问题，莱可夫等人在《体验哲学》（2002）一书中将其划分为第一代和第二代两个演变阶段，认为第一代认知科学出现于20世纪50年代，第二代认知科学发轫于70年代。近年来又有人提出了"第三代认知科学"这一概念。①

20 世纪 50 年代的认知心理学被视为认知科学发展的早期阶段,或第一代认知科学。西方许多学者将认知心理学的出现,称为"认知革命"运动兴起的标志性事件,而著名生理心理学家斯佩里则将认知革命称之为"意识革命"。因为认知革命的兴起,间接或直接地推动了心理学对意识问题研究的重新回归。认知心理学将表征视为认知的阿基米德支点,提出信息或符号是具有普遍性知识和事物的本质、规律及真理。当心理能够以信息加工的概念描绘时,它便是一个可以做出研究说明的科学概念。这种新颖的元理论假设模式得到了计算机科学技术的有力支持。

第二代认知科学的形成标志是认知科学的诞生和联结主义理论范式的出现。学术界公认"认知科学"这一概念最早由鲍布罗和柯林斯(1975)提出,而1975 年美国著名的斯隆基金会率先对认知科学给予资助和 1977 年《认知科学》杂志的创立,则被誉为认知科学正式诞生的制度化标志。1979 年在加利福尼亚大学召开第一届认知科学会议,此后美国许多大学相继将认知科学列入研究生的高级学位课程培养计划之中。这一时期的认知科学研究主要有联结主义、生态主义、知识化工程主义和行为进化主义这样四条途径。

第三代认知科学出现于 20 世纪 90 年代中期。根据哈瓦德的观点,第三代认知科学的主要特征是采用高科技脑成像技术和计算机神经模拟技术,阐释人的认知活动、心智能力与脑神经的复杂关系,主要有神经影像学技术路线、心智主义路线、神经模块化主义和认知动力主义路线,而认知动力主义汇成了新的研究潮流。1992 年,认知科学界曾掀起了一场物理符号论与环境作用论的争论,一批年轻学者向老一辈人工智能大师挑战,他们一方面试图保留认知主义的成果,另一方面又希望超越物理符号系统范式。他们主张认知决定于环境,并发生于个体与环境的交互作用之中,而不是简单地发生于每个人的头脑里,这就需要将符号系统放到意义世界中。新近出现的认知动力主义者也认为,认知信息加工的物理符号论和联结主义,揭示的都是"计算的心灵"(computational mind),而目前则要研究"经验的心灵"(experimental mind)。计算的心灵与经验的心灵是人的完整认知的两个方面。对于人来说,认知系统仅是心理行为活动的一个方面,更为主要的活动则是调节系统。调节系统处于主导系统,认知系统则服务于调节系统。只有把认知系统与人的本性、生存和发展联系起来,才能使人的心理活动得到全面而合理的解释。同时,人的认知活动是一种"具体化的活动"(embodied action)。心智的本源来自身体的经验。在他们看来,目

① 齐振海等:《第三代认知科学下的语言研究》,载《中国外语》2007 年第 5 期。

前认知科学的研究重点是心智的体验性、认知的无意识性、思维的隐喻性。"概念是通过身体、大脑和对世界的体验而形成,并且只有通过它们才能被理解。"①这种强调体验性认知问题研究的具身化认知动力主义观点,已成为目前认知科学发展的新理论进路。

当前国际上著名的认知科学的研究机构有:①加州大学圣迭哥亚分校(1986年建立了国际上最早的认知科学研究基地,侧重研究脑、行为、计算等问题);②麻省理工学院,重点研究分子和细胞神经领域、系统神经科学领域、认知科学领域、计算领域、认知神经科学领域;③伦敦大学医学院,主要研究注意、认知、语言和交流、记忆和知识问题;④法国巴斯德研究所神经科学系。

2000年,美国国家科学基金会和商务部共同推出了"纳米技术、生物技术、信息技术和认知科学"的四大聚合技术研究计划,其中提出"最高优先权被给予'人类认知计划组',即通过多学科的努力,去理解人类心智的结构、功能,并增进人类的心智。其他优先的领域还有:人性化的传感装置界面,通过人性化技术丰富交际,学习如何学习,改进认知工具以提高创造力"②。2007年国际著名的《科学》杂志又发表了10名科学家的倡议:开展"心智的十年"的计划。我国近年来也兴起了一股认知科学的研究热潮。

认知科学作为一门新兴的前沿交叉学科,不仅在方法上令人瞩目,其既注重从"自下而上"的神经、计算层面的微观角度,揭示认知的实质、物质基础和工作机制等重大问题,也重视从"自上而下"整体研究路径,即从认知的行为功能层面,研究总结人类的认知规律和行为模式,进而指导人类的实践活动。同时,在理论持续创新方面给人的印象极为深刻。认知科学范式的心理学研究,引发了许多基础性理论问题和研究技术方法上的重要进展,逐渐改变了很多心理学传统研究主题的"虚无化、含糊化"的状态。当前认知科学的理论范式正处于急剧变革和不断重组之中,这有可能为心理学的理论创新问题提供内生增长点。

1. 物理符号主义范式

认知心理学或第一代认知科学的核心理论是"物理符号主义"。以计算机技术为核心的计算科学是引领当代自然科学和技术发展的带头学科。计算科学与当前另一门前沿学科——认知科学的联系异常紧密。从认知科学的孕育时期开始,计算机科学就与它有着千丝万缕的联系。认知科学诞生以后,便与计算机科学共存共生、相互促进,极大地影响了现代认知心理学的繁荣和进步。

1946年,美国人发明了世界上第一台计算机,已被视为20世纪人类最伟大

---

① Slby,"Embodied targets,or the origins of mind-tools", *Philosophical Psychology*,2006,1.

② 蔡曙山:《认知科学——世界的和中国的》,载《新华文摘》2007年第17期。

的发明之一。而当时的这台计算机"两臂有 80 英尺,高 8 英尺,重量达 30 吨,使用了 17 468 个真空管、10 000 个电容器、70 000 个电阻、1500 个继电器、6000 个手动开关……同时需要一个巨大的鼓风机来排出它产生的热量"①。而 50 年代晶体管技术的发明则使得计算机进入了一个微型化的新时代,这就是第二代计算机的诞生。1957 年,美国十几位青年电子计算机专家、数学家和心理学家召开了一次著名的会议,讨论了计算机模拟人脑活动过程的问题,标志着现代信息加工理论的诞生。这些年轻学者目前都成了世界级的大科学家,如参加这次会议的西蒙于 70 年代荣获诺贝尔经济学奖,是当前认知心理学的著名代表人物;纽维尔是现代神经计算机的设计者之一,获得过美国总统科学贡献奖。由于这些优秀科学家卓有成效的工作,认知心理学成为现代心理学发展的一个主要方向。认知信息加工心理学家对第二代计算机理论和技术的更新换代立下不朽的功勋,他们发起了一场新的计算机革命运动。由于认知信息加工理论提出"认知即计算"的先进设计思想,这就把智能与计算紧密地联系在一起,形成了一种新的计算概念。

物理符号主义既是当代认知科学和计算科学的一大基础理论学说,又是一种全新的物理主义的认识世界和理解世界的新方式。这一理论的核心概念是计算和符号。

"计算"这一概念是认知科学的立足性前提和核心支柱,就如同物理学中的"能量"与"质量"概念是基本重要性概念,"蛋白质"和"基因"是生物学的基本重要性概念一样。这一新的计算概念不只是一个常识性概念中所理解加、减、乘、除等运算,而是指基于规则的符号串的变换过程,其包含了三个层次:第一个层次是"实现"的层次,第二个层次是"表征和算法"的层次,第三个层次为最抽象的"计算理论"的层次。而计算理论层次的方法对于信息加工处理具有更为特别重要的意义。按照计算的这一新的定义,不仅数字是计算,定理证明、程序编码、文字翻译也是计算。基于规则的物理状态是计算,有规则的生物自然状态也可以视为计算,甚至人类的行为、思维和意识也可以理解为计算。

"符号"这一概念,根据纽维尔和西蒙的定义,世界存在的本质是符号而不是实体。符号不是物理的实体,而是这一实体所排列的模式。例如,圆柱可能是木头的、铁的、铜的……这些完全不同的物理实体可以用相同的符号与符号结构来表达。同时,符号是由物质的任何可操纵的排列来表示的。物理符号系统限定了某一系统的抽象特征,相同的物理符号为逻辑与思维奠定了基础。这样,物理符号论便需要数学的支持。早在 20 世纪初,数学逻辑运算研究就表明

① 舒尔兹:《现代心理学史》,叶浩生译,江苏教育出版社 2005 年版,第 408 页。

推理过程可以被理解为一种符号操作,像模态逻辑、推理模型等方面的研究,曾为数字计算机的产生提供了一种精确化的符号手段和模式识别方式。因此,物理符号论认为,完全可以用物理符号表达客观现象和过程。由计算机操作的二进制数串能够表达包括现实世界的任何东西,大脑和心灵与计算机一样,都不外是一种物理符号系统,无论它们在结构和动力机制上可能有多大不同,但在计算理论层次上都具有产生、操作和处理抽象符号的能力。在这个层次上,大脑和恰当编程的计算机可以被看做同一类装置的不同特例,完全可以在形式系统中通过用规则操作符号演算来生成智能,因而这一范式也被称作"基于规则"的范式。这一"基于规则"的物理符号论认为,一个完善的符号系统主要有六个功能:一是输入符号,二是输出符号,三是存储符号,四是复制符号,五是建立符号结构,六是条件性迁移。[①]

　　20 世纪 70 年代以后,物理符号主义进一步将符号概念发展到生命现象和心理现象。他们认为生命现象也可以通过符号来标示。对于生命现象这一符号表达过程,只需要有"生命物、符号媒体、对象"这三种要素就可以完成。当生命物不存在的时候,符号过程也就不可能产生。所以,生命物是符号过程不可缺少的要素。物理符号论者把符号过程要素中的"生命物"称为符号的解释者。如果某物 X 和另外的某物 Y 之间具有"X 意味 Y"这样的语义关系,那么 X 就是意味者,就是符号媒体或简称为符号,那么 Y 就是被意味者。"这里便有了指示关系和表达关系"。物理符号论从生命、符号和对象三个要素的关系来解释认知现象、心理现象和意识活动过程,显然是一种巨大的进步,它明显地超越了物理主义还原论的羁绊,提供了探索人的心理活动本质的新思路。因为即使在许多不同的论域中,不同的事物常……既表现出了不同的性质,但同时也反映出了相似性特征。这些相似性特征完全可以用符号媒介来约定与揭示。这就为认知心理学的信息加工理论奠定了有力的科学根据,而且也为解释人的认知表征活动过程提供了理论支持。从计算的角度来看,某一问题是否属于计算问题,取决于该问题是否具有与之相应的一致算法规则。生命现象与心理现象的规则性在一定意义上也可以定义为计算。这就从理论与实践上初步实现了毕达哥拉斯"万物皆为数"的天才预言。计算逐渐成为现代人认识自然、生命、社会、语言和思维意识的一种普遍观念和方法。"整个世界的演化:从虚无到存在,从非生命到生命,从感觉到思维,实际上都是一个计算复杂性不断增的过程。"当然,物理符号主义是认知可计算主义纲领最早和最直接的担当,也是最具局限性的一种工作范式。

----

① 司马贺:《人类的认知》,荆其诚等译,科学出版社 1986 年版,第 11 页。

2. 神经联结主义范式

第二代认知科学形成的标志是神经联结主义范式的崛起。1986年麦克莱德和鲁梅尔哈特共同出版了《并行分布加工：认知的微观结构之探索》一书，"成为认知心理学发展中的里程碑式的作品"[①]。这本书集中了联结主义的研究成果，对20世纪90年代以来认知心理学的发展产生了重大影响。联结主义也很快被赞誉为认知心理学的"新浪潮"。

物理符号主义与神经联结主义范式是不同时代计算机科学推动发展的产物。如果说物理符号主义的范式适用于深刻理解单个计算机的处理加工活动的话，那么神经联结主义的范式更适合于认识和理解互联网时代的信息加工活动方式，二者对信息加工的活动过程有着不同的解释，并都对计算机的发展有着不同的贡献。神经联结主义是在物理符号主义的基础上进一步发展完善起来的，二者共同从人类的认知加工过程去理解和改进计算机，以进一步推动计算科学和信息科学技术的发展。

与物理符号主义所不同的是，神经联结主义是以神经的网络加工系统为理论基础，或者说是通过大脑的生物活动来类比人的认知活动，可以称之为是一种"网络的研究定向"；而物理符号主义为主导的认知信息加工理论，可以说是一种"符号的研究定向"[②]。

神经联结主义者反对物理符号主义的计算功能主义这一基本假设。由于物理符号主义范式是一种完全基于计算主义的认知科学范式，强调认知心理和大脑与计算机一样，都是一种物理符号系统，通过寻找形式结构、建立规则符号运算中完全可以生成及实现智能。因此，物理符号主义的研究范式对认知的运算要依赖于规则，就必然产生过多的硬性限制，执行规则具有确定性和强制性。而神经联结主义的研究范式则强调人类的认知活动有着相当大的灵活性，认为人脑的加工运行机制并不遵循标准计算机的工作原理，人脑中的神经元不是逻辑电路，而是由数量巨大、简单而又相互高度联系的神经单元网络组成，这些神经单元网络不是像符号模型那样进行一步一步的串行处理信息，而是以一种分布式、大规模并行处理的方式加工信息。

神经联结主义者把认知描绘为简单而大量的加工单元的联结网络，在此网络中的每一个单元在某一特定时刻总是处在某种激活水平上，其实际的激活水平与来自环境和其他与之相连接的单元有关。根据联结主义者的观点，生物神经元有三个最基本的重要特性：加权，求和，传递。加权是对每个输入信号赋予

---

① 余嘉元：《当代认知心理学》，江苏教育出版社2001年版，第19页。

② 费多益：《认知的现象学解释之维》，载《哲学研究》2008年第7期。

不同程度的权重;求和是把所有的输入信号组合起来;传递则指把组合起来的输入函数通过激活函数,而产生一定的输出函数。单个神经元的功能非常有限,但是大量的神经元相互联结起来,形成复杂的神经网络系统,就可能具有智能。人脑就是这样一种智能化的信息处理系统,没有必要像物理符号主义者所设想的那样,需要有一个支配信息流动的中央加工器存在,而是按照大脑系统网络中神经元之间的联结强度实施"并行分布系统加工"。通过对人工神经网络的模拟研究证明,并不需要有一个中央控制单元,几乎所有的神经元各自充当一个处理器,即每个单元都接收作为输入的活动信号,既有兴奋的也有抑制的,然后按照输入的某些功能将活动传输给其他神经单元。神经网络作为一个整体的行为是由起始的激活状态与单元之间的联结所决定的。虽然单一的神经单元自身没有任何记忆,但原先输入的信息通过网络联结强度的变化而间接地得到表征。因此,认知过程不适宜用符号操作来表征,而应该用网络内活动形式的"动态变化"来表征。同时,联结主义利用的是大量并行加工的神经元,网络的基本运行不会因为个别神经元的错误运行而中断。这样,联结主义模型就不像符号主义模型那样容易受到计算的损害,更接近于人类大脑的活动模式。联结主义范式的出现为认知心理学和认知科学的研究提供了又一种新的技术路线,从而逐渐摆脱了物理符号计算主义的困境,产生了一场"人工神经网络革命"。

一些学者认为,"符号主义立足于对人脑意识思维的精确描述,受数字计算机的结构和运算方式的启示,在解决完整结构的类型的知识问题中取得了极大的成功,但在解决不完整结构知识类型方面,遇到了极大的困难。"[1]但也有一些人认为,"它是打着计算的幌子,向联想主义的复辟。"[2]

3.认知动力主义范式

认知动力主义范式是20世纪90年代以来的第三代认知科学的重要理论设计思想。而实际上认知动力主义也没有形成一种统一的学派。一般将新近出现的认知生态主义、认知进化主义和认知具身论称为"认知动力主义"的研究范式。

(1)认知生态主义

20世纪90年代初期开始,一些早期的认知心理学的领袖人物如奈瑟和布鲁纳等人,在他们学术生涯的晚年对认知心理学发展中的问题进行了比较系统的反思和总结,以进一步完善物理符号主义的研究范式。像奈瑟便提出,认知

① 唐孝威:《脑与心智》,浙江大学出版社2008年版,第117页。
② 史密斯:《当代心理学的体系》,郭本禹等译,陕西师大出版社2005年版,第73页。

心理学应该做出更加现实主义的转变,以生态学的方法来取代信息加工的方法。他认为,认知决定于环境,发生在个体与环境的交互作用中,而不是简单地发生于每个人的头脑中。这一新的认知生态主义研究取向一方面希望保留认知信息加工理论的成果,但另一方面又反对物理符号主义范式分离地考察认知加工系统。奈瑟等人提出,认知主义提出有必要重新确定心理表征和计算理论的解释限度,因为有很大部分心理生活难以得到明确解释。福德和诺曼也强调指出,人不仅仅是符号加工系统,而首要的人是有生命的存在,具有生物属性,又与他人及环境相互作用。对于人来说,处于主导系统的是调节系统,认知系统则服务于调节系统。因此,只有把认知系统与人的本性、生存和发展联系起来,才能得到合理的解释。在认知生态主义研究者看来,需要将符号系统放到意义世界中,这对于说明心理状态是关键性的概念。即需要"存在着这样一个空间,它既能容纳计算的心理学,也能容纳自然主义的心理学"。认知生态化运动的兴盛为认知动力主义研究范式的发展提供了一种新的思想资源。

(2)认知进化主义

20世纪90年代中期以来,认知科学研究又出现了进化主义的认知行为模式。认知进化主义者卡尔文提出,最好将人脑视为一个自组织的系统,人脑中发生的学习和组织应该看作是一个"进化"的过程,而不是通过类似计算机的程序进行活动的。认知进化主义者也坚持"情境认知"的观点,他们认为,人为了开展有效活动,人脑不仅需要身体的支配,更需要有周围环境世界的支持。认知实际上是人脑、身体、世界三者互动的结果。在大多数情况下,认知主体不是以一个内心模型来表征世界,而是直接用认知自身作为表征世界的模型。人脑、身体、周围世界之间的互动关系可视为一个动态系统,其原理与其他物理系统相同。"对情境认知的重视是与一种关于人类认知结构基本性质的新观点结合在一起的。这种新观点不是将人脑与计算机等同起来,而是集中注意人类思维的'演化起源'。"[1]其中心思想主张,人类之所以具有现在的认知能力,是由于它们在过去对人类的生存繁衍有用,因此他们强调要集中研究人与动物的那些"在生态上有效"的信息与机能,而认知则又被视为生存的最有效机能之一。认知进化观点继承了联结主义将人脑视为一个自组织系统的观点,但反对将人脑类比于计算程序。根据他们的观点,可以将人脑视为一个蚁冢,那些神经元就像一群不知疲倦、按部就班地工作的蚂蚁,但缺乏智能而依靠树状神经纤维将信号传送给其他神经元。通过这些大量简单神经元的交互作用,一个像蚁冢一样复杂的、调节合适的系统,就会在人脑中"突现",并遵循着神经达尔文主义

---

① 卡尔文:《大脑如何思维》,杨雄里等译,上海译文出版社1996年版,第138页。

的竞争活动规律。

（3）认知涉身主义

在众多的认知动力主义观点中，近年来莱可夫等人提出的"涉身心智主义"或"具身论"（embodied mind），也格外引学术界关注。

为了更好地推进对人心智的模拟研究，新一代的认知科学研究者近年来十分关注人类认知活动的身体基础、身体在认知活动中的重要作用问题。具身主义的认知观受梅洛·庞蒂的身体现象学的思想影响很深，同时又发展起了一种关注体验性问题的认知观点。按照莱可夫等人的意见，"心智原本就是具身的。这一发现的重要意义就在于确定了一种不同于二元论生物意义上的生物智能体"①。

国内有学者将认知具身主义的基本观点概括为以下四个方面：

①涉身的（embodied）。人的心智不是无形质的思维形式，心智本质上是涉身的生物神经现象，是神经系统整体活动的显现，机体的认知能力是在身体——脑活动的基础上实现的。

②情境的（situated）。认知是情境的，因为涉身心智嵌入在自然和社会环境的约束中。认知不是具身心智对环境的单向投射，而是必须相适应于环境的状况和变化。环境对于机体不是外在的、偶然的，而是内在的、本质的。

③发展的（developmental）。认知不是一开始就处于高级的认知水平。对人而言，认知不是一开始就处于言语思维的认知水平，而是经历了一个发展过程。

④动力系统的（dynamic system）。认知不是一个孤立在头脑中的事件，而是一个系统事件。"具身心智的认知活动和环境是耦合的，动力系统研究这种耦合情况下的认知发展的动力机制。"②

主张涉身心智论的认知科学家认为，物理符号主义研究范式将人的认知心理活动归结到物理符号、形式思维的水平是不全面的，同时也影响到了对真实情境中人的认知世界之正确理解，他们提出解决这一困境的出路在于：需要从更基本的身体能力和身体经验中找到人的认知活动的根据、起源及发生发展原因，进一步研究人的知觉、思维和情感活动是如何基于并体现于、实现于人的身体的，从而制造出具有自主性的灵活机器。

国内也有学者将"涉身论"（embodied mind）理解为"认知体验性"。人认识客观世界是从自己的身体感知开始的，我们最直接感受到的是自己身体与外界

① Lakoff,"Philosophy in flesh: the embodied mind and its challenge to western thought", *Basic Books*,1999,p. 3.

② 李恒威等：《表征与认知发展》，载《中国社会科学》2006 年第 2 期。

事物的空间关系,各种关系反复作用于我们的身体,在记忆中形成丰富的意象。大脑从其中抽象出同类意象的共同本质,从而形成认知意象图式。因此,人们是以"体认"的方式认识世界,心智离不开身体经验,身体—大脑—环境之间的互动,提供了日常心理的认知基础。人的认知具有无意识性,思维的隐喻性、体验性和意义性,而核心则是"心智的体验性"。[1]

为了更深入地研究人的认知体验性及意义世界,许多认知科学家从人工智能领域对人类认知的"意向性活动"这一著名的布伦塔诺难题发起了挑战。所谓布伦塔诺难题,是指人的心理活动机制主要是依靠"对象世界的内容和意义"来进行。"心理现象"不同于物理现象,人的心理活动无法觉察自己内部的具体活动过程,但是可以通过"对象—结果"之间的双向互动来实现认知活动。而这种"对象性支持与结果反思"现象实际上就是"意识的意向内容"或"意向体验"。因此,所谓意向性问题,即人的意识内容对外界世界的指向性,即意识的对象性、自主性和体验性问题。目前认知科学界出现了意向实在论和意向工具论这样两种不同的主张。意向性实在论者提出,意向知识表征具有能够表达特定命题的功能。人的情感、态度、意向性、信念等也是一种表征,也是一种实在的存在形态。人的心理意向性具有宽的内容与窄的内容。所谓窄的意向性内容是指单纯由意向状态持有者头脑中的状态和性质所决定的内容;而宽的意向性内容是指意向状态持有者与所处环境相关的内容。这些不同属性的意向性状态都具有因果性、功能性和一致性,能够反映出知识论的真值性质,最终会成为影响人的心理发展的决定性因素。意向工具论者则强调,心理状态、意向性、信念与行为活动,它们也是一种自然主义的存在,是自然界的一部分。人的心理状态与物理机制具有相似性和可塑性,甚至机械严谨性。有的认知科学家基于意向性立场,将人的心理活动状态划分为两种不同的基础性内容:子个体认知系统和意向性状态系统。而意向性状态系统是一种具有自身经验现象的物理虚拟系统,通过对意向性的表征进行新的建模,进而制造出具有自主性的新一代计算机。这一新的意向性理论成为当前人工智能研究的一个重要设计思想。

总之,认知科学的崛起为心理学理论研究开辟了新的研究领域,极大地促进了人类对心智本质问题的理解。心理学理论也因认知科学研究成果的推动而得到了前所未有的发展,进而成为当今西方理论心理学中最具活力和富有挑战性的研究领域之一。实际上近20年来理论心理学研究在西方的复兴,是与认知心理学、认知科学、认知科学哲学、生态心理学等分支学科的繁荣分不开

---

① 费多益:《认知研究的现象学趋向》,载《哲学动态》2007年第6期。

的。最近美国的哲学与心理学分会又提出,该学会的基本宗旨是"促进哲学家、心理学家与其他领域的认知科学家在共同关心的问题上的相互沟通"。被誉为当前心理学发展最新前沿的认知科学,也将精神哲学列为自己研究的六大领域(认知心理学、精神哲学、语言学、神经生理学、人工智能、神经语言学)之一。可以预言,当前充满生机的认知科学、神经生理学、计算神经科学和质性研究方法学将可能主导未来理论心理学的元理论建构与实体理论发展的方向。理论心理学的研究需要与认知科学的关联与互动发展。

第二节　认知神经科学能否引领心理学的发展方向

认知神经科学是一门由认知科学和神经科学交叉作用而产生的新兴学科,其主要研究任务"在于阐明认知活动的脑机制。换言之,认知神经科学拟回答的命题是,人类大脑如何调用其各个层次上的组件,包括分子、细胞、脑组织和全脑去实现自己的认知活动"[1]。

实际上,关于心理活动的脑功能基础的研究必须具备两个条件:①能够采用独特的实验方法控制和分析人的心理过程;②可用于研究人类脑功能的无损伤性研究技术和设备。长期以来这两个条件在当时还不具备,因此,有关脑功能的研究不可避免地陷入困境。进入 20 世纪 80 年代,以计算机隐喻为主的认知科学(包括认知心理学、心理语言学、人工智能和人工神经网络)得到了充分的发展,同时,其各学科内部也出现了许多研究困难,遭遇到了瓶颈,以具身性和情境性为重要特征的第二代认知科学——具身认知观——也日益受到重视;加之神经科学在最近几十年的迅猛发展,为心理学研究提供了两个非常重要的技术:无创性脑功能成像技术和清醒动物认知生理心理学研究方法。这两个学科门类的发展都为认知神经科学的出现提供了良好的契机。

随着这门学科的兴起,围绕着认知神经科学的讨论也就多了起来。赞同与反对之声都有,其观点各不相同,意见分歧也很大。乐观的心理学家相信,运用认知神经科学的方法及技术,可以"读出"人类的心理活动,揭开大脑"黑箱"的秘密。而另一些反对者却不这么乐观,主要是理论心理学家和哲学心理学家,他们认为:①认知神经科学不能完全解释一个人的心理活动过程,因为它是还原的;②文化、历史情境等因素是理解人的心理与行为的最关键的因素,而认知神经科学与这些因素都没有什么关系,因此它是无法真正解释人的心理与行为的;③认知神经科学只能揭示出神

---

[1] Gazzaniga:《认知神经科学》,沈政等译,上海教育出版社 1998 年版,第 1 页。

经事件与认知活动或行为活动的相关性。针对这些情况,系统地讨论一下认知神经科学的心理学理论价值就显得很有必要了。

认知神经科学的心理学理论价值的讨论主要围绕着两个研究层次和三种技术手段展开,看看认知神经科学是怎样克服哲学心理学家和理论心理学家的批评,以及克服这些批评之后,认知神经科学还能对心理学理论做什么,从中不难凸显出其中蕴涵的理论价值。

一、认知神经科学的研究层次与方法

20 世纪的最后 10 年是"脑的十年",关于认知神经科学方面的研究出现了井喷式的发展,泰吉纳(Tatjana)等人对 1988—2007 年之间用脑成像技术 fMRI 和 EEG 研究心理现象并发表在 Psycinfo 三种杂志上的论文数量做了统计,其结果如图 4 - 1 所示。

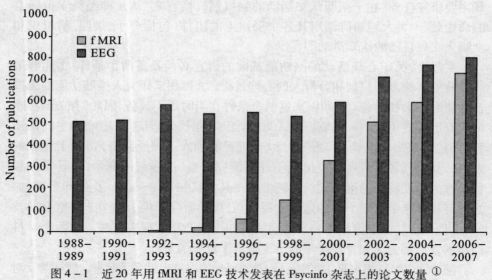

图 4 - 1　近 20 年用 fMRI 和 EEG 技术发表在 Psycinfo 杂志上的论文数量 [1]

从图中我们可以很直观地看到,关于认知神经科学方面的研究呈不断上升的趋势。目前,认知神经科学已成为心理学最重要的研究方向,而且其研究非常普及,对人们的影响也越来越大。普莱德克(Poldrack)写道:"今天,当我们打开报纸时,很难不读到最近用脑成像技术得到的最新发现。"[2]最近的心理学研

---

① Tatjana et al, "Great expectations: What can fMRI research tell us about psychological phenomena?", *International Journal of Psychophysiology*, 2009, 1.

② Machamer, "Neuroscience and theoretical psychology", *Theory & Psychology*, 2007, 2.

究表明,含有脑成像技术的心理学文章可大大提高读者对文章的信任度,甚至当文章中的脑成像证据与所要研究的问题没有关系时也是如此,脑成像技术的普及与影响可见一斑。

认知神经科学虽然也发展出了自己的理论学说,如检测器与功能柱理论、群编码理论、多功能系统理论和基于环境的脑认知功能理论,但这些都分别与认知科学的物理符号论、联结理论、模块理论和生态现实理论相对应,承袭认知科学的理论。与传统的心理学学科相比,其最突出的地方就在于它的研究手段——无创性脑功能成像技术和清醒动物认知生理心理学研究方法。脑成像技术包括事件相关电位(ERP)、正电子发射断层扫描技术(PET)、功能性磁共振成像(fMRI)、脑磁图(MEG)等等。清醒动物认知生理心理学研究方法包括单细胞记录、多细胞记录、多维(阵列)电极记录和其他生理心理学方法(如手术法、冷却法、药物法等)。

与这两种技术相对应的是两个研究层次:①在基因分子水平;②大体和组织水平。

在基因分子水平上,采用分子生物学的方法,对不同机能进化水平的动物进行分子、细胞、神经环路等多层次的神经生物学研究,在学习记忆等领域已取得比较显著的研究成就。如研究表明,记忆与一些蛋白以及蛋白的基因调控有关,而基因的突变或缺失也可以导致动物的学习记忆的障碍。在大体和组织水平上的研究包括两个方面:①对脑损伤病人进行神经心理学临床研究;②对正常人进行脑功能成像研究。神经心理学临床研究属于传统的神经心理学的领域,在技术条件不够,无法对正常人脑神经机能活动进行实时观察的条件下,这方面的研究是了解认知行为脑机能原理的主要途径。随着脑成像技术的发展及应用,神经心理学临床研究逐渐退居次要位置,作为脑功能成像研究的辅助手段。①

二、认知神经科学中的还原论

诚然,"有许多神经科学家对还原论深信不疑,但很少有人试图说清楚他们在使用这一概念时究竟表示什么意思"②。于是,这一解释权在大多数时候就交给哲学心理学家和理论心理学家。当今许多认知神经科学家坚信的还原论与哲学心理学家和理论心理学家所批评的还原论,在大多数情况下并不是同一

---

① 张卫东等:《认知神经科学对心理学的研究贡献》,载《华东师范大学学报》(教育科学版)2007 年第 1 期。

② 贝内特等:《神经科学的哲学基础》,张立等译,浙江大学出版社 2008 年版,第 375 页。

回事。

　　还原论有本体还原论、解释还原论、方法论还原论三种不同的形式。本体论还原论坚持某种实体实际上是由其他一些实体构成。在不同实体的运动形式间，高级运动形式归结为低级运动形式的观念；同一实体的运动形式内，高级层次归结为低级层次。"你，你的快乐和忧伤，你的记忆和抱负，你的人格统一感和自由意志，实际上都只不过是神经细胞及其相关分子的大量聚集的活动。"解释还原论指我们的脑活动可以用神经细胞和与之有关联的分子的相互作用来解释。"科学的信念就是，我们的心灵——我们的脑活动——可以用神经细胞（和其他细胞）和与之有关联对分子的相互作用来解释"。从某种程度上说，解释还原论只是一种稍微妥协的本体还原论。本体还原论和解释还原论均属于"经典还原论"的范畴，"经典还原论"的理想状态就是把心理学还原成生理学，生理学还原成化学，化学还原成物理学。现在看来，在心理学中显然是行不通的（其理由将会在后面做出简要说明）。另外还有一种形式的还原论——方法论还原论，这也是认知神经科学中最常用的一种还原论形式。方法论还原论是指一种科学认识与研究的原则。它指以较低级的物质层次、较简单的物质运动形式，去分析、认识较高级的物质层次及较复杂的物质运动形式，具有以下两个主要特点：一是它包含了一种通过认识事物的各个部分而达到认识事物整体的方法；二是它包含了一种由里及表、由本质到现象的认识方法。"相信复杂数据或现象可以用一系列较简单的事物加以解释。这种解释世界的方法贯穿于所有科学研究的领域，这是一种美德而非罪恶。"①

　　早期的认知神经科学家可能坚持"经典还原论"的立场，目前已经非常少了，现在几乎没有人再像克里克那样自信地宣称所有的心理活动都是一组神经细胞的复杂活动。因此，对于认知神经科学是否是还原主义的问题要区别对待，如果"还原"指的是经典还原论，那么它不是；如果指的是方法论还原论，那么它是。认知神经科学中的方法论还原论并不是将心理活动过程代之以大脑功能区域及其分子细胞水平的活动，只是运用方法论还原论的方法，研究认知过程的神经生理基础，以及认知活动发生时神经系统在分子细胞水平上发生了什么。正如 Eric Kandel 在诺贝尔奖颁奖典礼上所说的："我一生的兴趣都集中在学习的生物性上，我很想知道，当我们学习时大脑中发生了什么改变？并且，当某物被学习之后，这些信息是怎样保留在记忆中的？我尝试着发展出一条还原论途径来回答这些问题，它可以使我在细胞和分子水平上研究学习和记忆的

_____

① Laland, *Sense and Nonsense* (Oxford: Oxford University Press, 2003), p. 26.

基本构成形式的生物机制。"①

三、认知神经科学与社会文化和历史情境

将人的心理和行为放进社会文化和历史情境的背景下可以被很好地解读，但是这并没有排除用神经机制来解释心理事件和行为的途径，二者并不是非此即彼的。基因—文化协同进化理论很好地说明了二者的关系。基因—文化协同进化理论的基本假设是：文化是一种生物现象，我们关于知识获得、保存和使用的神经寄宿制向文化施加压力，促使其发展；同时，文化也反过来向我们的神经机制施加压力，促使其发展和进化。文化是人类大脑进化的产物，大脑是通过学习和处理文化的自然选择而逐步形成的，二者始终交织在一起，难解难分。在此理论基础上，引发出许多新的研究问题，正如 Henrich 和 McElreath 所说："把文化定义为存储在人类大脑中的社会学习的信息开启了一系列新的进化问题，如，人类的社会学习是怎样提高其适应性并使我们成功地在环境中占据这么高的位置？ 如果社会学习机制如此具有适应性，为什么这种机制这么稀少？ 引导人们进行社会学习的是哪个认知过程？ 如果文化变异不像基因一样可以复制，文化能进化吗？ 基因—文化协同进化理论是如何影响人类心理和人类社会历史的？"②

近年来关于镜像神经元的发现为上述理论提供了证据。当我们看到别人运动时我们脑中的运动区会变得兴奋，而且即使这种行动干扰了我们自身的行为，我们也会自觉地去倾向于模仿他人的行动，这些区域的神经元即是镜像神经元。镜像神经元最早发现于恒河猴脑中 F5 区，人脑中的镜像神经元主要分布于颞上、顶下小叶以及额下回等。镜像神经元的发现为研究人类和动物的模仿学习以及人与人之间的意图理解、情感交流、联系和社会关系的形成等等开辟了新的通道，也为解释社会认知、共情等一系列社会心理学的概念提供了全新的视角。

四、脑成像技术的理论功能

对认知神经科学的批评有两个互相关联的方面：①认知神经科学只能进行脑功能定位；②只能揭示心理活动与大脑区域的相关关系，无法揭示其因果关系。稍后我们会提到，严格意义上来说，心理活动与大脑区域的关系就是一种相关关系，不存在因果关系。因此第二层意思是没有意义的，构不成对认知神

---

① Machamer, "Neuroscience and theoretical psychology", *Theory & Psychology*, 2007, 2.

② Henrich, "The evolution of cultural evolution", *Evolutionary Anthropology*, 1997, 12.

经科学的批评,我们主要看看脑功能定位。

脑功能定位是指揭示出神经事件与认知活动或行为活动的相关性,阐明认知行为发生时或在认知过程中神经系统相应产生怎样的活动规律。这是脑成像技术最基本的贡献,主要应用于早期的认知神经科学。如对记忆的研究发现,大脑的内侧颞叶负责对初级、次级皮层逐级加工信息的编码,然后投射到新皮层,长时贮存信息,形成长时记忆;海马不但参与记忆信息的初始编码,还参与以后不断发生的记忆回放过程;额叶参与着记忆的编码的各个过程,例如记忆编码提取的监控,以及对记忆对象相关的背景信息的记忆。

在心理学研究中,有时一个心理过程或心理现象会有不同的理论假设,每个理论都有其相应的行为实验证据所支持,通过认知心理学或实验心理学的研究很难达成一致。脑成像技术的应用为解决这一问题提供了新的途径。

识别记忆中有两个相互争论的理论:单加工理论和双加工理论。在识别记忆实验中,有两个实验条件,一个是"记住",被试记住呈现的实验任务;另一个是"知道",被试只是熟悉呈现的实验任务。单加工理论认为"知道"和"记住"在识别记忆中没有质的区别,只是记忆强度不同;双加工理论认为"知道"和"记住"分别依赖于两个不同的记忆加工过程,有质的区别。若要判断"知道"和"记住"有质的不同,需满足两个条件:①两个实验条件及相应激活的至少两个区域之间的交互作用显著;②至少在一个实验条件下,相对于基线条件,这两个大脑区域应该同时被激活或被抑制。用脑成像技术对这两个实验条件下的研究表明,两个实验条件和激活的区域之间存在着重叠的交互作用,后扣带皮层在"记住"条件下的激活程度远高于"知道"条件下的激活程度,右外侧额叶皮质在"知道"条件下的激活程度远高于"记住"条件下的激活程度。脑成像技术支持双加工理论的观点。①

在脑神经机制的基础上建构新理论,是众多认知神经科学家的"雄心"所在,即根据在某一行为事件中大脑区域的激活来推测参与进来的心理活动过程,并以此建构理论等等,也被称之为"反向推理"。这种方法在神经经济学、社会认知神经科学等新兴学科中应用比较普遍,因为行为事件发生时参与进来的心理活动还不太清楚。如研究表明,海马(外显记忆功能区)、杏仁核(情绪唤醒区)、前额皮层(工作记忆区)这三个脑区的激活表明个体在恐惧;脑岛、基底神经节、纹状体的激活表示厌恶。

目前,"反向推理"的应用非常广泛。有人研究在 2007 年美国总统选举时,

① Tatjana,"Great expectations: What can fMRI research tell us about psychological phenomena?",*International Journal of Psychophysiology*,2009,1.

通过向被试呈现总统候选人的图片和视频信息,用 fMRI 观察大脑区域在这个过程中的活动,进而推测公众对总统候选人的态度。他们的报告指出,不喜欢希拉里·克林顿的公众在表征其图片和视频信息时前扣带皮层(anterior cingulate cortex,ACC)的活动相对于其他人明显增强。研究者认为这个区域是与"冲突监测"和"冲突反应"联系在一起的,同时,他们认为选民的杏仁核和脑岛的不同活动分别代表选民对政党的焦虑和厌恶。

然而,"反向推理"也遭到了许多批评,这与其滥用"反向推理",草率得出结论有很大关系。大脑区域激活与认知活动过程的关系有以下几种:①一种认知活动过程引起几个大脑区域的激活;②几种认知活动过程引起几个大脑区域的激活;③一种认知活动过程引起一个大脑区域的激活;④几种认知活动过程引起一个大脑区域的激活。当且仅当认知活动过程与大脑区域激活——对应时,才可做出"反向推理"。因此推断其研究结果时必须谨小慎微,结合多方面的证据,如脑损伤病人的研究证据、分子生物学的研究证据给出结论。同时,努力提高"反向推理"研究结论的准确性,也是众多认知神经心理学家努力的主要方向之一。

五、对认知神经科学的一些反思

认知神经科学是一门新兴的学科,它所使用的技术手段和方法都非常科学,其结果也相当精确,体现了心理学研究的科学性,必将引领着主流心理学的潮流。与此同时,认知神经科学也受到笛卡尔主义二元论的误导以及"颅相学"残留思想的毒害。

首先需要注意的是,并不存在与物质实体相对应的精神或心理实体。笛卡尔主义二元论的流毒甚远,至今仍没有完全清除。现在我们还经常拿"外面的世界"和"内心世界"相比较,仿佛有两个世界一样。对于研究认知活动和大脑神经机制的一系列关系的认知神经科学来说,无法回避这样的问题。然而我们看到的情况经常是偏向于二元论倾向的。

心理是"生物体的形式",身心关系是一种质料与形式的关系,而大脑只是产生心理活动的生理基础,是心理活动的承载者。严格意义上来说,人的大脑与心理活动之间只存在一种归纳的相关关系,没有因果关系。诚然,没有这个承载者是无法产生任何心理活动的,然而大脑只是心理活动产生的必要条件,就好比氧气对于燃烧过程一样。打开人的大脑,除了神经元的电信号和突触连接,找不到任何东西,感觉、知觉、记忆、思维、想象等心理活动并不像硬币储存在盒子中一样储存在大脑里。心理只是生物体的形式,而并非是与身体或物质实体相对立的精神实体。

　　既然并不存在与物质实体相对应的精神或心理实体，那么将人的心理活动还原大脑区域的神经元及其突出连接之间的活动就是不可能的，非实体的心理不存在还原不还原的问题，这种说法是没有意义的。之前会有人为"大脑是如何创造出精神的"、"怎样逾越大脑和心灵之间的鸿沟"而苦苦思索，现在看来，这种问题本身就是没有意义的，更遑论其结果的对错了。哲学家和理论心理学家对于认知神经科学的本体还原论和解释还原论的批评是不合理的，真正的认知神经科学不存在本体还原论和解释还原论的问题。

　　我们经常可以看到"视觉皮层是如何看的"、"听觉皮层是如何听的"、"海马是如何记忆的"等等这样的言语充斥着各种各样认知神经科学的教科书和论文中。事实上，除非在比喻的意义上这样说，否则是没有意义的。我们在这样使用的时候大多数情况下都没有意识到这一点，以为这是一种很科学的表述方法，这就造成了混淆。我们都知道，只有人才能看、听、记忆、思考，这是最基本的常识问题。而将人的心理活动等同于大脑某一特定区域的活动，这无疑也是一种本体还原论或解释还原论的做法。这种做法看似无伤大雅，实际上往往会将认知神经科学的研究引入歧途，"捆绑问题"的产生就很能说明问题。

　　通过单细胞记录技术的观察，发现在视知觉中，物体的颜色、形状与运动等不同属性会引起大脑区域的不同部位的同时激活，因此假定物体的颜色、形状与运动是沿不同的通道加工的，颜色与形状等客体特征是在从枕叶到颞叶的腹侧视觉通路上的层级联结区域得到表征的，而运动等空间特征是在从枕叶到顶叶的背侧通路上得到表征的。按照还原论的思想，由于大脑在表征物体时将物体分解成不同的属性分别进行表征，因此更高一级的大脑皮层怎样把这些散布于不同皮层区的分散信息合理地组织在一起以形成物体的表象和对物体产生整体的知觉就成了一个非常重要的问题。这就是所谓的"捆绑问题"。该问题一开始就将人的视知觉活动等同于各个大脑分区对物体不同属性的激活，因此推断出怎样将不同区域的信息组织在一起的问题也就顺理成章了。这完全是由于对概念的混淆而臆造的一个非常荒谬的问题。

　　认知神经科学是非常重要的，这一点毋庸置疑，它已经并将继续在心理学的发展中占据一席重要之地。然而，正如人们所批评的那样，"认知神经科学不能对一个人的心理活动做出完全的解释"，这倒不是因为它是"还原的"，这是一个基本事实，认知神经科学只是众多心理学学科门类中的一种，它所能解决的问题也只局限于特定的范围，因而指望它来解决所有的心理学问题是不可能的，所有其他的心理学学科也不可能做到——这无损于任一学科所取得的光辉成就——所以我们也不必等到所有的脑神经机制都揭示出来后才开始其他的研究。

第三节　认知科学面临的挑战

认知科学研究范式侧重从科学的观点重新探讨人的认知心理问题,在心理学研究上取得了优势地位,这应该说是具有里程碑式意义。

当前认知科学不仅以其丰富的实验成果迅速改变着心理学的面貌,而且通过持续的理论创新与技术对接,有力地提升了认知科学研究的理论化和工程化水平,将当今的认知心理学研究水平提高到一个新的高度,给人的印象极为深刻。西方学者持续创新的思想力度之大,超过了我们许多人的想象,值得我们高度重视。认知心理学与认知科学研究在"思想驱动"方面给人的印象极为深刻,其中不仅有许多"大思想"的突破,更有无数"小思想"的积累。近半个世纪以来西方三代认知科学研究队伍群体精英辈出,人才济济,其中既涌现出了像布鲁纳、西蒙、爱德尔曼等人为代表的一批"大思想者"(big thinker),也产生了无数"小思想者"们(small thinker)汲汲于各种认知科技的发明创新。罗默说过,在科学世界里,"发现大思想与发现上百万个小思想结合在一起,才可能保持经济增长。思想指导我们将有限的物理资源组合在一起,进行配置使变得更有价值"[1]。只有思想、知识、资源才具有不可限量的增长潜力。相形之下,我国学术界的许多领域往往难以持续地深入研究下去。长期以来,我们不仅缺少突破性"大思想"的创新,而且也缺乏一个个有生命力的"小思想"的积累。我们大多数人不可能成为"大思想者",但却可以成为"小思想者"。目前国内的认知科学大都沿用西方相对成熟的实验范式或因循其理论框架,普遍关注从硬件设施方面推动学科建设。而"硬件设施方面相信可以很快与国外缩小差距,但在研究思想创新和理论发展方面,我国学者的学术研究如果要赶超国际先进水平,恐怕是更难达到的目标"[2]。这是我们中国任何一个力争上游的科学研究者不得不面临的艰巨挑战。

但是,与此同时认知科学也遭到诸多指责,甚至严厉的批判。这种指责和批判既有来自认知心理学内部的不同意见,更有外部其他学派的否定。

从认知心理学与认知科学内部发展现状而言,它们并没有一个独立的体系,而是由许多松散的体系联系在一起。此外,"认知科学是以多学科的取向出

---

① Romer, "Increasing returns and long-run growth", *Journal of Political Economy*, 1996,5.
② 张卫东等:《认知神经科学对心理学的研究贡献》,载《华东师范大学学报》(教育科学版)2007 年第 1 期。

现的。认知心理学只是它的一个组成部分,尽管这两者之间的界限并不清晰。像心理语言学、哲学、人类学、神经心理学和计算机科学这样的主题都是认知科学的一部分,而它们也都受到认知心理学的不同程度的关注;但认知科学更多地关注寻求计算机中类似于人的特征(AI 人工智能),以及人类中类似于计算机的特性。加菲尔德发现,根本性的争论也是认知科学正在进行的部分。"①像奈瑟便是一位从信息加工心理学中分离出来创立新的学派的重要代表人物。

而来自认知心理学外部学派的否定声音则更为强烈。最为激进的批评声音来自于以斯金纳为代表的行为主义心理学。"认知科学家放松了定义和逻辑思维的标准,听任大量作为形而上学、文学和日常交际特征的思辨性的东西,这些思辨性的东西用于上述方面也许是合适的,但对科学却是有害的。"②

另一位行为主义者(坎特,1979)批评认知主义采用的是一种"不考虑所涉及的事情或事件的术语创造或变换"的方法,而"任何想象的大脑操作或发明的心理过程在科学心理学中都没有地位"③。

一、认知心理学界的反思

值得注意的事是,当前认知心理学对文化问题的关注。当代认知心理学主要有三种研究范式:信息加工、联结主义和认知生态学的元理论。美国心理学家奈瑟和布鲁纳对认知心理学发展中的失误均进行了比较系统的反思性批判。奈瑟提出,认知心理学应该做出更加现实主义的转变,主张以生态学的方法取代信息加工的方法,强调研究自然情境中的认知,更多地关注环境对于智能的影响。研究情境认知、日常认知和情境化人工智能热潮在认知领域中逐渐出现。认知科学正力图努力突破信息加工理论的局限,更多地关注社会、文化等外部因素对智能系统内部复杂的信息加工和符号处理的影响,以使模拟人工智能进入一个新的高度。

与认知心理学相并行发展的认知建构主义者布鲁纳在其晚年的代表性著作《有意义的行动》(1990)和《教育文化》(1996)中,对认知革命的演变和偏离以及如何重建和恢复认知革命的原貌做了深入的分析讨论。他认为,文化取向的心理学具有深刻的方法论问题意义。文化与心理学的发展是相互关联的,文化与在文化中的寻求意义是人类行为的真正原因。心理学的基础理论(元理论)反思及建设应该和文化的发展要求相契合。认知心理学在开始阶段从"意

① 史密斯:《当代心理学的体系》,郭本禹等译,陕西师大出版社 2005 年版,第72页。
② Skinner B.,"Cognitive science and behaviorism",*British Journal of Psychology*,1985,1.
③ 史密斯:《当代心理学体系》,郭本禹等译,陕西师大出版社 2005 年版,第87页。

义"转向了"信息",意义概念被替换成了计算能力,使心理学对人的心理研究类似大脑,而不是真正的大脑。目前"要还心理学以原貌",为此,他提出要使认知革命复归于"意义建构",必须使"心理学植根于文化,围绕着这些使人与文化相联系的意义形成和意义使用的过程来组织"心理学的科学理论知识。

半个多世纪以来,布鲁纳一直坚持认为任何心理学在研究人类活动和心灵的过程中都应当有意义的位置。"意义的形成过程和意义过程把人与文化联系在了一起",为此文化心理学也应围绕着意义来进行组织。以语言符号为中介,意义在心灵与文化的相互作用中得以生成。向内,意义内化为具有差异性和相对性的个体意,并赋予行动;向外,意义外化为公共的、共享的意义,形成文化的意义系统,使得生活中行为、语言、情境具有可理解的协调性。同时"现实"也在意义的建构中得以形成(图4-2)。根据伯格的观点,这里的"现实"指的是网络了各种意义的常识世界,日常生活的经验世界。人所生活于其中的世界是人所创造的以人为中心的,而不是自然状态下实际存在的客观世界。现实的建构乃是意义生成的产物,意义实际上构成了人把自己安置于其中的"现实",唯有这个世界是最为实在和可知的。

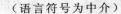

（语言符号为中介）

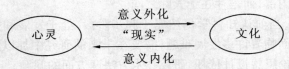

差异性的个体意义　　　　　　　公共的、共享的意义

图4-2　意义的建构

意义由符号来表征而文化又是存在于实践和建构活动中的符号系统、通用工具,因此,布鲁纳说道:"在人类的多数交往中,'事实'是延长的、复杂的构建过程和探讨过程的结果,而这样的建构和探讨已深深植入文化中意义的寻求。"这是布鲁纳晚年心理学研究的一条路径,是心理学与其他人文学科的交汇点。

福德和诺曼也指出,人不仅仅是符号加工系统,而首要地,人是有生命的存在,具有生物属性,又与他人及环境相互作用。对于人来说,处于主导系统的是调节系统,认知系统则服务于调节系统。因此,只有把认知系统与人的本性、生存和发展联系起来,才能得到合理的解释。生态认知主义主张,需要将符号系统放到意义世界中,这对于说明心理状态是关键性的概念。福德提出,对于认知生态主义来讲,"存在着这样一个空间,它既能容纳计算的心理学,也能容纳自然主义的心理学。计算的心理学是有关界定为心理表征的形式加工的理论,而自然主义的心理学是有关表征与对表征进行意义阐释的世界之间关系的理论"[1]。但是,认知生态主义者又认为实际上不可能有一个合适的自然主义的心理学。

当前心理学研究的另一个重要思潮——社会建构论也对认知科学提出了批评。在社会建构论者格根等人看来,第一次认知革命的矛盾是:它强调了认知过程的作用,促进了心理学家对认知等内部心理因素的重视。但是认知心理学却在现代主义理想的指引下,试图发现不受主体因素影响的有关认知的"客观"真理。如果说真理、知识是客观存在的,独立于认知过程,那么认知过程就只能是表征和反映,而不是建构和创造。换言之,认知过程只能是一个消极被动的过程。社会建构论研究者强调,认知过程本身在知识产生的过程中建构、创造着知识,决定着哪些成为知识,哪些不能成为知识,因而发挥着更为积极主动的作用。因此,它要进行第二次认知革命。而第二次认知革命的关键有两点:"第一,认知参与知识的创造,建构着知识;知识是建构的,认知过程是一个更为积极主动创造知识的过程。第二,认知过程被看做是人使用语言和话语的结果,而语言和话语是社会性的,是人际交流的产物,因此认知过程在其根本意义上是公开的、社会性的,其次才是私有的和个人的。从这个意义上讲,认知并不存在于个体的内部,而是存在于人际之间。"[2]

在我们看来,当前认知科学仍然属于起步阶段,处于发展和完善之中的认知科学研究自然面临着许多发展难题,需要在未来的研究中加以解决。概括起来主要体现为理论思想设计依托、研究技术方法两方面的问题。

二、理论思想设计依托的限制

当前认知科学范式的心理学研究大多属于切片性、平面式的成果,整体性的理论建树还不多见。近20年来,西方认知心理学及认知科学研究的主要是依托于当代科学发展之林中最具有发展前景的生命科学、脑神经科学和计算科学的研究进展。从理论上讲,生命科学与计算科学是21世纪最有发展活力和前景的带头学科。只有不断融合当前生命科学和计算科学研究的新概念、新规范、新技术,才能为揭示人脑产生认知意识奥秘这一人类重大理论问题提供更为精确的回答,并且在深层次上开辟心理学研究的新模式。但问题在于,目前生命科学与计算科学的发展前景难以预测。如从脑科学的进展来看并不令人乐观,近10年来世界各国在脑科学领域投入了巨额的研究经费,可是真正具有

---

① 葛鲁嘉:《认知科学的性质与未来》,载《吉林大学社会科学学报》1995年第1期。
② 叶浩生:《社会建构论与认知主义的第二次革命》,载《心理学科学进展》2005年第3期。

重要突破意义的新的基础实验或理论成果几近空白。美国推行的"脑的十年"计划除了进行了一场大规模的舆论宣传之外，事实上在基础研究方面并没有显著成效。同时，诺贝尔奖对神经生物学研究成果的一次次颁发也助长了这种公共宣传的热度，但实际上其所颁发的成果都是"脑的十年"计划出台以前的东西，以致一些哲学家提出，认知的神经生理学研究纯粹是浪费时间。认知神经科学的模块化主张，实际上不过是建构起了一个个先天获得装置式的"乔姆斯基王国"。① 而新一代的计算机只是在运算速度上有了突破，而模拟人的心智的人工智能研究进展则停滞不前。人工智能的重要创始人明斯基曾说，以计算理论解释认知和智力的数十年努力均失败了，这也加重了计算主义认知研究者的悲观情绪。另外，几十年前，电频脉冲与脑电的解读是一个大热门。神经动力学模型和人工神经网络研究也曾是另一个大热门。这两个领域在当时都是极富魅力的学术前沿和尖端课题，曾吸引了一批又一批才华横溢的优秀学者的参与，包括相当数量的非神经生理学专业人士。但现在两者都陷入了发展中的困境之中，已往的那些乐观主义预期已逐渐消失，代之以一些悲观性的看法则越来越占上风。尽管还有一些后续研究项目在努力坚持原有的方向，"但现在已经再也见不到当年那种雄心勃勃的争锋气势和志在必得的目标设定了"。技术研究方法上难以有大的突破使得今后认知科学范式的研究，充满了"不确定因素，扑朔迷离"。当认知科学赖以发展的基础性前提仍处于"争论"的不可靠情况下，要寻求认知心理学研究自身的实体性理论的突破，其困难是显而易见的。

有学者总结认为："几十年过去了，认知科学领域不断涌现出各种流派和花样翻新的问题解决方案，但其先驱者当年预期的目标并没有达到，在认知科学的实践中不时会遇到难以克服的深刻困难。今天，最先进的计算机可以做人不能做的许多复杂工作，但在模式识别、感知和在复杂境域中决策的能力远不及人。这些困难背后的真正根源究竟是什么？是我们的技术有问题，还是我们的理论基础有缺陷？一部分从事计算机设计工作的专家认为，目前计算机的功能足够强大，关键是我们的软件编程的能力不能与之匹配，因此，必须发掘新的计算方法；而一些从事理论计算机研究的专家却认为，是目前计算机量级规模限定了模拟人类高级智能，必须寻求新的计算机模型。然而，根据近年对认知科学各个理论派别和工作实践的深入考察，我们的结论是……认知科学所有的理论困境和实践困难的一个重要根源在于我们对人类认知和智能的本质缺乏真正的认识。"②

① Machamer，"Neuroscience and theoretical psychology"，*Theory & Psychology*，2007，2.
② 刘晓力：《认知科学研究纲领的困境与走向》，载《中国社会科学》2003 年第 1 期。

三、研究方法论的局限性问题

当前心理学研究的认知科学进路中还有一个突出问题是研究方法论的局限性和不可靠性。尽管近10年来许多重要的心理现象如意识问题的研究已开始向实验科学靠拢,是目前这一领域中最为令人满意的变化,然而有关意识和无意识的实证研究基础几乎都是以"是什么的"相关数据分析结果为推测依据,却无法进行"为什么的"因果关系的解释性揭示。在研究方法上,相关是一种很容易的科学研究,理论解释的差距则更大。特别是目前国内学术界引以为豪的认知神经科学的研究方法——神经影像学技术还属于宏观性质的研究,包括40赫兹在内的神经相关物(NCC)研究仍然属于一种宏观性质的成果,是一种"尚未完成体",仅仅注意了局部的神经生理特性,而且神经生理学家们也还并不清楚如何寻找NCC。正如查默尔斯所批评的那样,"对脑认知神经科学的研究应该保持适度的期待"[1]。也有学者指出,"认知主义将会被超越和取代。因为它未将人的实践行动活动概念化,未能认识实践的行动定向和协同建构功能,也未能说明实践如何通过人的分类、公式化及定向等活动获得意义。认知主义的特征之一就是,它通过强调认知过程和实体,而使研究者脱离人们彼此所进行的各种实践活动。超越认知主义的新心理学集中强调在自然情境中实现和认知'文本'的产生过程,这种文本又是实践活动的组成部分。"[2]

[复习思考题]

1. 认知心理学对人本质新理解的意义。
2. 认知神经科学的理论心理学价值。
3. 认知神经科学是否能够引领心理学的未来发展方向?
4. 试论布鲁纳晚年对认知心理学的反思。
5. 评述乔姆斯基对认知心理学的贡献。
6. 斯腾伯格的理论心理学思想述评。
7. 认知科学视角下的行动理论研究。
8. 认知科学在心理健康领域研究的新成就。
9. 认知动力主义的理论创新。
10. 认知科学与知识工程、人类情感的模拟问题。
11. 对认知行动指南理论进行评析。

---

① Chalmers, "How we construct a science of consciousness? ", *The Cognitive Neurosciences* (London:MIT Press,2004) ,p. 6.

② Potter, "Beyond cognitive", *Theory & Psychology*,1999,3.

第五章

社会建构论心理学的理论贡献

　　当前在西方兴盛的社会建构论是继认知心理学与认知科学之后涌现出的又一种新的理论创新模式。认知心理学与认知科学的研究对象是关于人的"心智的认识",而社会建构论探讨的是关于人的"世界的认识"。如果说认知心理学属于现代科学主义的典型范式,那么社会建构论则属于后现代人文主义的研究形态。尽管西方心理学的总体学术发展格局具有重视实证研究的特点,但同时也始终不放弃对人文精神的追求与科学文化的反省,呈现出了一种不拘一格、自由发展的强劲态势,不断地推出各种新的理论学说,体现出人类对心理活动本质规律认识的不断发展和深化进程。作为后现代心理学突出代表的社会建构论的兴盛,更是显现出了当代西方心理学的理论创新精神。

第一节　社会建构论心理学的理论张力

　　美国学者格根等人指出,社会建构论在整体理论层次上对现代心理学进行了一系列的重大改造和转换,这必将导致一场"革命"①。有学者指出,把"心理学理论从狭窄界定(而不必从所有界定)的观察陈述中解放出来,可能仍是(建

---

　　① Gergen,"Psychological science in a postmodern context",*American Psychologist*,2001,10.

构主义的)最受用的遗产"①。那么,究竟该如何看待社会建构论对心理学理论的这种"最受用的遗产"呢? 应该说,这种理论"遗产"存在着二重性矛盾。因为从社会建构论的反本质主义、反基础主义的实在论观点出发,强调科学和理论不是经验事实的抽象和概括,而是一种社会的、话语的建构产物,则必然会得出科学理论也只不过是一种话语系统建构的结论,当然便会走向否定理论的进路。但是从另一方面来讲,既然主张心理学的研究对象并非一种实体性的存在物,而是语言、文化的建构或再造的产物,那么也就隐含着一种潜在的逻辑前提,即需要调整及改变已有的科学认识观如经验实证原则对理论的支配性约束观点,重视理论话语对经验事实所具有的重建功能。这在客观上又推动了人们对理论研究价值的重新定位,创造了有利于理论研究的学术张力。就后一方面的意思而言,我们不难看出社会建构论对于心理学理论研究的学术价值所在。

一、社会建构论对现代心理学的反思与批判

西方社会建构论的兴起以伯格和拉克曼出版的《实在的社会建构》(1982)一书为标志,1985 年格根发表的《现代心理学中的社会建构论运动》一文,宣告了西方心理学中社会建构论的正式形成。社会建构论与建构主义既有联系也存在着区别。作为后现代心理学重要组成部分的社会建构论,是当今西方建构主义运动中的一个突出代表。但是,建构主义并没有形成统一的学派,有的学者提出,"有多少建构主义者就有多少种建构主义"②。甚至有人把维果茨基、皮亚杰、布鲁纳、奥苏贝尔等的思想也列为建构主义的范畴,这显然泛化了建构主义的内容。事实上当前西方主要盛行着六个建构主义的分支取向:①激进的建构主义;②社会性建构主义;③社会文化认知论;④信息加工的建构主义;⑤社会建构论;⑥控制论的建构主义。而社会建构论则又是由三个派别组成的:后现代的社会建构论、实在主义的社会建构论和修辞反应的社会建构论。这些不同的社会建构论汇成了"在同一名称之下的不同学说"③。尽管它们之间也经常存在着不少差异和冲突,但在一些基本问题上却有着类似的共同倾向。

在哲学本体论上,众多的社会建构论者继承了海德格尔的建构实在论与维特根斯坦的语言实在论思想,认为世界上根本不存在真理、本质和规律,唯一的实在乃是语言。在科学认识论上,他们纷纷以有机整体观、生态科学观为武器,

---

① Stam, "Rebuilding the ship at sea: The historical and theoretical problems of constructionist epistemologies in psychology", *Canadian Journal of Psychology*, 1990, 1.
② 王小章:《后现代景观下的心理学》,载《心理科学》1998 年第 4 期。
③ 叶浩生:《社会建构论与理论心理学的未来发展》,载《心理学报》2009 年第 6 期。

试图取消传统科学主义的内在危机,再现"科学的魅力",进而建构起一种具有内生性的"真善美统一"的后现代世界观与科学观。在方法论领域,社会建构论者是多元论主义、相对主义和实用主义者,认为不存在方法,不存在务必遵守的程序规则,科学研究所存在的只是怀疑一切的严格作风,甚至声称"就方法而言,怎么都行"。在心理学领域,社会建构论的最主要特征是反本质主义、反基础主义、反方法中心主义和反个体主义,他们建立起了"社会认识论"这种新的"元认识论"理解方式,以便消除传统的"外源性知识—内源性知识"相分裂的主客体分离隔阂。在社会建构论者看来,外源与内源、个人与社会的二元分离是传统心理学的核心问题,只有将心理学与社会分析相结合起来,"才能实现从个体唯我中心论转向社会唯我一元论"①。

　　社会建构论的产生源自于对西方现代心理学发展问题的总结和反应。不断地反思及总结科学心理学近 130 年来发展中的成效与教训,以便能够在此基础上开辟新的发展道路,这是包括社会建构论在内的许多心理学研究者普遍关心的一个重大理论课题。社会建构论者运用后现代主义的理论成果,结合新的社会历史实践,对心理学的认识论和方法论进行了新的解构,力图以新的视角来批判地面对现代心理学的主流研究,并将这种批判深入到西方文化的根基处。社会建构论者对科学主义心理学范式文化根基的批判,一方面继承和延续了后现代主义哲学对自然科学垄断地位的不满,另一方面也径直对西方主流心理学——实验心理学和认知心理学发起了进攻。众所周知,关于知识、科学的客观性与真理性问题,既是现代心理学发展的立足点,也是社会建构论的反思性出发点。现代心理学信奉科学与知识的客观价值,强调科学的方法是人类认识真理、逼近真理的唯一方法和途径,实证的科学方法最终能揭示真理及规律。而社会建构论对现代心理学的这种科学观与认识论进行了否定,认为科学、真理存在着有限性和两面性。"那些被我们视为关于这个世界的知识并非归纳的结果,也不是一般假设的建立和证实。对于经验—实证主义知识观的猛烈批评已经从根本上动摇了这样一种传统的观点,即科学理论可以以一种直接和抽象的方式'反映'或'映照'实在……从建构论的观点来看,理解过程并非由自然的力量所驱动,而是处于一定关系的人们积极的、合作的结果。"②社会建构论者重点对知识的客观性、真理性、确定性等认识论问题开展了系统的质疑。在他们看来,科学也是社会建构的产物,是社会控制的工具。科学知识只不过是一种解释或解读,并没有真实的实在可言。一切知识和真理均不是必然的、普遍

① Flecher,"Realism versus relativism in psychology",*American Journal of Psychology*,1996,3.

② Gergen K. ,"Emerging challenge redux",*Theory & Psychology*,2000,1.

的,而是特定的和情境性的;一切所谓的真理都是"发明"的,而不是"发现"的;自然科学也不过是一种话语,一种游戏,"在科学的世界里不存在任何等待被发现的睡美人",因而不再应该享有特别的认识论地位。他们还指出,现代科学并不那么纯洁、神圣:一切先进的科学技术总是被优先使用于军事和战争;科学与权力结合在一起才有力量;20 世纪以来纯粹的知识分子已经"灭绝"了……社会建构论者对科学主义的批判,也并不是全部否认科学、真理,而是为了破除人们对这些东西的绝对确信和盲目崇拜,同时也强调在批判性的反思中实现对现代科学主义异化的超越,进而彻底动摇了现代实证心理学的科学神圣论、真理论根基。

社会建构论者进一步对科学实证心理学研究范式进行了清理批判。长期以来,心理学的科学研究方法深受自然科学的影响,强调实证的、定量化的研究程序,这固然对心理学的科学化作出了贡献,但也引发了许多突出的问题,极度膨胀的实证资料与异常虚弱的基础理论建设之间的反差日益增大。对此哈瑞明确指出,实证主义"也许是这种心理学最显著的例子,它作为未来科学的一个标志已经证明是非常令人失望的"[1]。波特也批评以实验研究为代表的评价标准,"几乎都是基于实验或者问卷研究。我们觉得这类研究往往是简单化的,很少是涉及更大的政治问题,它们所依靠的对科学的理解,与新的科学哲学以及由此催生的科学知识社会学,也是格格不入"[2]。他认为在实验研究中,存在着精心安排的期望效应和需求特征,过度地依赖实验的方法对于理解人类行为也具有不可突破的局限。科学的进步往往是通过把无限的想象应用到真正的具有重要地位的问题中而获得的,而不是习惯性地把一些刻板的调查或研究模式应用到一系列预先选定的问题中取得的。实证心理学的这种"方法导向"立场,导致了心理学研究的"本体论反常问题",即脱离了以"解决问题为导向"的科学研究的一般规律,模糊了人类心理世界通常所具有的丰富现象。[3]

社会建构论者也不满意当前主流心理学的认知主义思潮。格根等人指出,目前认知心理学的研究过度地关注于个人认知问题,忽视了叙事与话语这种人的心理世界的核心要素,而将个人简化为信息加工者,把认知过程与大脑结构联系起来,使心理学研究内容中的"心理性"变得越来越稀薄,对社会情境的意识也十分有限,这极大地限制了心理学的发展。他们还对认知心理学所建立的

① 哈瑞:《认知科学哲学导论》,魏屹东译,上海科技教育出版社 2006 年版,第 14 页。
② 波特等:《话语和社会心理学》,项贤明等译,中国人民大学出版社 2006 年版,第 21 页。
③ Kukla,"Nonempirical issues in psychology", *American Psychologist*,1989,5.

认知结构、心理机制、表征等核心概念提出了批评，认为有关知识结构和认知结构的流行概念并不正确。在许多学科中只有那些简单的知识系统才具有完整的结构，而高级、复杂的知识系统并没有完善的结构。人们掌握知识的关键是需要通过个体的主动"建构"活动，而不是"结构"性加工。在人的大脑中也并不存在什么心理机制和表征问题，心理活动的本质是语言的建构，话语和叙事的方式才是人的心理活动的真正中心。解释、叙事活动不仅同认知加工工具有关联性和同构性，而且比认知活动更为基本。尽管社会建构论者十分重视语言在心理建构中的作用，但是他们的语言观与认知心理学有着很大的区别。格根等人承认"尽管语言如此重要，但它一直并不是心理学家感兴趣的主题。事实上，它真正成为研究的主要领域，仅仅是于20世纪五六十年代在诺姆·乔姆斯基的影响下才开始的"①。但在他们看来，乔姆斯基的语言生成规则概念存在着很多问题，比如脱离语言行为来谈语言规则或能力问题，重点通过构造理想化的精巧语言句子，进而使用一些句子来推演出语言能力的性质，这些理想化的语言规则与日常语言相比，存在着标准化、规则化和去语境化的特点，当然会丢失自然言语和非正式的日常对话的本质特征。而社会建构论的话语分析方法则"置身于真实的自然世界，将语言牢牢地安身于社会行为的领地中。不再过于关心人们的头脑中究竟在想什么，而更多地关注人们实际生活中如何使用语言"。

社会建构论者不仅对实验心理学和认知心理学不满，而且对心理学的传统理论研究也相当不满。他们批评心理学理论不仅"缺乏长时段的研究"，而且缺乏对个体社会组织和社会结构主题进行解释的理论。他们提出要打破传统心理学理论研究那种"宏大叙事"方式，倡导微观叙事，只有"微观叙事才是富有想象力的发明创造"。按照格根的论述，他们要探索出一种具有新的途径和视野的理论形态，其主要包括"逐步超越实证主义，确定理论研究的重点领域，讨论与文化实践有关的理论和发掘理论智慧的社会文化资源"，宗旨是要"使科学主义心理学对人的扭曲需要让位于一种本来就应该是合理的并且是开放的心理学，并且精神世界丰富多彩且充满思想、记忆、知识和态度的人类成为心理学研究的中心"②。

尽管社会建构论的上述批判并没有引发主流心理学研究内部结构性的改变，但其思想观念还是日益显示出了一定的冲击力。因为怀疑、反思与批判，是一切科学研究的内在生命力。

---

① Potter,"Post-cognitive psychology", *Theory & Psychology*,2000,1.
② Gergen,"Theory in action", *Theory & Psychology*,2006,3.

二、社会建构论的心理学理论建设性努力

社会建构论不仅具有强烈的批判精神,而且也显现出了积极的建设性品质。积极探索新的文化样式与心理学理论样式,是当前社会建构论研究的一个重要内容。近年来他们对心理学理论研究的积极探索努力集中反映在以下几个方面。

第一,以新的视角对理论问题的本质进行重新界定,力图将理论研究从观察实验的消极被动状态转变为积极的主动状态。现代心理学一直把经验观察和实验作为检验知识的唯一标准,认为理论是被动的、消极的,并由经验观察所决定的。实证研究的观点更是普遍强调观察和实验高于理论,理论不能独立存在,需要依附于事实。因为理论是经验材料的归纳和概括,所以理论是或然的而没有必然的普遍意义。根据这种观点来指导心理学必然会轻视理论研究工作。社会建构论者积极吸收了波普和库恩等人的新科学哲学思想,从观察、语言、文化等视角对心理学的理论研究进行了新的定位。

从观察视角而言,社会建构论者赞同波普和汉森的观察负荷理论的意见,认为实证研究的客观性前提预设存在着很多缺陷,大量的实验研究通常设定了一个特定的观察框架,这就意味着观察要依赖于某种前提和假设。即便是所谓客观性的观察也需要建立在假设的知识之上,因此观察并不能确保真理的获得。同时经验观察不能用于验证理论,如果以观察来检验理论,便等于用一个理论验证另一个理论进行循环论证。任何观察都是理论负载的,即所有观察都是在理论指导下进行的。社会建构论者把理论界定为一种建构活动,既包含有"理论先行于观察"的思想,也昭示出"理论与实验在研究过程中携手共进"的事实。建构意味着对事实、素材和数据的积极筛选,包括了创新和创造。社会建构论视角下的理论本身是先行的、独立的,只要有一定的证据理论便可以存在,这就极大地提升了理论研究方法的本体论地位作用。

从语言视角而言,社会建构论者认为语言是唯一的社会实在,其意义依赖于语境,语言规则包含着"文化生活的模式"。心理学的研究存在于学科共同体之间的语言沟通、协商之中,学科专业术语是对话、沟通和协商的结果,其来自于"语言的前结构"随后被普遍化为"科学事实",因此他们提倡心理学研究要从个体理性语言转向公共理性语言。个体所行使的理性活动不过是参与到一个公共语言系统中,借助约定俗成的语言范畴而采纳适当的行动方式。在这个意义上,个人行动方式的"理性"与"非理性"不是由个体决定的,而是由文化习俗所规定。在社会交往互动过程中,开放的对话态度和方式可以改善对现象解释的丰富性和精确度。

从文化历史视角来讲,社会建构论者认为心理学研究长期存在着失去历史和文化声音的不正常现象,究其原因在于从实证的眼光中无法以有效的方法报告这方面的研究成果。由于社会建构论者强调心理学的概念、理论完全是社会建构的产物,是植根于特定历史和文化的人们协商、对话的结果,因此他们认为科学理论是暂时的、可以修正的。如果理论是一种社会建构,那么也就意味着不同的社会或同一社会不同的历史时期所流行的理论根本不可能相同。科学心理学并非像理论物理学那样可以远离意识形态和社会价值,欧美的各种心理学理论都是文化历史建构的产物。与其不断提醒追问心理学是什么,不如多问一问心理学具体发生了什么社会作用。事实上,心理学研究"长期以来服务于既定的社会秩序,成为社会再生产的工具;当要维护社会秩序时,心理学试图改变个人而非社会环境。传统的心理学对人类问题的社会脉络视而不见,不可避免地责难受害者。这在本质上是不公正、不正义的",成为不利于弱势群体,而有利于权贵特权阶层的"科学性文化形态"。而不同历史时期关于心理学研究对象的见解差异,正反映了心理学知识的社会建构特性。社会建构论者强调理论也是一种研究形式,正像实验报告和文学作品一样,会随着社会关系的变化而变化。心理学的理论研究既要有西方的理论成果,也需要增加亚洲、非洲和其他民族文化的研究案例。积极开展理论问题的文化对话,才能促进心理学理论的健康发展。

第二,尝试建立多元化的评价标准,试图将心理学从根深蒂固的实证尺度评价中解放出来。建立多元化的心理学评价标准体系是当前社会建构论研究的一个重点问题。格根等人指出,心理学理论研究的最大挑战是需要从根深蒂固的实证主义传统中解放出来。长期以来,科学心理学形成了一种根深蒂固的经验观察标准,即实证的本体方法论评价体系。依据社会建构论观点,心理学的研究从这种实证主义传统评价标准中解放出来是十分必要的。"随着现代心理学家对行为研究的深入和尝试开辟新的研究路径,他们中的许多人发现实证主义的信条是狭隘的和有束缚性的……尽管经验主义对于测试和测量已知的理论是一个基本的工具,但是如果心理学打算开拓新的领域,以便获得更多和更完善的答案,那么就必须把不同的思想学派采取开放的态度……实证主义仅仅因为其他研究方法的非经验性质就加以拒绝,因而是一个封闭的系统。"[①]同时,心理学的经验主义是反理论的死胡同。经验实证主义对理论性的研究实质上更是一种破坏。因为根据经验观察作为检验知识的唯一标准的思想,根本就

① Indick,"Fight the power: the limits of empiricism and the costs of positivistic rigor", *The Journal of Psychology*,2002,1.

没有必要有理论研究的存在。在这样一种框架中,理论研究的合法性必然会受到质疑。为了保证理论研究的正当性、合法性和合理性,推进理论研究的科学性、约束性和解决问题的标准水平,社会建构论者提出理论研究的评价需要有概念与逻辑标准、科学解释学与修辞学的标准以及社会实践标准。概念与逻辑标准也是实验评价的一种重要方法,与经验事实的一致性不再是理论检验的依据。理论的评价可以在应用的水平上进行,观察其效用。虽然当前社会建构论者所确立的方法论评价标准还并不完全成熟,但这种学术努力是值得肯定的。因为对心理学研究多元评价标准的规定,无疑将会使心理学的战略规划和学科建设目标有所丰富。他们重视非实证意义问题的探讨在一定程度上补充和完善了心理学的研究内涵。

第三,对心理学的理论与实践关系问题进行了新的阐述,试图将理论从实践的附属地位中解脱出来。重新理解理论与实践之间的关系是当前社会建构论心理学家们关注的另一个重要问题。"理论与实践的'紧张关系'是所有专业教育的中心特点"。现代心理学同许多学科的观点一样普遍反对亚里士多德关于理论高于实践的思想,强调理论来源于实践同时也受到理论的指导。社会建构论者认为这种理解是有很大缺陷的。理论与实践并不是处在分离的状态,二者之间的关系"如同家庭成员间高度依赖而又存在着紧张的关系"。一种实践可能有多种多样的理论解释,同一种理论也可以有多种多样的实践方案。理论是人类社会的一种文化实践智慧资源。理论是不确定行动的一种形式,其本身也是一种实践。理论不仅反思生活,而且创造生活。社会建构论者赞同杜威的观点,强调理论要先行,理论要为实践服务。理论是实践的前结构,具有实践力量,且可以产生积极或消极的结果,因此便需要进行理论反思、辨析和批判。评价一种理论一方面看其与实践的融合性,即是否促进了社会实践活动,从而使实践活动更有效、更有意义、更有理论色彩。同时,理论作为心理学家的话语建构系统,像语言一样具有行动的特征,可以促进社会生活实践的变革。这种将理论置于观察、建构与社会实践活动之中的新视角,为解决心理学理论与实践应用的矛盾问题提供了新的方案。

第二节　社会建构论的理论成就及其问题

伴随"后实证主义"这一新元理论基础的确立,社会建构论对于理论知识产出的基本界定日益凸显出了许多积极的学术价值。

首先,社会建构论在一定程度上有力地促进了心理学的理论研究。无论社会建构论者所依靠的理论基础与科学的知识社会学多么格格不入,但是抛开他们那些偏颇的、过激的、绝对化的观点,我们还是能够从中得到不少启示。当前由于社会建构论心理学的出现,我们对主流研究的认识,从研究目的、方法到表现形式、叙事方式以及话语系统均能有一个新的理解,进而更清楚地认识到当代心理学发展的性质及限度。同时,他们对西方心理中心论、全球化、白人男性心理等优越性的否定,对差异、多元、边缘、下层文化和他者心理的关注,更吸引了许多处于非主流地位心理学研究者的强烈认同及共鸣。社会建构论的核心理论假设——社会认识论代表了对传统哲学认识论的替代。他们反对心理学的客观存在叙事方式,而要求心理学"更社会",试图通过倡导历史文化分析方法、多元化方法、话语分析方法、叙事方法和质化研究方法,克服现代心理学发展中面临的方法论危机。目前西方心理学在社会建构论的影响之下已经出现了三个新的重要的转变:一是从本质论到建构论的转变,二是从方法中心向问题中心的转变,三是从价值无涉发展为价值关涉的转变。"理解"与"建构"也成为心理学研究的重要的维度。① 强调理论的社会建构特性及其功能,有利于心理学的主流范式从实证研究的垄断控制局面中解脱出来,提高心理学的理论研究水平。

其次,社会建构论在理论上丰富及补充了认识反映论。从认知主义向建构主义的转变是当前西方心理学基础理论发展的一个新动向,其中社会建构论的影响比较突出。反映论与建构论汇成了现代认识论中的两个不同的层次。从认识反映论的角度来看,认知活动的确是对外部信息的加工,没有外部的信息,认识就无法形成。但这只是问题的一个方面,从问题的另一方面来看,人的认识何以是这样的而不是那样的,又必须到心理的建构和反思中去寻找,也就是需要从认识的社会性、文化性、语言性、能动性和经验性等方面加以阐释和澄清。以社会建构论为代表的后现代心理学研究取向,从心理基础、生理机制和语言方面深入地揭示了认识过程的具体机制,比较深入地揭示了认识过程中的主体能动性、主体的认识结构和认知能力这些认识过程中主体的内源性因素,这是对反映论的具体化和深化。社会建构论的社会认识论要求心理学更关注社会、文化和公共语言,这些思想观念还是有生命力的。因为强调个别主观经验及其无法独立的客观存在,这种认识论就从根本上否定了实证方法对社会研究的适切性,并指出了社会研究的另一个方向,即任何对"社会真实"的研究,必须关注生活于其间的人们的主观经验。当然,社会建构论实际上是一种主观建

---

① 叶浩生:《社会建构论视野中的心理科学》,载《华东师大学报》(教育科学版)2007年第1期。

构论而非客观建构论。从这个意义上讲,它与辩证唯物主义的反映论存在着根本性的内在分歧。过分地高估社会建构论与唯物主义反映论的一致性,也是不正确的。

第三,社会建构论的兴盛也为辩证心理学研究带来了新的理论张力。当代社会建构论和修辞心理学的日益勃兴为重新反思辩证法和重建辩证思维的世界带来了新的张力,虽然辩证思想在人类科学文化发展史上占有十分重要的地位,但是其研究道路却异常曲折。受近现代科学实证主义的影响,辩证法与哲学、形而上学一起遭到了拒斥。因为按照科学理论的无矛盾性标准,辩证法思想中的"矛盾"学说是难以被接受的。在西方心理学界,20世纪70年代末涌现出了以里格尔及皮亚杰为代表的辩证心理学研究,目前还出现了新皮亚杰主义和哈夫曼的拓扑辩证心理学。然而,这些众多的辩证心理学研究还存在着不少缺陷,比如里格尔的辩证法虽然承认事物发展的普遍联系和不断变化发展,但是他仅满足于对动态状态的阐述和论证,而放弃了对心理活动变化发展的本质和规律的探求。因此,有人认为,"里格尔的辩证法心理学是以辩证的探讨开始,而以形而上学的归结告终"[1]。从心理学的理论学科建设来看,无论如何辩证问题是心理学研究绕不过去的一个重大理论问题。而当前西方社会建构论势力的崛起,在某种意义上讲为心理学的辩证法研究带来了新的契机。因为社会建构论者主张一切都是建构的产物,而为了考察主体之间是否通过互动达到了某种"共识",其研究过程则必然需要有"阐释的"和"辩证的"两个方面的内容。"所谓'阐释的'是指通过对不同个体建构的不断诠释,而尽量达到理解上的精确;后者指的是对现已存在的个体建构进行比较和对照,使得每个人都有机会了解其他人的建构,直到各方达到了某种共识。"[2]不同范式之间既存在着不可通约性和冲突性,也存在着合理性与内部效度一致性。只有采取"建构主义辩证法"的立场,才能"保持各种可行概念之间的矛盾关系",而建构主义则关系到研究者推理的概念化。有学者认为:"就认识论而言,这个观点意味着一种综合的辩证法,即阐明经验主义、理性主义和隐喻主义在认识论方面的互补作用。就心理学理论而言,它意味着一种解释的辩证法,即阐明许多有关理论和行为的互补作用。"[3]这无疑丰富了辩证法心理学的内涵。

最后,社会建构论对心理学职业实践的贡献,也是值得我们关注的另一个重要的研究进展。多年来学术界批评社会建构论,认为他们的探索大都属于

① Smith,"Selfhood at risk", *American Psychologist*, 1994,5.

② Anchin,"The critical role of dialectic in viable metatheory ", *Theory & Psychology*,2008,6.

③ 罗伊斯:《哲学问题与心理学的未来》,载《国外社会科学》1989年第5期。

"评论性话语"，而无法为心理学理论研究带来"替代性实质内容"，这样其对主流话语系统的冲击作用还是有限的。然而，目前社会建构论已经在这方面有了明显的改观。在心理学政策研究、社区心理学方面，近年来涌现出了基于社会建构论的合作反思的模式，像日本社区中开展的向日葵计划、美国的彩虹计划等，普遍体现出了在心理学者与实践者、政策制定者与政治活动者之间开展进一步的对话交流、相互促进的特点。在心理治疗与咨询方面，社会建构论的理论模式已经出现在家庭疗法、叙事疗法、交往互动疗法等职业实践活动中。由于社会建构论者强调心理疾病并没有病理学的生理基础，大多属于社会再造的而不是身体结构功能发生了病变，病理性的心理症状并不指涉任何真实的存在，而是社会的话语建构物，因此对于心理疾病的理解和治疗模式强调要从本质论向建构论转变。爱利特曾对近一个世纪的心理治疗实践证据进行了总结，发现仅有15%的案例"需要技术性的药物治疗"，而心理卫生界却常常存在着"药物隐喻"的治疗倾向，这极大地加重了对心理病人的"再造"[1]。对同性恋、情色、虐待儿童、精神抑郁症、厌食症和狂食症等心理疾病的研究也发现，许多变态行为并不是生理疾病或者精神疾病，而是一种文化症状或某种文化、某个群体或某个历史时期所特有的现象。像厌食症这种疾病仅存在于发达国家，而贫困地区则很难发现有这种疾病。神经衰弱也是20世纪才出现的一种普遍流行的文明疾病。通常的心理治疗方法专注于个体的知觉和理解，而社会建构论的心理治疗则将对个体的兴趣转变为强调对语言的社会建构过程，倡导主张在治疗过程中提出一组新的建构，从而为旧的建构提供更多的选择。在这种心理治疗模式中，"讨论解决问题的方法而不是讨论问题，关注患者自身的积极特征，帮助他们形成个人的建构，从而更有效地处理重要的问题，增加对生活的可能性的可选择性，以重构他们的生活，通过对话共同形成意义"[2]。治疗师并不是权威，而是扮演着"谈话的艺术家——对话过程的建筑师"的角色，是参与观察者。心理治疗的重点就是对其社会观点的重构。

当然，蓬勃发展中的社会建构论心理学运动也面临着许多突出的问题，集中表现为科学贡献的有限性、本体论上的虚弱性和认识论上的相对主义陷阱。

在科学成就方面，虽然后现代主义和社会建构论"是以艺术和文学评论为基础的，但是它通过说明科学的主观性、价值负荷特征、许多科学的文化与性别偏见以及考虑这些因素的必要性，而对科学作出了贡献"。但是，社会建构论只

---

[1] Smith L. ，"Constructing knowledge"，*American Psychologist*，2002，10.

[2] 比克哈德：《反映世界还是制造世界》，引自莱斯利等主编：《教育中的建构主义》，华东师大出版社2002年版，第178页。

能在心理学的人文领域等边缘地带发挥作用,而在核心的自然科学领域则基本上没有市场。自然科学界为了维护自身的垄断地位往往不屑于理睬社会建构论的观点。在认识论领域,社会建构论存在着严重的自相矛盾的境地。诺丁斯曾将格根的"社会认识论"批评为一种"怪诞的认识论",促成了"语言唯心主义"或"社会唯心主义的现代取向"。另外社会建构论也没有统一的认识论主张,有的学者坚持相对主义认识论,有的认同于现实主义,有的则坚持批判主义的观点。社会建构论的这种混乱现状自然也极大地削弱了其应有的影响力。放大社会建构论的理论张力也是不正确的。

就本体论问题而言,社会建构论对解决心理学的本体论反常问题不仅没有实质性的贡献,而且加重了本体论的脆弱性。所谓本体论是指关于人的心理存在及其本质和规律的理论。在西方哲学中,本体的含义是指人类经验事实中最直接、最本源的概念,其应当为那些比自然哲学中所考虑的问题更为基本的问题寻找答案。在心理学研究中长期存在着严重的"本体论的失常"问题,即缺乏坚强的第一性的本体论内涵。物质第一性,精神第二性,物质决定心理,心理具有反作用。作为研究第二属性对象的一门科学的心理学很难定位及选择自己的研究对象的最为基本的问题。面对人的心理活动的特殊本质,心理学往往采取了"物质主义"和"实证主义"这两种研究立场,以保证自己研究的科学性、客观性。物质主义的研究坚持以身体为基础,以大脑的机能属性的本体论立场,强调一切心理活动都具有相应的物质活动规律和神经生理机制,于是心理学的研究演变为"脑理学"、"神经生物学"或者类似当前的认知神经科学,这实际上是一种取消主义的立场。实证主义则采取了方法上的客观性本体论立场,即通过客观的量化方法来为第二性的问题注入第一性的客观内容,从而导致了心理学研究在本体论方面走上了"脱离问题而维护方法"的反常道路。面对这种本体论困境,社会建构论选择了反本质主义的思路,企图通过回避矛盾来消解心理学的立足问题,而将语言实在论作为自身元理论的出发点。无疑这样的元理论的立足基础是十分脆弱的。我们并不否认一些社会建构论者也突出了心理学研究的客观性,不在于物质性和实证性而是社会性与交往互动性,但社会建构论者普遍将维特根斯坦的语言实在论作为在场的形而上学,将自己理论的立足基础指向了语言:心理现象=语言现象,社会的本质=语言的本质,科学研究事业也成了"文学叙事创作"。这种超越主客观二元论、心—物内外源论问题的做法,在理论上是很难成立的。当代杰出的物理学家霍金说过:"哲学家如此地缩小他们的质疑范围,以至连维特根斯坦——这位本世纪最著名的哲学家都说道:'哲学余下的任务仅是语言分析',这是从亚里士多德到康德以来哲学的伟大传统的何等堕落!"同样,社会建构论的理论研究所引入的新视点和新途径,也缩小到了"话语心理"分析的地步,如此对心理学的理论重新建设与改造,也不会从根本上给心理学研究带来光明的发展前途。因为,世界的存在是实实在在、不容置疑的,人们不可能把物质世界单纯归结于建构。如果把社会现象看成是建构,那么个人也就不必承担不负责任和能动作用所带来的后果,自然会损害社会存在和发展的基础。而如果把一切心理现象视为建构的结果,而不是一种客观存在,那么心理学研究还有什么存在的必要呢? 可见社会建构论很难为心理学的理论发展带来光明的前景。

[复习思考题]

1. 社会建构论与后现代主义的关系。
2. 试述社会建构论与实用主义的关系。
3. 试析话语心理学的学术意义。
4. 修辞心理学的研究进展及其方法论价值。
5. 社会建构论在心理健康领域的新成就。
6. 人本主义与建构主义的联系及区别是什么?
7. 试述社会建构论视角下的心理学理论发展前景。

第六章

西方马克思主义心理学的研究取向

　　当今西方心理学研究中盛行着形形色色的马克思主义流派,除精神分析马克思主义、人本心理学马克思主义和辩证法心理学等思潮之外,还涌现出了实证主义的马克思主义、女权主义心理学的马克思主义和批判心理学的马克思主义新取向,批判心理学已成为西方马克思主义心理学研究的主流。当前西方马克思主义心理学研究在关注的元素及其概念出现了转移,从对发达资本主义国家后工业社会制度的现实批判,走向了科学批判、技术批判、道德批判、艺术批判和精神心理批判,认为精神心理的批判才是对资本主义制度的本质性批判。西方马克思主义心理学研究者在批判的同时,也在积极寻找新的理论支撑,在一定程度上体现出了马克思主义心理学要研究与现代社会进程有着紧密关系的心理问题才能体现出新生命活力的科学创新精神。随着西方马克思主义运动的日益高涨,如何认识西方马克思主义的心理学理论资源,把辩证唯物主义的精神财富纳入科学心理学研究的思想长河,是我们中国心理学需要进一步研究的一个重大理论和现实问题。

第一节　西方心理学中的马克思主义流派

　　20世纪末以来,世界范围内的马克思主义和新社会主义研究悄然升温。马克思作为伟大的思想家,不仅在哲学、经济学和科学社会主义领域为人类作出了杰出贡献,在心理学领域也有着重要成就。马克思用历史唯物主义的方法,把人的主观能动性理论、人的本质理论、人的对象性实践活动理论、人的类特性理论以及人的需要理论包含于人的本质特性理论之中。这些理论之间的内在联系全面科学地揭示了人的本质的科学内涵:人是自然的、社会的、精神的统一体。

虽然在西方心理学领域中,心理学的马克思主义者,也是常常遭受攻击的少数群体,但是,"不能没有马克思。没有马克思,没有对马克思的记忆,没有马克思的遗产,也就没有将来,无论如何得有某个马克思,得有他的才华,至少得有他的某种精神"①。随着社会的发展,马克思主义心理学呈现出新的发展态势,尤其是在心理学的批判理论方面呈现蒸蒸日上的趋势。世界各国对心理学的研究方法越来越多,也形成了各种各样的心理学流派,正是这各种研究途径的差异阻碍了对其的综合研究。而马克思主义的理论为心理学的发展走向提供了借鉴。因此,马克思主义批判心理学家帕克认为:"只有一种理论资源——革命的马克思主义——能用来处理问题和再一次确保对心理学学术、职业和文化各方面有正确的基础立场。"②

一、精神分析的马克思主义取向

精神分析的马克思主义取向的研究崛起很早。早在 1911 年,阿德勒对弗洛伊德的性欲理论便提出异议,认为应该强调人格的整体和社会制约性。他曾在维也纳心理分析研究会上宣读过一篇《马克思主义心理学》的论文。弗洛伊德的另一弟子赖希也认为,弗洛伊德关于"人的侵害性是天生的"这个思想是错误的,侵害性在社会结构中存在其根源,需要求助于马克思主义才能得以真正理解。弗洛姆是美国精神分析社会文化学派的主要代表,更是当代西方新弗洛伊德主义的理论权威。他宣称"马克思将启蒙运动时期的人道主义和德国唯心主义的精神遗产同经济的、社会的实际状况联系起来,从而为一门有关人和社会的新兴科学奠定了基础"③。

精神分析的马克思主义学者普遍认为,弗洛伊德和马克思之间有很多共同之处:第一,两者都是一种唯物主义哲学,因为它们都把人类的需要和经验、爱欲和饥饿这样的具体物质事实作为理论出发点。第二,都是一种辩证的理论,

---

① 德里达:《马克思的幽灵》,何一译,中国人民大学出版社 2008 年版,第 16 页。

② Parker,"Critical psychology and revolutionary Marxism",*Theory & Psychology*,2009,1.

③ Adler,In Wolman(Ed.)"International encyclopedia of psychiatry, Psychology",*Psychoanalysis & Neurology*(New York:Aesculapius Pub,1977),p. 235.

主要表现在"本我"和"自我"之间的辩证交互关系,以及对梦的分析的辩证关系。第三,都是批判的、革命的。马克思和弗洛伊德都看到了资本主义条件下人的"异化"①。他们认为,尽管弗洛伊德没有使用"异化"这一概念,但他描述了与"异化"相类似的心理过程。而弗洛伊德精神分析学的缺陷是:忘记了人的任何心理过程、表现(本能的或自觉的)的社会根源;对人的活动动机的理解只从人的无意识的本能、欲望出发,而忽略了它与外部世界的联系;力主人类文明与人的本能满足是对立的,社会主义和无政府主义同是乌托邦的梦想;离开人的经济的和政治的奴役而孤立地去谈论性压抑,不把后者看做是前者的反映和工具。为此,赖希等人对弗洛伊德理论做了两方面的修改:一是批判了弗洛伊德把心理学与政治截然分开,维护现存制度的某些结论,提出精神分析发展的主要任务是扩大其政治功能和社会批判功能,使之与现行社会和文化对立,与马克思主义更为接近;二是用历史唯物主义某些思想修改了弗洛伊德的本能及人格结构静止不变的观点,主张人的本能和人格结构随着人类历史的发展而变化。在他们看来,每一社会制度都创造为保存自身所需要的性格形式。

不过,在理解社会环境如何形成性格结构的问题上,赖希和弗洛姆产生了很大的分歧,赖希回到了弗洛伊德性压抑论立场,认为通过长期的性压抑以及家庭、学校等机构塑造了性格结构。而弗洛姆则重视社会性格和社会无意识。在弗洛姆看来,性格表示"某一国家、社会或社会中特定阶级具有的自己的特殊的性格结构……我把这一社会典型的性格称为社会性格"②。弗洛姆提出了一个著名公式:经济基础←→社会性格←→意识形态、思想观念。他强调,一方面社会关系决定社会性格,而社会性格则决定着什么思想观念占据主导地位。另一方面,社会意识也通过社会性格对经济基础实施反作用。他认为,性格的形成是内外因的统一,就外部原因而言,社会性格主要体现了一定社会经济关系和其他社会关系对人们的行为的必然要求,这一要求往往是无意识地形成性格内部的动力性。如19世界资本主义经济关系为积累所统治,具有节约的必然性。因此19世纪中产阶级的社会性格可以称为"囤积型",而20世纪资本主义经济关系重视消费,导致了这个世纪的中产阶级的社会性格大多具有使用和消费倾向。就内部原因而言,社会性格主要受人的本性所制约,人的本性是追求幸福、爱和自由的。

精神分析马克思主义学者分析了本能的社会压抑性,认为社会制约型通过本能压抑形成保守的性格结构,从而使占统治的意识形态内化到个人心理中。

① 张之沧等:《西方马克思主义伦理思想研究》,南京师大出版社2009年版,第78页。
② 弗洛姆:《超越幻想的锁链》,张燕译,湖南人民出版社1986年版,第70页。

这一学派的理论核心是试图将弗洛伊德的本能和人格结构置于历史唯物主义所提供的社会框架中,研究本能、人格结构和社会关系的相互作用。尽管精神分析的马克思主义取向中存在对马克思主义的诸多分析元素的曲解甚至是歪曲,但不可否认,他们已经认识到马克思主义的研究方法是对一门学科的重要作用,在努力地朝着改善或改良的方向前进,至于他们的诸多不足,则为我们马克思主义者提供了进行反思的另一线索。

二、人本主义心理学的马克思主义取向

人本主义心理学的马克思主义取向反对唯科学主义,他们关注的是如何通过心理治疗,帮助病人恢复健康。在马斯洛等人看来,心理治疗学家面对着的不是严格科学意义上的生理疾病,而是各种关于价值选择的道德问题,关于幸福与人性善恶的定义等。正如罗洛·梅所说:"如果心理学不能研究人类的全部经验和困境,那么,作为一种科学的心理学的概念或许就是一个很大的错误。"[1]这与马克思主义关注人的主体性及主观能动性不谋而合。

同时,人本主义者倡导以人文与社会科学的方法研究人的心理问题,与马克思主义的研究方法论有一定契合之处。马克思一直致力于坚持人和社会科学方法,一生毕其精力于历史唯物主义,将人放在具体的社会和历史条件下进行研究。马斯洛批评行为主义把心理学变成了抽象的、形式的和非人化的,行为主义者把人的心理当做一个客体看待,尽管它有严格的方法论意义,但却难以用严格的科学数据来解释人的现实需要、意向、动机、价值和自由选择等问题,从而限制了心理学的研究范围,导致人本主义心理学企图在实证科学的限度之外另辟蹊径。20世纪70年代末,里奇克认为人本主义重新把目的论引进心理学是以新的范式取代旧的范式,但必须以辩证方法和严密逻辑增强人本主义心理学的科学性才能完成这一转变。马克思认为主体不能与客体分离,人心必须融化在自然万物之中。当代马克思主义者德里达认为西方文化中一再强调的自我同一性实际上从未真正地达到。因为传统的观念总是"把主体看成与独立的客体世界相对立,从而把'心'和'身'对立起来"[2]。这样产生的主体和人的概念是不现实的。马克思反对主客体分离的观点在人本主义心理学中也有明显的反应。人本主义心理学的先驱者戈尔德斯坦在其"自我实现"概念中认为,"在正常和健康的有机体中,自我实现的倾向是发自内部的,而且要克服

① May, *Existence: a new dimension in psychiatry and psychology* (New York: Basic Books 1959), p. 31.

② 德里达:《马克思的幽灵》,何一译,中国人民大学出版社 2008 年版,第 16 页。

与世界发生冲突所引起的障碍"。就是说,人只有在与内在自我、与环境、与世界的和谐关系中,才能达到自我实现。马斯洛继承并发展了戈尔德斯坦的这种观点,在他对自我实现者的特征所做的描述中,其中有一条就是把人与自然视为浑然一体的存在。

人本主义心理学的马克思主义把人、人的本质、异化、人的解放和人的全面发展作为议论的中心,强调马克思主义的人道主义性质,重视对马克思早期著作和哲学本体论、方法论问题的研究。而主流心理学存在着严重的贬低人性和非人化的倾向。人本主义心理学力图克服自然主义人性观的理论局限,树立了一座以人为本、以人为贵的西方心理学史上的新的里程碑。人本主义心理学的革命性就在于:①它提出了一种积极的人的模式;②它的倡导者承认他们自己的存在,认为生活是主观进行的,就像它产生的那样。①

三、女权主义心理学的马克思主义取向

女权主义心理学是 20 世纪 60 年代末 70 年代初西方女权主义运动的一支重要力量。女权主义心理学者在解读心理学科大发展过程中,运用马克思主义对资本主义的深刻批判,特别是消灭压迫、消灭异化、实现人的全面发展一系列武器,对传统心理学发起了猛力攻击。著名的女权主义者心理学家吉利根(2001)认为,"不同的声音"意味对于人们的关系、男女之间的关系、男女两性与子女的关系的一种不同的思考方式。吉利根对男性道德发展理论提出了质疑与批判,认为西方主流心理学存在的弊端至少在以下五个方面需要变革:①科学家是价值无涉的;②普适性原理;③价值中立性;④客观性原则;⑤科学方法的霸权地位。

女权主义心理学家波汉(1992)曾这样描绘女性在心理学中的地位:"很少被看见,也很少被听见。"一方面,心理学学科对女性作为学者与研究被试边缘化。克罗福特等人(1989)将女性主义第二次浪潮之前的心理学描述为"无女性的心理学"(womanless psychology)。另一方面,心理学理论与实践忽视甚至歪曲女性与女性议题。长期以来,女性问题一直被作为社会问题,而社会问题不属于冯特"新"心理学所界定的研究领域。心理学中女性的缺位引起了女权主义者的反抗,也更加刺激了她们的研究热情。

心理学本身的危机与困境及反实证潮流的兴起在一定程度上削弱了心理学的实证主义范式,也促进了女权主义对科学心理学范式的持久的挑战以及女

① 肖振远:《马斯洛心理学是对马克思人的全面发展观的补充》,载《时代评论》1988 年第 1 期。

現代心理学基本理論研究

权主义心理学的积极渗透与发展。著名心理学家玛丽·格根(2001)对心理学传统和框架本身的批判也颇具代表性。女权主义心理学对西方主流心理学的方法论和认识论等提出质疑,在西方心理学中独树一帜,对正确、全面地认识人类心理、探索心灵的奥秘起到了独特的作用。女权主义心理学的马克思主义取向的重要主张有以下几个方面。

首先,对心理学学科假设的质疑以及对心理学知识建构过程的挑战。"有证据表明:心理科学不去质疑情境因素和权力关系,而是通过歧视妇女的方法论为贬抑女性、解释女性在社会上的从属地位提供依据,而这一切又被贴上'科学'的标签。"[1]在对科学心理学所隐含的男性中心主义偏见进行抨击的同时,女权主义心理学家非常重视包含女性心理学在内的心理科学的重建,并利用马克思主义的相关理论从心理学知识的生产、研究对象、研究范畴以及研究方法等方面重新建构一种包含女性在内的心理学。女权主义心理学以社会性别视角为基本分析范畴,透视主流心理学中所包含的男性中心主义偏见,使社会性别和社会性别理论成为女性研究与心理学研究的革命性工具。

其次,分析了"价值中立"的神话及其恶果。她们认为所谓的"客观"、"中立"的主张实际上掩盖了男性的价值观,维护着男性的权力和社会地位。女权主义心理学还利用马克思主义的批判精神指出当代科学心理学打着"价值中立"的幌子,实质实行的是欧美中心主义特征,认为科学心理学不仅反映了男性中心主义偏见,而且反映种族主义、阶级主义以及民族中心主义偏见。印度心理学家文德娅指出的:"在价值中立的外衣下,心理学传播了个人主义、男性优越和政治上的顺从等观念……"[2]由于心理学以"价值中立"的面目出现,所得出的结论具有"客观性",因而大部分人很难意识到其中的性别偏见。

再次,指出了脱离文化历史背景的研究模式及其错误导向。西方主流心理学把客观化作为理想的目标,忽视行为的情境和文化因素。女权主义心理学家马蕊塞克指出:"在处理性别同其他社会地位与身份问题的关系时,仿佛它们可以一刀切开……许多理论已呼吁重视这样一种方法的危害性,并指出社会地位的其他方面如种族、民族、阶层映射了性别的重要意义;性别心理的分析不能脱离或独立于这些因素的分析……"[3]孤立实验情境、排斥社会环境因素的影响是

---

① Nicolson, "Feminism and psychology", In Smith et al (Ed), *Rethinking psychology* (London: Sage publications, 1995), p. 123.

② Vindhya, "Feminist challenge to psychology: issues and implications", *Psychology and Developing Societies*, 1998, 1.

③ Marecek, "Politics and psychology's ways of knowing", *American Psychologist*, 1995, 3.

造成扭曲妇女形象的原因之一。实验者假定被试是一个不受性别、社会地位、态度和信念、文化传统影响的一个"纯"被试,所得到的结论是最可靠的,可推论至一切情境中的一切人。然而,那些被实验者排除的因素可能恰恰就是决定行为的关键因素。在心理学的研究中,无论实验设计多么严密,主试和被试都会把各自的文化背景带入到实验情境中,从而对实验结论产生影响。例如,在传统心理学的女性心理研究中,通常的研究方式是男主试面对着一个或几个女被试。主试严格控制实验条件,避免文化和历史背景对被试的影响。实验者认为在这样的实验情境中所产生的行为是女性最"真实"的行为。实际上,实验室中的男主试和女被试已经把父权制社会中男女性别结构关系中的不平等地位带进了实验情境,其研究结论必然受到男女社会地位等文化因素的影响。女权心理的研究不能脱离女性的社会地位,女性行为的分析不能脱离产生这一行为的社会背景。

马克思主义从来就把人的解放及人的全面发展问题作为自己理论的核心。这里面不仅仅包括男人,也应包括女人。但长期以来,心理学在追求人类心理一般规律的目标指导下,有意或无意地忽视了女性心理的研究,女权主义心理学家波汉曾这样描绘女性在心理学中的地位:"很少被看见,也很少被听见。"[1]女权主义心理学者在解读心理学科大发展过程中,运用马克思主义对资本主义的深刻批判,对传统心理学发起了猛力攻击,在西方心理学中独树一帜,对正确、全面地认识人类心理、探索心灵的奥秘起到了独特的作用。正如沃尔等人所指出:"在回顾心理学研究的百年历史时,我们感谢女权主义心理学家对关于女性与社会性别的知识所作出的贡献。"在著名学者舒尔茨的《现代心理学史》第八版中已经加入女权主义的分析视角。[2]

四、批判心理学的马克思主义取向

批判心理学在当今世界正如火如荼地发展着,受批判理论、拉丁美洲解放运动、后现代主义思潮以及女权主义和反种族主义运动的影响,分化为许多不同的研究方向和不同的派别。批判心理学最早是由德国实验心理学家霍尔茨坎普创立,1968 年 5 月首届批判心理学大会在汉诺威举行,1979 年建立了自己的专门杂志《批判心理学论坛》。1984 年两位荷兰作家发表了《批判心理学的主要观点》,在这篇论文里首次把批判心理学的观点和维果茨基的思想联系起

① Bohan, *Seldom Seen, Rarely Heard: Women's Place in Psychology*(Colorado: Westview Press, 1992), p. 1.

② 舒尔兹等:《现代心理学史》,叶浩生译,江苏教育出版社 2005 年版,第 219 页。

来。在 90 年代加拿大维多利亚大学的托尔曼教授出版了两本批判心理学的专著,详细介绍了批判心理学的起源、发展及其主要观点,并翻译大量批判心理学家的著作。目前批判心理学在国际上有两个重要组织:曼彻斯特和悉尼的批判理论比较协会。美国批判心理学家帕克指出,"批判心理学的任何形式,在某种意义上说也是马克思主义的"①。他们普遍强调理论的反思和批判功能,认为理论心理学类同于科学哲学,其主要功能是经验工作之后的反身思考,探求为什么这样做和怎样才能做得更好。苯阿比认为,批判理论包含两个方面的内容:第一是解释——诊断方面,利用社会科学的发现和方法,对当前潜在的危机在经验上进行富有成效的分析;第二是展望——理想(乌托邦)方面,应当以更好的未来和更人道的社会名义指出当前社会的机能障碍,从社会基本结构的激进的变革的观点来看待当前社会,解释实际存在的生活危机。他们批评主流心理学抛弃了先哲们所创立的伟大传统,认为心理学理所当然应该去探讨先哲们所讨论的问题,也就是人性、人生的幸福与价值等问题。而心理批判理论应当以更好的未来和更人道的社会的名义来指出当前社会的机能障碍,从社会基本结构的激进的变革的观点来看待当前社会,解释实际存在的生活性危机,根据可以预见的未来表明自己的见解。

批判心理学的马克思主义者批评西方心理学理论上本质是一种"富人的心理学",即把抽象孤立的个体看做是"人类的全部"或者"全部有机体"。科学心理学真正的研究对象应当为全体的人。马克思主义基本原理认为,人具有客观属性、社会属性和主观能动性,因此不能孤立地看待个体心理及其行为。西方许多主流心理学家混淆了人类的主体性和动物的差异,同时也抹杀了工人阶级和资产阶级主观经验的差异。因而心理学应当是人的共性心理的研究,研究的意义在于指导全体人的心理发展,而不是某个阶级群体。

批判心理学的马克思主义者否定了西方主流心理学所热衷的"变量研究范式",认为该种研究途径实际上割裂了心理学研究对象的属性与社会人的属性之间的必然关联。科学心理学的创建标志为冯特创建的心理学实验室,而这一步无疑将心理学的研究方法局限于模拟个体行为,而致使研究对象的社会性背景被最大限度地控制掉。这样的后果是心理学的理论为资产阶级所用,其研究意义被简单化。同时,批判心理学的创始人霍尔茨坎提出了他们的研究思路,即在马克思主义自然辩证法的思想指导下,使用历史经验法(empirical-historical method)追溯了心理机能与结构的起源和发展②,认为心理学必须是一门具有历

① Parker,"Critical psychology and revolutionary Marxism",*Theory & Psychology*,2009,1.

② Holzkamp,"On doing psychology critically",*Theory & Psychology*,1992,2.

史性和社会文化性的学科。运用历史经验法是站在高处俯视人类的心理，不是微观的。心理现象的分析必须在文化历史过程中分析心理是怎样被语词建构的，这些建构又受到哪些文化历史因素的影响。①

五、实证主义心理学的马克思主义取向

实证主义心理学的马克思主义者继承了实证主义哲学的马克思主义传统。实证主义心理学的马克思主义的代表人物有法国的阿尔都塞、美国的马雷和澳大利亚的阿瑟。他们十分赞赏《德意志意识形态》中的那段名言："思辨终止的地方，在现实生活面前，正是描述人们实践活动和实际发展过程的真正实证的科学开始的地方。关于意识的空话将终止，它们一定会被真正的知识所代替。对现实的描述会使独立的哲学失去生存环境，能够取而代之的充其量不过是从对人类历史发展的考察中抽象出来的最一般的结果的概括。"②

实证主义心理学的马克思主义站在经验主义、科学主义和解构主义立场上，对马克思主义的经典文本进行新的解读，试图形成一种突出经验内容和科学实践的马克思主义。他们热心推行一种经验性的科学研究和发展计划，同时采纳了辩证唯物主义及其解释经验特性的一般概念，建构一种旨在"综合辩证唯物主义和经验科学"，并声称马克思本人就是一个经验的社会科学家，认为马克思所讲的"真正实证的科学"这一核心词，表明马克思主义的历史唯物主义只能是实证科学，即由从抽象的原则出发转向从现实出发进行问题的研究。

实证主义的马克思主义心理学取向强调，马克思主义是心理学研究的科学基础。马克思主义是关于人的科学，自然科学也是人的科学的一部分。实证主义的马克思主义心理学学派的主要代表人物阿瑟指出："马克思主义给我们理解上的一种框架，特别是理解科学、人的本质和生活方面，不能以强实证主义的观点理解个体的主观经验，我们需要考虑意义、需要和动力模型，以便更好地解释人的行为及本性问题。马克思主义从哲学和方法论给我们很大的启示。"③马克思也是一位关注心理学发展的思想家，事实证明如果不从社会工业历史发展的角度上去考察人们的心理发展和变化，那么心理学就很难成为一门真正内容丰富而又实际的科学。

① Morrow, "Qualitative research in counseling psychology: conceptual foundations", *Counseling Psychologist*, 2007, 1.

②《马克思恩格斯选集》第 1 卷，人民出版社 1995 年版，第 73—74 页。

③ Anthony, Australian Marxist Review. No. 42 November 2000, *Marxist Psychology*. This is the text of a paper delivered at the Millennium World, Conference in Critical Psychology held.

同时,实证主义的马克思主义心理学流派提出辩证唯物主义和历史唯物主义原理不仅在研究经济、历史、社会和人类活动的其他领域发挥作用,而且也是心理学研究及理解人类心理生活的理论框架。实证主义心理学的马克思主义为心理学研究人类的心理和行为提供了两个基本因素,即客观因素和主观因素。客观因素涉及现实存在,人产生和发展的客观环境,包括生物环境和社会环境。客观环境决定和制约着个体的心理。在总体上,人类生存的环境是相似的,某一历史时期的社会环境也是共同的,同一社会和文化内容,思维与行为有共同处,但也有一定的差异性。主观因素是指同样的客观环境下人们的选择、自由、理性和创造性活动并不相同。人们的感觉、思维和情感体验及行为也有共性,这些主观因素是我们理解人类生活和社会的基本线索。主客观因素交互作用,共同制约着人的个性。马克思强调人性本质的共同基础是利益和需要,这应当是理解自然世界、人类生活和社会的一个重要原理。西方文化中一再强调的自我同一性实际上从未真正地达到。因为传统的观念总是"把主体看成与独立的客体世界相对立,从而把'心'和'身'对立起来"①。这样产生的主体和人的概念是不现实的。

在方法论上,实证主义的马克思主义心理学研究取向重视用社会历史的方法考察研究心理学,认为作为科学的理论和革命的实践的马克思主义基本理论是从人类的生活世界中提炼出来的。美国马克思主义的代表人物比康指出,一些新马克思主义者的最严重问题就是忽视了"当代的具体现实"。实证主义的马克思主义是一种研究方法,它把所有的理论结构包括马克思主义都植根于生机勃勃的环境之中,以保证这个概念不仅适合于它所需要理解的客体,也适合于它试图达到的目的。生机勃勃的马克思主义必须使自己适应变化的环境和人类异化的形式,人类的创造性和想象力才真正是有活力的马克思主义的根本源泉。实证主义的马克思主义者试图恢复马克思主义的科学性,使之再次成为进行真正的阶级分析和预言的决定性的认识工具者,认为不应该把马克思主义的基本原理仅限于历史事件、社会现实、经验现象和模糊不清的自然语言或形而上学语言,而要不遗余力地致力于抽象的原则,将理论程式化、逻辑化、规范化、模式化和简单化;寻找马克思主义的抽象理论得以确立和存在的微观论据,从具体问题和概念入手,为评判马克思主义的基本原理奠定基础;主张建立马克思主义理论的"微观基础"的基本方法论,其中包括功能解释的方法、逻辑分析的方法以及唯物辩证法。阿瑟认为,"马克思主义给我们理解上的一种框架,特别是理解科学、人的本质和生活方面,不能以强实证主义的观点理解个体的

---

① 德里达:《马克思的幽灵》,何一译,中国人民大学出版社 2008 年版,第 16 页。

主观经验,我们需要考虑意义、需要和动力模型,以便更好地解释人的行为及本性问题。……对于理解身心关系、心理和大脑的关系,心理是大脑的反映活动,心理现象的发展变化等问题也是马克思主义的重要贡献。"①

第二节　西方马克思主义心理学研究的新特点

当前西方心理学界所出现的马克思主义研究取向并没有形成统一的学派,这些不同的马克思主义心理学取向汇成了"在同一名称之下的不同学说",尽管它们之间也经常存在着不少差异和冲突,但在一些基本问题上却有着类似的共同倾向。

第一,批判性成为西方马克思主义心理学发展的主流。批判性既是现代西方马克思主义思潮发展的立足点,也是心理学取向的马克思主义研究者的反思性出发点。高扬批判的旗帜,弘扬马克思主义的批判精神,从宏观批判走向微观批判,从对发达资本主义国家后工业社会制度的现实批判,走向科学批判、技术批判、道德批判、艺术批判和精神心理批判,这是 20 世纪西方马克思主义发展的主要特点。而西方马克思主义心理学研究则在微观的精神心理的批判领域作出了新的贡献,体现出了马克思主义新的生命活力、科学批判精神和创新精神。无论是女权主义马克思主义、批判主义马克思主义,还是实证主义马克思主义,都重视对西方主流心理学的批判和反思。女权主义和批判心理学运用马克思主义自身所具有的科学性、深刻性、批判性和逻辑性的巨大威力,向西方主流心理学的狭隘的经验主义、价值中立论、机械论、还原论发起了一轮又一轮的攻击。对心理学的认识论和方法论进行了新的解构,力图以新的视角来批判地面对现代心理学主流研究,并将这种批判深入到西方文化的根基处。而实证主义心理学的马克思主义者的批判性则与这两种取向有所不同。实证主义的马克思主义取向更关注方法论的批判性本质。"在心理学中,促使我们为批判方法的姿态所关注的或者所关心的也是和批判心理学鼓吹者所关心的方面是不一样的。"②更侧重于讨论科学研究的批判性本质和实施程序,包括对旧方法的持续反思和修正,对新方法的创新和发展,加强对理论探索和批判训诫的自我反思的迫切性。提倡方法的创新和持续地对设想的批判性反思,提高定量方

---

① Anthony：Australian Marxist Review. No. 42 November 2000, *Marxist Psychology*. This is the text of a paper delivered at the Millennium World, Conference in Critical Psychology held.

② Stephen et al,“ On the nature of a critical methodology”, *Theory & Psychology*,2005,1.

法的研究质量,摆脱当前西方主流心理学的刚性实证方法中心论所面临的困境,以便给心理学的进一步发展提供新的研究思路和方法论。

第二,重视心理学研究对象的社会关系和文化历史性问题是西方马克思主义心理学发展的一大重要特点。当代西方主流心理学是在科学主义和实证主义的框架中发展起来的,它代表了心理学的现代主义理想,体现了当代西方社会的现代主义价值观。在经验实证科学范式的指导下,西方传统的心理学把客观化作为理想的目标,崇尚实验室实验等经验方法,排斥文化历史背景的分析,把个体看成是脱离社会文化背景而存在的抽象的个体,文化因素、价值观念、社会背景被作为无关的干扰而被排斥在研究者的考虑之外。当前西方心理学界兴盛的马克思主义新流派都十分强调要向"更社会"方向发展,而不是更"自然科学化"。女权心理学质疑西方主流心理学的科学观和方法论,认为自然科学的经验实证范式不适合心理学,心理学不可能脱离社会文化的影响而进行价值中立的研究。批判心理学否定了主流心理学对心理学的"变量研究范式",认为该种研究途径实际上割裂了心理学研究对象的属性与社会人的属性之间的必然关联。因此,他们一直呼吁要重视心理的社会属性。批判心理学的代表人物帕克等人认为,马克思主义和心理学有着密切的关系,都以人与人的心理为研究对象,并且马克思本人也在心理学领域有着惊人的建树。马克思强调人是社会关系的总和,因此,心理学的研究对象并非实在,而应是社会关系。传统心理学的研究对象如人格、态度、情绪、认知等主题,并非一种内在的实在。而且这些心理现象并不存在于人的内部,而是存在于人与人之间,是人际互动的结果。知识不是通过客观方法"发现"的,而是人们在社会生活中互动、协商和建构出来的。"马克思运用历史唯物主义的方法,把人的主观能动性理论、人的本质理论、人的对象性实践活动理论、人的类特性理论以及人的需要理论包含于人的本质特性理论之中。这些理论之间的内在联系全面科学地揭示了人的本质的科学内涵:人是自然的、社会的、精神的统一体。"[1]心理学知识的产生,无论是通过科学的程序还是其他方式,都不能脱离文化,并且是文化的一个部分。即使当科学获得了它自身极大的冲力时,科学仍然锻造于文化的熔炉中,使用着文化提供的语言概念,并因是否符合文化的需要而受到奖赏或忽略。在西方主流心理学研究中,智力理论没有价值偏见,对所有的人都是公正的。但是现在许多马克思主义心理学家都已经意识到,传统有关智力的理论建构带有浓厚的文化价值色彩。智力测验在 20 世纪初期成为种族歧视的工具就是最好的证明。

第三,关注的元素和概念出现了下移。当前西方马克思主义心理学研究出

① Parker,"Critical psychology and revolutionary Marxism", *Theory & Psychology*,2009,1.

现的另一个显著特点是,在关注的元素与概念较之传统的元素与概念出现了下移的趋势,即不再只研究大的宏观方面,而是微观层面,概念更贴近心理学。长期以来,西方主流心理学界忽视马克思对心理学所作贡献的一个重要原因是,认为马克思仅关心经济现象和唯物主义的概念,不属于心理学的概念范畴。马克思主义和心理学属于两套不同的话语系统。为了改善这种现状,精神分析的马克思主义者弗洛姆曾经为此做出过巨大的努力。近年来西方马克思主义心理学的新流派在这方面又进行了进一步的尝试。例如批判心理学的重要代表人物帕克分析提出这样几个思路:一是需要对马克思主义的元素进行更接近心理学运作的优势形势的分析,而不是仅仅停留在"心理学模式"上,更重要的是聚焦于心理学的研究方法论层面上,如果将心理学作为一门历史性理论性分析的学科,需要细致的文化分析,而马克思主义的分析元素则提供了基础;二是需要对马克思的唯物主义分析元素和心理学的标准概念加以对照,建立适合心理学的话语系统,譬如可以把马克思关于"人是社会关系的总和"、家庭、物质、私有财产和国家、剩余价值和文化资本、自由、异化和剥削等概念,转换为心理学中常用的自我、社会、适应、不健康经历、错误信念、个人心理模型等范畴;三是运用马克思主义的核心论点,像社会革命、阶级意识、制度空间和个体解放等命题加以科学知识的改善,建立相对稳定的规律秩序,与主流心理学的实证主义、经验主义和模型图式等标准概念相抗衡。现在西方所使用的每一个心理学的标准框架都是资本主义开辟新市场所必需的条件。"马克思使用的概念也将成为了解人类心理的一种有效途径。"马克思主义的这些概念将为改造日常生活实践,抵制传统的心理学中不合理的方面发挥效用(表6-1)。

表6-1　马克思主义与批判心理学关注的概念元素比较

马克思主义	主流心理学(资本主义的功能)	"批判"心理学(合法性和斗争)	当代资本主义(要求)
A 分析元素(主体的商品定位)	个人心理的模型	本土理论	身份
1. 社会关系的总和	心理问题	散漫的主题与赌注	利益攸关者
2. 实体(家庭,私有财产,国家)	社会心理学和社会	系统性与一致性	可置换性
3. 剩余价值(和文化资本)	功利透视主义	轮流对话	权力
4. 异化和剥削	不健康经历	构建	灵活性、弹性
5. 思想体系的神秘化	错误信念	常识、判断力	宽容、忍耐

（续表）

B 论点（不可能性的条件）	研究者的特质	伦理	道德、精神
1. 立场	中立	不可决定性的	平衡
2. 自反定位	理性		反应
3. 阶级意识	个体高峰体验	反语、讽刺	愤世嫉俗与犬儒主义
4. 制度空间	科学知识	语言游戏	观察点
5. 社会转型	适应和改善	文化、健康	多元文化
C 变革（作为商品的生产者与消费者）	自由的世界观	态度、立场（态势）	政治
1. 永久变革	准人与普遍化	不作结论性的描述	全球化
2. 较持久结构	实用主义	重说故事	开放
3. 理论实践	经验主义	文本经验	塑造出新的意义
4. 唯物主义辩证法	实证主义	解构	怀疑
5. 预示政治	蓝图	相对化	历史虚无

（资料来源：Parker，2009，p.73）

三、西方马克思主义心理学研究的积极启示

　　当代西方马克思主义心理学研究运动的兴起，再一次证明了马克思思想的强盛生命力，西方许多学者认为马克思是19世纪最伟大的思想家，他在哲学、政治经济学和科学社会主义三个方面为人类作出了巨大的贡献。迄今为止，他仍旧是当代最有影响力的文化巨人，以马克思主义名义命名的意识形态使西方的传统思想受到了严峻的挑战。马克思主义产生以后，也引起了心理学界的密切关注，运用马克思主义研究心理学的学者越来越多，形成了各种各样的心理学流派。在20世纪80年代以前，除了以苏联为代表的社会主义阵营的心理学工作者坚持运用马克思主义研究心理学之外，在西方国家也出现了精神分析马克思主义、人本心理学马克思主义和辩证心理学等流派。这表明马克思主义作为一种认识论和方法论体系，已经得到了一些西方心理学家的认同。

　　马克思主义不仅对于克服当代心理学理论贫困的积痼有着极为重要的作用，也为今后心理学的研究提供了许多有益的启示。运用马克思主义本身要求批判地吸收现代心理学的成果，正如弗洛姆对精神分析的吸收和改造。西方马克思主义心理学流派对马克思主义也可能有歪曲，但不能忽视马克思主义对心理学研究的积极影响。

第一，运用马克思主义研究心理学是能够取得科学成果的。心理学与马克思主义有着共同的研究对象，这就是人和人的心理。然而，长期以来不少心理学者对运用马克思主义研究心理学能否取得成果持有怀疑态度，甚至有西方学者否定马克思对心理学的贡献，认为"尽管马克思的学识渊博，但是对他提出的目标来说，有两个方面的欠缺，一方面是心理学，一方面是数学。马克思不能利用任何严肃的心理学书刊。因为这个学科在当时几乎不存在，至于经验的心理学研究则更不够用，因为根本没有这种东西"（霍尔瓦特，1986）。然而，更多的学者则以为，马克思作为伟大的思想家，不仅在哲学、经济学和科学社会主义领域为人类作出了杰出贡献，在心理学领域也有着重要成就。因此，心理学工作者应该重新审视马克思主义及其辩证唯物主义在心理学中的地位，反思新的时代背景下面临的问题。如何真正利用马克思主义理论来武装、指导心理学的发展是当前心理学工作者必须思考的一个问题，只有了解掌握了西方心理学流派的马克思主义取向的内容、特点及局限，才能为真正的马克思主义心理学的发展提供借鉴和启迪。长期以来，有些心理学者对运用马克思主义研究心理学能否取得成果持有怀疑态度。在这个问题上，出现过教条主义和专制主义的不良倾向。教条主义把马克思主义当做现成的"原理"并将其从外部强加到研究对象的身上，这样当然是不会有效的，甚至是有害的。如果真正掌握了马克思主义的基本精神，并结合心理学的具体情况，创造性地运用马克思主义原理和方法，是可以取得巨大的成果并推动心理学的发展的。当前西方马克思主义心理学提出的基本概念和进行的功能分析，为心理学的深入发展增添了新的内容。

第二，马克思主义心理学要研究与现代社会进程有着紧密关系的心理学问题，才能体现出新的生命活力。西方马克思主义心理学研究的一个突出特点就是对现实社会的热切关注和强烈的参与社会变革的精神。国内心理学要为现代化建设服务，在很大程度上还停留在口头上，真正从心理学角度研究中国人的心理学问题，还做得很不够。特别是社会心理问题往往需要多学科共同研究，心理学理应充当一个不可缺少的角色。20世纪六七十年代，西方国家进入一个后现代的社会，资本主义的危机已经改变了形式，不再仅仅发生在经济和政治领域，也反映在了技术和社会精神问题上。机器束缚人，电脑支配人，商品奴役人。科学技术使人失去了本来的自我，变成了异化者，因此需要借助人本主义理论，进行意识形态革命、文化革命和心理革命，才能扭转局面，从而走向人道化的健全社会。人们的阶级现状逐渐被物质文明的高度发展所掩盖，但是人的问题并没有因此而得到解决。科学主义、技术主义和消费主义文化的深入发展，对人的自身存在和本质的全面自由发展带来了新的阻力。西方人本主义马克思理论家从维护生态环境，保护人的生命和身体健康的目的出发，建设技术人道化的合理社会,认为在发达资本主义时期,经济基础并不直接产生意识形态,而是借助社会性格发挥其功效。社会性格成为同一文化时期内大多数人共同具有的心理结构,从经济基础中产生之后便开始支配人的思想观念,使意识形态获得自身的力量和吸引力,同时,又以无意识的方式发挥作用机制。

第三,马克思关于人的本性的论断为心理学的研究指出了正确的方向。有的学者认为,马克思主义心理学是未来心理学的科学综合范式,心理学研究不能没有马克思主义。许多西方学者认为,马克思已经成为哲学、社会科学、历史学、人文学科的学术准则中重要而且被认可的组成部分。马克思主义是当代唯一不可超越的哲学,马克思主义是一种真正以"人"为中心的"人学"。马克思主义对心理学思潮研究这种全球视野内的反思和探索是必要和有益的,值得心理学工作者在探索心理学学科的何去何从中借鉴。著名心理学家布鲁纳认为,"有一个问题值得去探讨一下,那就是诸如达尔文、马克思和弗洛伊德等智慧英雄的观点是怎样被转化吸收进通俗心理学中的"①。

与西方主流心理学不同的是,马克思主义使人们逐渐认识到人文社会科学,尤其是以人的心理为研究对象的心理学不应该完全采用自然科学的研究方式,把自己的研究对象——人——视为物,而忽视人的社会性。心理科学的独特性、心理现象的超越性决定了心理学不能使用自然科学的研究范式,而应该另辟蹊径,开拓自己的道路。西方马克思主义心理学研究的一个突出特点就是对人的社会性的热切关注和强烈的参与社会变革的精神,这为心理学的未来发展指出了一条广阔的道路。马克思主义是一种开放的意识形态,无论是唯物辩证精神,还是历史唯物主义,都是一种开放的思想体系。因此,马克思主义心理学也应是一种提倡多元化的、包容的、整合的学科,应形成多元同构的格局。马克思主义心理学的出现极大地丰富扩展了马克思主义研究的内容和领域,为丰富和发展人类的文化内容增添了新的光彩。心理学与马克思主义有着共同的研究对象,这就是人和人的心理。但是,由于种种原因,马克思主义心理学的研究被排斥在主流心理学领域之外,并遭受到巨大的阻挠。因此,这种研究只能在和阻挠力量的抗争中,艰难地前进。目前,摆在马克思主义心理学工作者面前的首要任务是重新学习和认识辩证法的实质,拿起辩证法这个武器,批判、讨论和重新整合已有的各种心理学理论。

第四,西方马克思主义心理学研究者在社会心理学和伦理学层面取得了许多积极的成果。当前西方马克思主义心理学研究的一个突出特点就是对现实社会的热切关怀和强烈的参与社会变革的精神。这在一定程度上体现出了马

---

① 布鲁纳:《有意义的行动》,魏志敏译,吉林人民出版社2008年版,第11页。

克思主义心理学要研究与现代社会进程有着紧密关系的心理问题才能体现出新生命活力的科学创新精神。西方马克思主义心理学研究者在伦理学层面重视对马克思主义的道德心理和全面自由发展的理想人格境界的探讨和发掘。特别是人本主义的马克思主义和批判主义的马克思主义心理学流派利用社会科学的发现和方法，不仅在"解释—诊断"方面对后工业社会时代潜在的危机在经验上进行富有成效的分析，而且在"展望—理想"方面提出应当以更好的未来和更人道的社会的名义来指出当前社会的机能障碍，从社会基本结构的激进的变革的观点来看待当前社会，解释实际存在的生活危机。西方马克思主义心理学研究者批评主流心理学抛弃了先哲们所创立的伟大传统，认为心理学理所当然应该去探讨先哲们所讨论的问题，也就是人性、人生的幸福与价值等问题。以弗洛姆等人为代表的西方马克思主义心理学家，为20世纪中后期人文精神在心理学中的复兴作出了突出贡献。西方马克思主义心理学家在面对后工业化时代资本主义体制已经使得寻找人的解放之途变得十分困难的境遇下，在马克思的著作中找到对人本的关注和对现实的批判内容时，"就欣喜地将之作为新的救赎道路，由此发展出人本心理学的马克思主义"。当前西方马克思主义心理学研究者重视对科学的本质、人的本质和人性问题的理解，对西方现实的批判，对精神理想境界的肯定，对伦理价值的高扬等等，值得我们中国的马克思主义研究者加以高度重视。

在马克思主义引领心理学思潮问题的研究上，国内学术界以潘菽、高觉敷、车文博等先生为代表的老一辈学者，在改革开放初期对马克思主义心理学的研究和西方思潮的评述比较重视，取得了一系列高水平的研究成果，而近10年来则出现了明显的滞后状态。由于目前国内心理学界存在着纯自然科学化、实证化学术导向的学术风气，关注社会心理和社会思潮等与我国现代化发展进程问题的人越来越少，也鲜有人对西方马克思主义心理学发展的新取向加以比较系统的研究清理。加强马克思主义引领心理学思潮问题的研究，对于改善国内学术界的滞后及错位状态，在应对当代西方各种社会思潮的冲击中变被动回应为主动挑战，恢复及捍卫辩证唯物主义的应有权威，提升心理学为服务社会的水平，无疑具有很强的理论意义和实际针对性。

第三节　辩证法心理学发展的新机遇

辩证法是哲学研究的基本理论问题之一，也是心理学理论研究难以回避的一个重大理论问题。苏联心理学曾有过较长时间重视贯彻辩证唯物主义的历史。我国老一辈心理学家也普遍强调以辩证唯物主义的观点、方法指导心理学的研究实践。辩证法心理学（dialectical psychology）是当代美国心理学中出现的新的研究思潮，它亦称为辩证心理学。在西方，自20世纪70年代末里格尔（1925—1977）的辩证法心理学的出现，到80年代以来新皮亚杰主义思潮的兴盛，再到当前哈夫曼的拓扑辩证法心理学的问世，以及社会建构论对辩证法问题的积极关注，均为重新反思辩证法和重建辩证思维世界提供了一个新的时代机遇。然而，辩证法心理学的发展道路并不平坦。探讨西方辩证法心理学的成就及问题，对于克服当代心理学理论研究的深层困境，寻求未来发展的方向具有重要的启示意义。关于什么是辩证法心理学，有学者认为辩证法心理学是研究社会—心理现象的产生、运行变化和发展的一般与特殊规律的科学。①

一、国外辩证法心理学研究的主要流派

1. 皮亚杰主义的辩证法心理学思想

在皮亚杰的心理学理论中蕴涵着丰富的辩证法思想。皮亚杰于1950年在《辩证法的发生认识论》中第一次提出"辩证法"一词，同时指出他所讲的辩证法是"内在的辩证法"，即主体与客体相互作用的辩证法和所有科学本身所固有的辩证法。在皮亚杰看来，辩证法包括两个方面：对立和相互依存。对立即分离法则（统一中的二重性），是指差异的内在根据；相互依存即整体法则（二重性中的统一性），指联系的必然性。总之，统一体内部对立面本质上的两极性是运动发展的普遍逻辑。例如随着儿童年龄的增长，他们就会理解对立的亚系统之间的相互依存关系。因此，他认为，辩证法的本质是存在着真正的发展，而不仅仅是变化，当然，并不是认识过程的所有方面都是辩证的，只有认识的发生过程是辩证的，而不是认识活动的状态。经典皮亚杰理论中有很多思想都支持了辩证法心理学的观点。

经典皮亚杰理论中的辩证法心理学的观点：①同化和顺应的对立统一。皮亚杰认为，推动儿童认知结构和认识发展的内在动力是同化和顺应两个过程的对立和统一。他认为，人是一个主动的有机体，有其自身发展的动因，所有儿童的思维发展都要经过一系列明显的顺序性和阶段性，他通过大量细致而周密的观察，确信儿童的认知是在同化和顺化的矛盾运动中得以发展的。② 在适应过

---

① Hoffman, "The formal structure of dialectical psychology", *The New Ideas of Psychology*, 2001, 3.

② 尹忠泽：《论皮亚杰儿童认知发展理论中的辩证法思想》，载《山西师大学报》（社会科学版）2006年第3期。

程中有机体被环境影响着的同时,由于有机体的发展又增强了有机体与环境之间的相互作用,其最终更加有利于有机体的生存。在同化和顺应过程中,由于主客体的相互作用活动的丰富和发展,主客体分别形成主体的内部结构(内化建构)和客体的外部结构(外化建构),而心理正是由于在低级阶段向高级阶段过渡过程中经历着这种内化建构和外化建构的辩证统一过程而发展的。因此,一切认识都是"外物同化于认知结构"与"认知结构顺应于外物"这两个对立过程的产物,通过主体适应环境最终达到一种平衡,而这种平衡不是固定不变的而是不断向前推进发展的,是从较低水平的平衡过渡到较高水平的平衡。这种不断的平衡—不平衡—再平衡的否定之否定过程,就是儿童心理发展的本质。②儿童认识发展阶段论中从量变到质变的建构过程。图式是皮亚杰理论中的重要概念,皮亚杰认为:"图式是指动作的结构或组织,这些动作在相同或类似的环境中由于不断重复而得到迁移或概括。图式不是先天的,而是主体通过行动建构起来的。"儿童认知图式的发展,就是一个连续的从量变到质变的过程,主体通过改变主体动作以适应环境并调整和修改图式,以引起图式质的变化,这样图式就会不断地改变并丰富起来,达到暂时的平衡。新的暂时的平衡,并不是绝对静止或终结,而是某一水平的平衡成为另一较高水平的平衡运动的开始,不断发展着的平衡状态,就是整个心理的发展过程。① 皮亚杰理论最核心的观点之一认为,发展是个质变的过程,并且呈现一定的阶段性。皮亚杰根据儿童认知图式的发展是连续的从量变到质变的过程,将儿童智慧的发展分为四个阶段,并且这四个阶段是相互联系不可孤立的,前一阶段内的量变积累到一定程度会导致质变,进入下一个阶段,顺序不能颠倒。各阶段内部都有同化、顺应、平衡的过程,但各个阶段之间又有质的差距。正如朱智贤所说:"皮亚杰的有关认知活动发展的连续性和阶段性相统一的思想,认知发展年龄特征的稳定性和可变性相统一的思想,认知发展的结构在不断发展、完善和成熟的思想,都体现了心理学中量变和质变的思想。同时,儿童的认知结构在某一阶段都是以整体的形式存在的,而不是孤立的,即整体论。"②总之,传统皮亚杰理论中蕴涵丰富的辩证法思想,这不仅验证了其理论本身的正确性,而且也丰富了辩证法心理学的内容,通过实践证明了辩证法在心理学研究中的可行性。

皮亚杰理论有广泛影响的同时,随着研究的进一步深入,有些理论仍然无法解释一些数据和事实,因此,一批"新皮亚杰学派"的心理学家诞生了。新皮亚杰学派在继承经典皮亚杰主义关于认知发展具有阶段性和普遍性的思想的

① 林崇德:《发展心理学》,人民教育出版社2003年版,第53页。
② 朱智贤:《思维发展心理学》,北京师范大学出版社1996年版,第37页。

基础上,坚持"信息加工"的立场,对某些问题进行了修正、解释和完善,这些对辩证法心理学有重大影响。

新皮亚杰主义的辩证法心理学思想主要包括以下几方面:①强调人与环境相互作用中环境的作用。新皮亚杰学派的代表人物之一费谢尔是第一个对认知功能的异质性问题特别关注的人。他提出发展是人与环境相互作用的产物,他比皮亚杰更强调环境的作用,认为儿童自身与环境对于发展有同等重要的作用。因此,他的理论使预测个体的认知功能要比皮亚杰所认为的更有异质性。②发展阶段划分更强调连续性和阶段性。费谢尔将人的发展阶段从儿童扩展到成人,并将人的发展分为三大阶段,即感知动作技能阶段(3个月—2岁)、表征技能阶段(2—12岁)和抽象技能阶段(12—26岁),每一阶段反映的是儿童对信息进行控制的一般情况。前一阶段的最高级水平对应于下一阶段的最低级水平,每一阶段有四个水平,共十个水平。新皮亚杰学派的另一位代表人物凯斯将思维的发展分为四个阶段:感知动作阶段(出生到18个月)、相互关系阶段(1.5—5岁)、维度阶段(5—11岁)、向量或抽象思维阶段(11—19岁),每一个阶段又有若干个亚阶段。[①] 可见,新皮亚杰学派更加强调各个阶段之间的紧密连续性及连贯性,上一阶段是下一阶段发展的基础,而每一阶段又有各自不同的特点,这种不同的特点表现出了各个阶段之间的差异性。③认知的发展是积极主动的建构和先天知识应用的结果。卡米洛夫·史密斯是另一类型的理论家,其核心概念是表征重述(representational redescription),即对心理表征再次进行表征的过程。他认为,儿童通过人与环境的相互作用,通过表征重述而进行主动自发的建构过程,从而获得认知的发展,与此同时,他更强调先天知识的应用在早期认知功能中的重要作用。[②] 新皮亚杰学派更多的是强调信息加工的作用,比如信息的表征重述,儿童解决问题时的执行控制结构,儿童的注意能力、记忆能力和信息处理能力等。其中所含有的辩证法更多的是继承了经典皮亚杰理论中的思想,这是因为当今认知心理学蓬勃发展,势必对新皮亚杰学派的研究者们产生巨大的冲击,因此更多的是从认知心理学的角度来完善新皮亚杰理论。

由于辩证法心理学的发展,里格尔在皮亚杰认知发展四个阶段的基础上又增加了辩证运算阶段,从而扩展了皮亚杰的认知发展阶段,使解释范围由儿童

① Case,"The development of conceptual structures",In Kuhn R(eds),*Handbook of Child Psychology*:*Cognition*,*Perception and Language*(John Wiley & Sons,Inc,1998),p.74.

② Smith:《超越模块性—认知科学的发展观》,缪小春译,华东师范大学出版社2005年版,第16页。

认知发展扩展到成人认知发展,并强调了矛盾的作用。

2. 里格尔的辩证法心理学思想

美国从 1971 年开始举办辩证法心理学代表大会,这个取向的许多作者发表了越来越多的理论与实证出版物。里格尔是美国著名辩证法心理学家,他去世前一年套用马克思著名的主张说"一个幽灵——科学辩证法的幽灵,在西方心理学中徘徊。科学世界的支架正在动摇,改造它的时刻临近了。……辩证法心理学家们联合起来!你们失去的只是对庸俗唯物论者和虚夸的心灵论者的顶礼膜拜,你们将会赢得这个由永恒变化的人类所创造的变化着的世界"[1]。他的辩证法心理学以一生发展心理学为跳板,向心理学的形而上学传统思想观念提出了挑战。并根据辩证法三大规律提出了以下观点:①任何心理现象都是随着时间序列和事件序列的变化而变化的。②心理的发展变化和背景条件的变化是一个互动的过程。心理的发展变化不仅决定于背景条件的变化发展,而且背景条件也是因心理的变化而改变。③正是在整体联系中体现出来的心理现象变化发展的多样性和复杂性,导致了理论研究的多样性和复杂性。里格尔的上述观点全面地阐释了普遍联系、变化发展及人与环境相互作用的思想。里格尔(1979)认为我们应当抛弃稳定的特质和能力的观点,因为稳定性只是暂时的。里格尔还主张心理现象是在与现实世界的普遍联系中存在、变化和发展的。因而,不能孤立抽象地强调哪一个方面,必须把相互联系、相互影响的时间变化过程放在首位。里格尔坚持认为,正是随着时间而产生的社会历史背景的变化才是所有心理事件的基础,辩证过程恰好说明了这个过程。他认为,实际上发展就其本质来说是辩证的过程,它在四个方面同时进行:内在生物方面、个体心理方面、社会文化方面和外在物质方面。显然这四个方面穷尽了一切发展的可能性。他的辩证法心理学思想对心理学界产生了重大的影响,使我们从孤立地考察人的心理、遗传、环境转向了辩证综合的研究思路,跳出了一贯的行为主义搭建的象牙塔。

3. 哈夫曼的拓扑辩证法心理学

20 世纪 80 年代,哈夫曼的拓扑辩证法心理学逐步兴起。哈夫曼所讲的辩证是指"思想或事实的对立面以正题、反题、合题的方式发生的逻辑发展"。某一客体(或概念)与其他客体的区别导向了关于世界本质的辩证的观点。考虑一下图形与背景的关系,就会发现任何事物都有其对立面。每一思想都是由若干元素构成的混合物。这些元素包括全集(正题)、补集(反题),以及解决这些差异造成矛盾的途径、方法和手段(合题)。正是对矛盾可能性的探究降低了认

---

① 陈大柔:《国际上心理学辩证理论探索的兴起》,载《心理科学》1982 年第 4 期。

知不和谐,构成了我们的辩证思维。任何表面现象都有其深层事实,Kahneman 与 Miller(1986）指出所有被知觉到的事件都被比作对应于事实的转换物,事实的对应物构成了所经历的选择性事实。Johnson-Laird 在其关于演绎推理的心理模型的研究中也指出事实的对应物的重要性。Knight 等人宣称事实的对应物普遍存在于正常人的认知过程当中。里格尔提出了与黑格尔辩证法假设相同的辩证法心理学假设:对立面的统一与斗争;由量变转化为质变;否定之否定。哈夫曼在辩证法与辩证法心理学的双重背景下,引入新的符号"＄",通过对对称差法的集合论计算提出了新的公式,验证了辩证法的主要定律。哈夫曼提出的集合论拓扑学的对称差法运算,既可用以表征辩证逻辑的基本计算,也可以用以表征辩证法心理学的基本计算。用对称差法表达正题与反题,用补集来表达合题与背景。① 上述算法已被应用到了皮亚杰发展心理学、记忆与学习、创造力和社会心理学等领域。在对皮亚杰理论的发展上,辩证法心理学假定个体的心智加工贯穿于所有的皮亚杰阶段,并且将不一致的经验转换成暂时稳定的结构。按照里格尔的观点,皮亚杰的四个发展阶段并不排斥,恰恰构成了一个系统,在这个系统里个体的思维加工根据情境的要求自由地穿梭于所有的发展阶段之中。拓扑辩证法思想的引入成功解决了皮亚杰提出的形式运算阶段所面临的解释困境。在对知觉、工作记忆和长时记忆的关系解释上,拓扑辩证法引入对称差法的思想进行了很好的描述。在对人类认知加工过程的解释上,辩证法心理学假定人的认知加工分为两个阶段,第一阶段是由对知觉与概念的整体对称差法构成,或者是由对工作记忆中的内容的对称差法运算构成;第二阶段是以对第一阶段的"否定"的形式实现的加工过程中的整合阶段。

4. 苏联辩证法心理学的历史遗产

随着苏联十月革命的胜利,马克思主义在苏联心理学中产生了明显的影响。在 20 世纪 20 年代中期,别赫捷列夫(1926)曾发表过《反射学与马克思主义》。但具有较大影响的是柯尔尼洛夫在 1924 年发表的《现代心理学与马克思主义》的报告,随后他在 1930 年发表的论文《辩证唯物论心理学》阐明了辩证唯物论与机械唯物论的主要区别,论证辩证法三大规律是心理学的方法论前提。维果茨基是一位杰出的马克思主义心理学理论家,是一个"为意识而斗争"的积极参加者,反对把意识排除在心理学研究范围之外。维果茨基指出,辩证唯物主义不否定作为脑的机能和高度组织起来的物质属性的意识的实在性,也不否认对它进行科学的因而也是严格客观的研究的必要性。他的最近发展区理论

---

① Hoffman,"The formal structure of dialectical psychology",*The New Ideas of Psychology*,2001,3.

蕴涵了丰富的辩证法心理学思想，正是儿童的"最近发展区"和"现实发展区"之间的对立统一最终促进了儿童的心理发展。他把心理机能划分为高级心理机能与低级心理机能，认为二者是"同一行为系统的两个极端"，它们共同决定着"个体整个行为系统的历史中心的截面"。维果茨基看到，各种心理机能之间，诸如感知、记忆、思维等，都是处于相互联系、相互影响、相互制约之中，心理的发展不仅仅有各种心理机能的变化，还有这些心理机能之间联系与相互关系的变化。苏联辩证法心理学具有丰富的历史遗产，同时也不可避免地存在一些问题。柯尔尼洛夫提出的心理学的核心概念是反应，以及在此基础上他提出的反应学概念具有明显的机械论的错误。维果茨基的文化历史理论狭隘地理解历史主义原则，带有抽象社会学观点的色彩，他过分绝对地把本质上社会性的意识活动形式与一些"自然地形成的"心理过程对立起来。①

二、辩证法心理学发展的曲折道路原因辨析

1. 辩证法与科学心理学的矛盾冲突

受近现代科学实证主义的影响，辩证法与哲学、形而上学一起被拒斥了。甚至科学哲学家波普也认为："辩证法模糊而灵活，足以解释说明这种出乎预料的情况，正像它可以圆满解释说明不出乎所料的以及碰巧不曾实现的情况一样。不管事情怎么发展都合乎辩证法的图式；辩证法将永远不必担心未来经验的反驳。"②辩证法似乎是一个没有边界约束的领域。人们可以随意把任何东西都称为"辩证法"，可以把任何现象都归于"辩证法"的名下，甚至有人称它为"变戏法"、"迷宫"。这实际上没有真正弄清马克思的唯物辩证法与黑格尔的唯心辩证法的区别。而且唯物辩证法一直是马克思主义哲学研究中的一个相对薄弱的领域。依据逻辑实证主义的经验证实原则，所有的命题、陈述和理论观点都必须依据经验，从经验观察中提炼和抽取，任何理论概念表述的都必须是经验观察获取的事实和内容，只有能被经验观察证实或证伪，才是有意义的，否则就是无意义的和非科学的。按照波普的科学理论的无矛盾性标准，辩证法思想中的"矛盾"学说也是与其格格不入的。于是科学实证主义一方面真正批判和冲击了传统辩证法和形而上学脱离实际的致命弱点，另一方面又由于其极端性主张，使自己自觉或不自觉地通过固定的研究方式重建了一种新的形而上学标准。随着实证主义心理学的衰落以及后现代主义心理学、积极心理学、进化心理学等对现代主流心理学的冲击，这些研究取向在挑战现代心理学时，其

① 王光荣：《维果茨基心理学理论述评》，载《心理学探新》2002 年第 4 期。
② 波普：《猜想与反驳》，周煦良等译，上海译文出版社 1986 年版，第 275 页。

自身也存在许多矛盾与问题,并且这三种研究取向本身就不是统一和融合的而饱受指责和批判。现代心理学中充斥着隔阂与争论、分歧与对立、悲观与乐观等问题,对心理学分裂危机的忧虑并非杞人忧天,心理学家由于缺乏一个共同的基础而陷入破碎和分裂之中,其他学科的蚕食也对心理学的存在构成威胁。按照波普的科学理论的可证伪思想,心理学中的许多理论都是无法证伪的,而可证伪性一向被科学实验研究者奉为科学理论的必备性质之一。

2. 辩证法心理学自身研究的困境

由于辩证法心理学理论本身存在的弊端,其发展还不成熟。

首先,任何一种理论的产生都不是绝对有积极影响的。皮亚杰在研究儿童认知发展与自然环境、社会环境的关系时带有明显的生物学化倾向,并深受机能主义的影响。他强调个体主体的能动性而忽视社会主体的能动作用;还有他关于认知改变的模糊性,对发展时间表解释的不精确性,以及关于儿童认知发展阶段的划分的过于绝对等不足,使他的理论受到批评。

其次,自20世纪60年代末辩证法进入了美国发展心理学中,但对辩证法的地位即使是在采用辩证法思想的心理学家中也大有争议。美国心理学家贝尔兹和科尼利厄斯根据美国实用主义哲学家胡克的看法,把辩证法划分为作为存在的变化方式的辩证法和作为理解变化的方法的辩证法,认为辩证法只是指导心理学发展的世界观,辩证法心理学只是把辩证法当做一般的理论方向,而不是当做详细说明的方法。美国心理学家赖克拉克反对里格尔坚持辩证法存在于现实和历史的过程中,认为辩证法只存在于人的精神活动。而里格尔等人借鉴苏联心理学中的辩证法试图把辩证法全面应用于西方心理学,进行辩证综合的探讨。

第三,辩证法心理学还存在一些缺陷,如里格尔的辩证法心理学虽然承认事物发展的普遍联系和不断变化发展,但是他仅满足于对动态状态的描述和理解,他只注重于现实过程的表面的、外在的联系和变化,而放弃了对变化发展的本质和规律的探求,进而导致了他在认识论上的折中主义混乱,最终陷入了形而上学的泥潭。因此,有人说里格尔的辩证法心理学是以辩证的探讨开始,而以形而上学的归结告终。但是,从某种意义上讲,这正是我们今后努力的方向和突破口。

辩证法心理学是从一切唯心主义解放出来的关于人的内心世界的革命的科学和以一般辩证法规律为根据的科学。与此同时这些规律成为认识的规律以及存在的规律。遗憾的是,目前存在于头脑中的和非正式的讨论的辩证法心理学比描述和发表的研究多。

三、辩证法心理学的新机遇

社会建构论是现代心理学中一种新的思想潮流或研究范式。实证主义心理学把社会文化与人的精神视为外在于人的意识的客观事实,忽略了人的社会文化属性。社会建构论心理学把个体放在"个体—社会"相互作用的系统中进行研究,打通了二者之间的联系性,视个体为社会文化的一部分,个体与社会是相互影响、制约的。人的心理处于各种不同的关系之中,对心理的研究只描述机体本身是不够的,还必须研究机体与环境的关系,特别是与社会文化环境的关系,这些正是研究生态化特点的反映。而实际上,任一心理现象(包括认知活动)只是不断发生着的人与环境的相互作用动态演化过程中的一个片断,而且这种动态演化还有历史进化的一面。社会建构论主张把个体放在与他人、他物相联系的关系中研究,肖特的社会建构论认为应该分析人与人之间的相互作用和社会建构过程。社会建构论反对现代主义心理学的个体主义的立场与辩证法心理学强调交互作用或相互关系的观点是不谋而合的。心理学发展过程中不同派别的心理学家采用不同的方法验证了自身理论的正确性,不可否认的是每个观点都部分正确地认识了人类这个复杂的统一体,一些社会建构论者主张心理学应采用多元方法论,如格根认为任何一种方法都有存在的理由,并应用经验实证方法验证社会建构论观点的合理性;普特采用话语分析的方法在社会互动和协商中探讨人类心理现象等等。社会建构论否定的是客观真理的唯一性,主张以多样化的可能性代替单一的必然性,具体在心理学中表现为以多种"可能性"取代一种"必然性",以"多样性"取代"统一性"。辩证法心理学也是主张研究方法的多样性,它可以使用任何一种方法,包括实验方法、现象学的方法、调查方法,以及定性与定量分析法,并致力于研究确定的事物和情境的意义,并将这些内容放到社会背景中来考察。社会建构论作为现代心理学的研究取向,明确否定在心理学中导致外源论和内源论争论的主客两元论的思想,认为我们不可能把自身置于主体和客体之外,从而客观地观察二者的匹配;认为心理学理论研究不是对经验或事实的映照或者解释,而是在社会文化的影响下,在社会需求的导向下对心理学实证研究取向获得的事实和数据进行有选择的、积极的筛选,并有所创新和创造,为心理学注入新的资源,推动心理科学的发展。辩证法心理学对双向性的强调认识到了机体(主体)与环境(客体)的"个体—世界场"的特征,认为二者是互相改变的,认识到应该验证交互作用,而不是企图从机体内部分离出因果关系。持此观点的辩证法心理学家认为因果关系不在于内部(大脑或心理)或者外部(世界),而存在于历史和辩证影响的关系场中。而反对者克沃勒(1977)则明确拒绝接受这种内—外因果的二分法,他说:"心理学的辩证取向反对主—客二分法和内部意识与外部行为的二元论,而意义既不存在于内部也不存在于外部,而是存在于人与世界的持续对话之中。"①从上述可以看出辩证法心理学与社会建构论在许多立场方面是一致的。与此同时社会建构论心理学所取得的成功在一定程度上也鼓舞着"与它有着某些共同语言的兄弟"。总之,社会建构论的崛起,也为重新反思辩证法和重建辩证思维世界提供了一种新的机遇。

在当代实证心理学和理论心理学对峙的局面会趋于缓和,表现出一些互相学习、互相促进交融的新迹象。没有实证支持的理论心理学只是建筑在沙堆上的建筑物,就成了纯粹的主观臆测;而没有理论的实证心理学只是一堆杂乱无章的资料堆积,就会见木不见林,变成了没有思想的空壳。目前西方心理学积累了大量的实验资料,但因受唯心论和形而上学的束缚,理论上比较落后,甚至很混乱。恩格斯在发展唯物辩证理论时早已指出:"无论如何,自然科学现在已发展到如此程度,以致它再不能逃避辩证的综合了。"②西方心理学者已开始认识到这一点,并试图建立辩证法心理学的理论体系。罗伊斯(1983)提出理论心理学的研究要采取所谓"建构主义辩证法"(constructive dialectics)的立场。其中辩证法的作用是"保持各种可行概念之间的矛盾关系,而建构主义则关系到研究者推理的概念化"。"就认识论而言,这个观点意味着一种综合的辩证法,即阐明经验主义、理性主义和隐喻主义在认识论方面的互补作用。就心理学理论而言,它意味着一种解释的辩证法,即阐明许多有关理论和行为的互补作用。"理论再次受到关注,就像国内学者认为的那样:"在后经验主义时代里,人们对理论和经验观察的关系有了新的理解。理论不再是经验观察的附属物,相反,经验事实是被理论决定的。在不同的理论框架下,一个经验事实具有完全不同的意义。"③而对经验事实的理解要参照已经理解了的东西,因此,理解的运作必定是循环的、辩证的。但理论也不是一成不变的,例如在认知心理学中,物理符号论以表征或信息加工观点作为自己的元理论基础,单元网络论以联结主义作为自己的元理论基础,而当代出现了以具身主义为元理论基础的取向。这种元理论的变化趋势也体现了理论的辩证发展的观点。当前理论心理学追求提高其研究方法的科学性,并把寻找主观性研究方法转变为客观性研究方法的途径作为理论心理学的基本任务之一。科学实在论、科学解释学和社会建构论的多元方法论成为重建理论心理学的方法论基础,这与辩证法心理学所坚持的

---

① Smith:《当代心理学体系》,郭本禹等译,陕西师范大学出版社 2005 年版,第 241 页。
② 恩格斯:《反杜林论》,人民出版社 1971 年版,第 8 页。
③ 叶浩生:《后经验主义时代的理论心理学》,载《心理学报》2007 年第 1 期。

研究方法多样性是一致的。有的西方学者提出,辩证法就是对非同一性的一贯认识。这种思想智慧对于克服当代心理学的深层困境,推动理论研究的未来发展具有重要的启示意义。心理学的研究应当首先指向于发现活动中的那些具体的矛盾和对立性,它们的相互转化给人的一切形式的生命活动提供真正的推动力。不研究这种推动力,心理学就不可能成为像人的活动那样的动态的、在自己的一切表现中是统一的有机系统的理论。在心理学历史上,各派心理学家形成了不同的心理学理论观点,这些观点之间有差异性,同时也有相似性,正是这些差异性促进了心理学理论研究的深入,而这些相似性是心理学理论发展的基本条件。辩证法心理学是把辩证法的规律和范畴扩展到人的心理,这并非庸俗的传播,而是具有严格的科学性质的,强调人与社会的物质属性之间的不可分割的关系。辩证法心理学揭示了心理的物质基础,即社会存在决定意识,不仅决定意识,而且还决定无意识。辩证法超越了客观绝对主义与相对主义抽象的两极对立,实现了绝对与相对、无限与有限、理想与现实等一系列矛盾的和解。而当前心理学的分裂与整合难题也需要辩证法。在辩证逻辑领域中长期研究的历史表明,当人们把自己的全部知识和实践经验用于在客体中发现它的对立的侧面和倾向,用于查明它们彼此斗争和彼此相互转化(统一)的特点时,他们才会接近真理。心理学再也不能逃避辩证的综合了。

[复习思考题]

1. 西方马克思主义心理学研究的新进展及启示。
2. 批判心理学的主要观点及其限度。
3. 辩证心理学的理论资源。
4. 如何看待"一导多元"对心理学的指导意义?
5. 评述新皮亚杰主义的辩证心理学思想。
6. 关于马克思主义心理学思想价值的再认识。

现代心理学基本理论研究

第七章
心理学传统重要理论问题研究

　　促进当代理论研究与传统研究的融合,是深化学术前沿性研究的一个重要的思想路径。心理学的传统重要问题如心理与生理的关系问题、身心关系问题、意识问题、决定论与还原论等,长期困扰着现代心理学的理论研究。一百多年前德国学者雷蒙提出有"七个宇宙之谜"需要破解:即物质和力的本质、运动的来源、生命的起源、自然界的合目的性安排、感觉与意识的起源、理性与语言的起源、意志的自由问题,在这其中有四个谜与理解人的心理现象的本质和起源有密切的关系。心理历史学家赫根汉总结认为,心理学理论有九大永恒问题:①人性的本质是什么? ②心身关系如何? ③先天遗传论与后天经验论;④机械论与生机论(有机论);⑤意识理性论与无意识非理性论;⑥客观实在与主观实在;⑦人与动物的关系;⑧人类知识的起源;⑨关于自我的心理问题。①近年来,美国哲学与理论心理学分会的研究论坛讨论的主题主要有自我与人格的本质、意识研究、心理学中的道德参与、心理健康的跨学科对话等议题。限于篇幅,本章仅就身心关系和意识研究这两大传统主题着重探讨。

---

① 赫根汉:《心理学史导论》,郭本禹等译,华东师大出版社2004年版,第24—32页。

第一节　身心关系问题研究的新进展

　　身心关系是哲学和心理学长期关注的一个基本理论问题,更是人类文化思想史上争论激烈的课题之一。人类对自己的身心关系问题的思考从来没有停止过。千百年来这一问题吸引了无数哲学家、心理学家的注意力,从笛卡尔难题到莱布尼茨法则,从心身平行论到副现象论,从强物理主义的"心身同一论"到弱物理主义的"心身类型论",从功能主义的伴随论到现象学的身体主体论,长期以来"关于心与身的探讨,成就了无数的理论家和科学家,他们从各自的研究出发提出了丰富多彩的有关心与身的观点"。20世纪90年代以来,新现象学、心智哲学、人工智能研究和认知科学运动的高涨,又为重新理解心灵与肉体问题提供了一个更为广阔的空间,展现出了许多新的研究维度和解释水平。研究总结身心关系问题研究的新转向及其焦点主题,对于寻求这一古老而又重大议题的研究内涵,可以提供一些新的内生性发展线索。

　　当代西方学术界对这一问题的讨论和研究再创历史新高。尽管目前西方哲学、心理学中的各种理论依然不能令人满意地解决这一传统的问题,但是人们对身心关系的认识和理解在新的科学背景和时代境遇下却又有了进一步的丰富、深化及扩展。

一、身心关系的内涵与意义

1. 身心关系的内涵

　　身心关系的概念有广义与狭义之分。广义的身心关系问题即心物关系问题,属于哲学研究的范畴,主要涉及对物理与精神、大脑与心理的性质等重大理论问题的认识和理解,集中体现了各流派在本体论、认识论方面的基本观点和立场。

　　狭义的身心关系概念,根据国内大百科全书《心理学》卷的界定:"身心关系是研究心和身的性质及其相互关系的理论。具体来说,是关于心理的实质是什么,心和身在本质上是一样的东西,还是完全对立的问题。其关键是如何看待心理实质。心身问题是心理学、精神病学、心身医学、神经科学等共同关心的问题。从心理学来讲,心身问题可表现为心脑问题、心理与生理的关系问题或心理与神经活动的关系问题等形式。"[①]它是古代和近现代的哲学、心理学界不断

----

　　① 潘菽:《心理学》,中国大百科全书出版社1991年版,第1—3页。

讨论的问题。

2. 身心关系理论及其研究意义

身心关系论主要是指有关心灵和肉体关系的理论,包括心身的区分和心身的统一两大部分。身心关系的基本内涵既涉及物质与精神、心理与身体问题,也探讨心理与大脑的关系、身心之间的作用方式等内容,还牵涉到了精神与身体、心理与世界的关系问题,同时也讨论到了意识、意向性等重大主题。研究身心关系这一传统问题具有重要的理论意义和实践价值。

从理论上讲,心身问题与哲学、心理学、生物学、医学以及生命科学等多学科相关,其属于探本求源的元理论课题。追溯身心关系问题不仅对于解决哲学基本问题,即物质与精神问题具有重要的理论意义,而且对于促进心理学、生理学、神经科学等学科的发展也有突出的学术价值。在哲学领域,"身心关系问题是思维和存在关系的一种特殊表现形式"[①]。身心关系更是心理学中的基本理论问题,很多心理学理论问题都是以身心关系为出发点或者说是从这里入手的。这一问题的解决对于界定心理现象与物理现象问题、生理机制与心理机制、身心与周围世界的关系等问题均有着重要的意义。因此,美国心理学史专家赫根汉总结认为,身心关系是"心理学理论研究的九大永恒主题之一"[②]。沃森也将身心问题的一元论与二元论之争列为"心理学发展史上的 18 对范畴之一"[③]。此外,身心关系问题的研究并不局限于哲学、心理学领域。事实上身心问题研究在认知科学、心智科学、神经科学、人工智能,甚至医学、教育学和伦理学等诸多领域都受到了广泛的重视,如身心伦理学强调人与自我"身"、"心"的道德调节关系,体现出了人类对生命自我身心的关照和追求。当前身心关系研究中的不同论域,日益构成了当代自然科学与社会科学研究的交汇点。

从实践应用上来看,揭示身心关系之谜也有特殊的意义。目前人工智能研究的主流已经出现了一个由物理机器认知向自然生理认知领域研究的发展趋势,即为了更好地模拟人的心理,使不灵活的机器灵活起来,迫切需要揭示"人类的智能实体与他们的环境相互作用的机制"问题。这自然涉及对身心关系问题的重新理解和探讨。以认知生态学、认知动力学为代表的第二代认知科学研究者,更试图在对产生意识的物质基础的可靠性分析中,进一步审视身心问题、心物关系问题以及意识与大脑的关系问题,进而深刻地揭示出人的心智和意识

① 秦德祝:《近代西方唯理论哲学关于身心关系学说的流变》,载《华中师大学报》2003年第4期。

② 赫根汉:《心理学史导论》,郭本禹等译,华东师大出版社2004年版,第24页。

③ 叶浩生:《西方心理学新进展》,人民教育出版社2003年版,第76页。

的物质属性。他们在论证意识与人的实在性的同时,也为身心关系问题的研究提供了一个新的发展平台。

研究身心关系问题在现实生活中也有明显的现实意义。"修身养性"历来都是现实生活中人的安身立命的重要行为方式。因此,对于身心问题及其相互关系的认识和理解直接影响到了人们日常的精神态度和行为应对方式,特别是人的身心保健和年轻一代人的教育态度。柏拉图曾经指出,人生最宝贵、最伟大的三件事物就是"健康、美丽和智慧"。人若没有健全的精神、健康的身体,就不会美丽和充满生命活力,因此也就没有人的一切。现代医学也将"心"作为一个变量带进医学这个方程式之中,一些学者认为身心关系也是人类生态环境的一部分。身心疾病一部分与躯体器质性病变有关,但很多身体疾病与心理因素有关。现代社会普遍存在的文明疾病——"心理疾病"的治疗、调整及改善,更需要从身心关系的理论中寻找积极资源。

3. 当代身心关系论所涉及的主要问题

从当代中外心理学家所论及的有关身心问题的观点来看,涉及的问题可以概括为以下几个方面:

①心理性质论。心的性质是什么? 心理现象是如何产生的? 当代哲学和心理学中盛行的物理主义、行为主义、功能主义、自然主义等观点,均是围绕着对心的性质的看法而展开的。

②心脑关系论。心理同大脑的生理结构功能如何联系? 全部心理现象都是在脑中产生的。

③身心作用机制论。主要包括身心相互关系的相互作用机制等问题。

④身体的地位。身体的智慧问题是当代身心关系问题探讨的又一新的特点,特别是有关身体的意向性问题、认知科学的具身论等。

⑤心理与外部世界环境的关系。

二、身心关系理论的衍变及其当代研究维度

身心关系是研究身体和心理的性质及其相互联系问题的理论。这是古代和近现代的哲学、心理学界不断讨论的问题。

1. 西方身心关系理论的历史衍变

身心关系在西方古代主要反映为"灵魂与肉体"的争论,在中国古代表现为"形神"问题。早在古希腊时代,人们就开始对身心关系问题表现出了浓厚的兴趣。毕达哥拉斯可以说是西方文化思想史上第一个论述身心关系的学者。毕达哥拉斯提出,一个人可分为灵魂与肉体两个部分,人的心理现象依附于身体,是身体器官的功能产物。西方古代的哲学心身观基本上可以反映出了一元论

和二元论之间的对立及分野。欧洲的心身论与中国古代的"形神论"基本相一致。在中国古代较早讨论形神问题的是墨家,此后荀子比较深入地论述了精神、心理是形体的功能与属性问题。荀子在《天论》中指出:"形具而神生,好恶、喜怒、哀乐藏焉。"这是一种具有朴素的唯物一元论的论断。东汉时期的杰出思想家王充和范缜提出"形者神之质,神者形之用",把"神之于质"比之为"利之于刃","形之于用"比为"刃之于利",阐明了身心之间的辩证统一关系。古代中西方学者基本上都是在抽象的意义上谈论身心问题,而真正深入具体,并开始与经验资料相联系的研究,则肇端于近代。

近代西方哲学对身心关系问题的探讨可以说是一个里程碑式的时期,其中笛卡尔的二元论、斯宾诺莎的一元论和莱布尼茨的平行论这三大学说,形成了身心关系理论的高峰。这些理论学说的生成,既与近代机械力学、数学等自然科学的发展紧密相关,同时又常常采取近似双重真理的形式,企图通过把宗教和科学调和起来,推动自然科学和哲学的发展。

笛卡尔创立的身心二元论是"中世纪以后哲学、心理学中的一个重大事件"[①],其开启了近代西方哲学研究的理论先河。现代身心关系的探讨也均以笛卡尔的二元论为研究起点。受近代物理学的影响,笛卡尔将人类生存的世界分为"物质的实体"和"心的实体"这样两种:物质实体是指通过在空间上的延展性的性质来定义的,可以进行无限分割,其运动方式是机械活动的结果;心的实体则是通过思维这种性质来定义的,在空间上不具有延展性,而具有推理能力和自由意志。他认为,人兼有两种实体:一种是机械地占有空间的物质实体(身体),另一种是自由而不占空间的实体(心灵)。人实际上是由身体这种物质、机械实体和心灵、精神实体结合的产物。身体有广延性而不能思维,心灵能思维而无广延性。其中人脑中的松果腺是心和身体之间的因果性相互作用场所。然而,笛卡尔的身心二元论实际上是精神或心灵决定论。按照他的观点,心或精神这种实体比身体更重要,"我思故我在","我"的身体并不属于人的本质。而自我的心灵和思维才是人的本质。"我是一个实体,这个实体的全部本质或本性只是思想"。他企图以思维、精神的统摄作用来解决身心之间的分裂。这就是人类思想史上著名的"笛卡尔难题"。笛卡尔的心身二元论为后人留下了一个极大的难题:既然"灵魂"与肉体是性质相异、彼此独立的实体,那为什么两者能相互作用呢?这也就是后来出现各种心身平行论的理论根源。在笛卡尔之后,一部分人继承了他的"反射"论,走上了实验研究的道路,另一部分人则继承了他的"精神"论。笛卡尔在宗教压力下,不得不这样做。同时,他也铺展了

---

① Verkuil,"The sensitive body or sensitive mind", *Journal of Psychosomatic Research*,2007,6.

一个岔路口,一方通向了唯心主义,一方通往唯物决定论。这也就是后来出现各种心身平行论的理论根源。

斯宾诺莎反对笛卡尔的心身二元论,从实体统一性的观点出发,建立了心身同一的双面论学说,试图以唯物主义的一元两面论方案来解决身心分裂这一难题。斯宾诺莎认为,自然实体和心理观念不是分开存在的两种独立东西,而是共处广延属性与思维属性于一体的两种现象,犹如镜子的两面或钱币的正反两面。身体系统和观念系统构成人的两个不同性质的方面。心灵随同身体而形成和消失,并无脱离物质的精神、身体的心灵。因此,"心和身乃是同一的东西,不过是有时借思维的属性,有时借广延的属性罢了"①。心理的形成既依赖于外部客体,也依赖于身体机能因素,观念、思维是心物合一的产物。与笛卡尔二元论相比,斯宾诺莎坚持心身一元论,显然是一个进步。但是,斯宾诺莎的观点有许多自相矛盾之处,如他强调:"身体不能决定心灵,使它思想;心灵也不能决定身体,使它动或静……"他的这种两面论身心观实际上具有活物论的性质。②

斯宾诺莎力图以唯物主义的一元论取代笛卡尔的身心二元论。他从实体统一性的观点出发,提出心身同一论(亦称心身双面论),认为心灵与身体不是两个独立的实体,而是统一实体的两种不同属性。斯宾诺莎认为,心与物都是实体的属性,心与物作为两个属性也仅仅是表现同一实体的不同样式,它们是不能脱离实体而独立存在的。思想与广延是同一实体的两种属性,实体集心、物于一身。心理的形成既依赖于外部客体,也依赖于身体机能因素,观念、思维是心物合一的产物。心灵的每一样式,必定有身体的某一样式与之相适应。可见,同笛卡儿二元论相比,斯宾诺莎坚持心身一元论,显然是一个进步。但是,斯宾诺莎又认为心灵与身体这两个属性之间仍然是相互平行、彼此独立的。他说:"身体不能决定心灵,使它思想,心灵也不能决定身体,使它动或静……"这样他就否认了心灵与身体的同一性,否认了心灵对身体的依赖关系。不过,斯宾诺莎的心身平行论还不是心身二元论,而是心身两面论,即同一实体的两个方面,犹如镜子的两面或钱币的正反两面,它仍然是一元论。

莱布尼茨法则是身心关系研究史上的又一重要成就。在身心关系上,莱布尼茨不赞同笛卡尔的心身二元论。依照莱布尼茨的观点,世界万物都是由单子构成的,单子是能动的客观精神实体,是一切事物的基础。灵魂和身体是两个单子,各自按照自己的规律活动着,两者互不影响。由此便产生了一个问题,即

① 斯宾诺莎:《伦理学》,贺麟译,商务印书馆1959年版,第92页。
② 维之:《精神与自我现代观》,社会科学文献出版社2004年版,第230页。

怎么解释身体和心理的对应关系呢？莱布尼茨认为这是上帝预先安排好的，即所谓的"先定和谐"。有如两架走时精确的时钟，以同样的方式和速率行走，但两者之间却没有任何因果关系。身体和心理是平行的，虽然两者存在着和谐一致的关系，但是两者之间互不影响，不存在因果关系。因此，心理和身体分属两个不同的系列，它们按各自的规律运动发展，"不共同具有所有的特性的东西就是不同的东西"。只有当两个事件具有所有的共同属性，它们才是同一的。这就是著名的"莱布尼茨法则"。虽然这是一种唯心的心身二元论，但在当时的历史条件下，对维护科学技术进步、实现社会改良目标还是有积极意义的。

在科学心理学诞生前后，欧洲主要盛行着"心身交感论"、"心身同一论"、"心身平行论"这三大心身关系理论。实验心理学的开创者费希纳是最先试图从科学角度探讨心身关系问题的心理学家，他以实验的方法研究了精神世界与物质世界的数量关系，提出"每一种物理事件都有一个心理事件与之相应，但两者不是因果关系，而是出于同一实体的平行关系"。科学心理学的创始人冯特也是"心身平行论"的倡导者，他强调心理事件和物理事件不是一一对应的，但两者的发展过程是平行的。美国心理学之父詹姆斯则是"心身二元论"者，他认为心理的生活有某种巨大的价值，可以通过一些现象得到领会，可是却难以用生物学的概念来解释，人和实在的关系中有大量不能在人的生物构成中发现的东西。随后詹姆斯又提出认识的相对性和心理对环境的基本适应机能。这为行为主义以后所确立的身心论奠定了基础。20世纪中期以来，伴随着西方现象学、心灵哲学运动的高涨，对于身心问题的探讨也异常热烈。在80年代初期，西方学术界对身心问题的讨论和研究便如潘菽曾指出的那样："出现了各式各样的见解，真有'百花齐放，百家争鸣'的热闹情况。……这是令人感到喜悦的事情。"[①]进入90年代以后，身心关系问题不仅在现象学、心灵哲学、语言学等领域得到了广泛讨论，而且在心理学、认知科学、心智科学和人工智能研究上也取得了许多颇具活力和富有特色的成果。

20世纪50年代以后西方研究身心再创历史新高，出现了费格尔的"心身同一论"、戴维森的"心身伴随论"、波普的"多元相互作用论"、艾克尔斯"二元相互作用论"、斯佩里的"突现相互作用论"和邦格的"精神突现论"等一批有影响的身心关系理论。与近代西方哲学相比，这一时期的身心关系学说普遍转向了对心脑关系的探讨，反映了现代脑科学的研究成就。在现代，科学技术的飞速发展，特别是脑科学的进步，为解释心身问题提供了更为丰富的具体科学知识和技术。这样就使古老的心身问题的探讨转换成脑与意识、生理事件与心理事

① 潘菽：《论所谓心身问题》，载《心理学探新》1982年第1期。

件的研究。身心关系问题的研究成为当代心理科学与神经科学的交汇之处。

对于身心关系这一笛卡尔传统难题的破解，近 10 年来涌现出了许多新的理解维度和解释水平。强物理主义的心身同一论已逐渐消退，心智主义的"心物并存论"、现象学的"身体主体论"和认知科学的"具身论"，汇成了当前身心关系理论发展的新进路。众多新的心身关系学说展现出了研究范式的分歧与相通之处，即企图致力于身心关系问题解决的第三条道路的探索，实现从二维结构向三维结构模式转化。当前西方身心关系研究的理论范式正处于急剧变革和不断重组之中，这有可能为身心问题的理论创新提供内生增长点，同时对我国学者建构身心关系理论具有重要的借鉴意义。

2. 新的解释维度：心身问题的当代解决

进入新的千年以来，西方身心关系研究又迈进了一个新的发展阶段，身心问题研究重心也发生了一系列新的转向及变化。

（1）心智哲学维度：从物理主义转向心智主义

心智主义或者心灵哲学，是当代哲学中最富成果、最为前沿的研究领域。从 20 世纪 80 年代起，心智哲学取代语言哲学，占据了当代英美哲学的主导地位。目前心智哲学研究与认知科学、计算机科学、脑科学以及人工智能科学等联系起来，从不同研究领域对许多重大理论问题展开学术攻关活动，身心关系问题也成为心智哲学研究的一个焦点内容。

当代心智哲学对身心问题的解答，经历了从还原的物理主义到非还原的物理主义的历程，即从心身同一论逐渐转向类型同一论和个例同一论。在 20 世纪五六十年代，物理主义成为解决心物两分难题的基本进路和强研究纲领。赖尔曾经提出，要治疗笛卡尔式的范畴错误，需要将心理的东西转换为物理的东西。后来费格尔建立了心身类型同一论，似乎对于长期困扰心身关系问题研究的心身因果作用问题，给出了令人满意的物理主义解决。虽然费格尔在肯定心脑之间的联系的类型上，深化了二者之间的内在联系，但是却把产生"心的"物质基础与心理本身混为一谈，没有看到二者之间的区别。物理主义者所谓的心身同一论充其量只是表明人的心理状态和神经状态之间并没有通常所认为的不可跨越的界线，却仍然没有证明这两种状态事实上是同一的。随后的心身伴随论和心身个例同一论则成为弱物理主义，就构成了非还原的物理主义的基础。当前的心智哲学研究为了超越物理主义和功能主义的困境，从生物学的自然主义观点，提出心智主义的身心观，力图超越传统的本体论的困境，消解唯物主义、唯心主义和实体二元论立场之间的根本对立，开辟身心问题研究的第三条道路。其中塞尔的"心物并存论"和波兰尼的"身心缄默整合论"是其中的突出代表。

　　塞尔对身心关系的探讨也是围绕着笛卡尔难题而进行的。在塞尔看来,造成身心问题看起来难以解决之原因,一是由于坚持用过时了的 17 世纪的词汇来讨论这个 20 世纪的难题,二是笛卡尔以来的二分法过于强调了物理事物与心理事物的本质区别,心理事物或心理现象无法纳入我们关于世界是由物质构成的"科学"概念。为了"解决心身问题",塞尔指出需要坚持两个基本点,第一是全部心灵现象不论是有意识的或无意识的,不论是痛觉还是思想,都是在脑中进行的过程产生的。第二是心灵现象正是脑的特征。过去是以粗糙的心脑因果关系模式来理解物理的东西与心理的东西之间的相互关系,改正这个错误的方法需要建立一种更精致的因果观,即从脑功能导致心理状态的角度来说明心脑关系。心灵是大脑的心智属性。人的大多数心智现象的实质是意识。意识的心智状态只不过是大脑的一种普通的生物的即"物"的特征,因而心智也是物理属性。"我"是理性的存在,因此"我"是物质的存在。心智状态具有不可还原的主体本体论特征。心智状态也是由因果关系来确定的。大多数心智是无意识的,而心灵哲学主要是研究有意识的心智问题,传统的二元论观点是错误的。"人们必须像认可胃的消化现象那样,一开始就认同心智(如同)现象。"因此,心理主义与物理主义彼此是完全一致的。它们不仅是一致的,同时两者皆为真。

　　波兰尼也认为,心灵也是自然主义的一部分,对精神现象的存在的解释方式应该是生物学的,与之相对的还有计算机式的、行为的、社会的和语言的解释方式。心身问题已成为生物现象的默认冲突点。既要承认身心两者之间的相互作用,也要强调相互作用的发生只能是在物质之间才能存在。同时,需要将身心关系确认为辅助注意与中心注意之间的逻辑关系的特例。"身体和心灵之间的关系,与线索和线索所指向的图像之间的关系,具有同样的逻辑结构。"①身体是辅助事物,它关涉作为其意义的心灵。心灵和精神不是由低层次的事物组成的事物。心灵的整合服从分层的"双重控制的原则",即低原则与高原则的联合缄默知识的逻辑结构,可以被视为适用于联合双层标准的本体论结构。只要给出认识连贯的辅助物的两种不同方式,那么身心关系问题就可以得到解决。当然,波兰尼也指出,可以用神经学来补充解释心灵,但心灵不能在自身中发现神经学的事实,心灵必须由有意识的经验和可靠的判断来补充。

　　心灵哲学维度的身心问题研究,将有助于我们形成重要的理论生长点,特别是对人的主观能动性的形成机制将提出新的方案。

---

　　① 波兰尼:《社会、经济和哲学》,徐锋等译,商务印书馆 2006 年版,第 356 页。

（2）现象学维度：从身心二元论转向身心主体论

推动近代西方哲学研究传统模式解体的一个重要力量是以现象学为代表的现代哲学思潮的兴起。现象学是 20 世纪西方哲学发展的一大主流思潮。现象学还原方法、解释学方法和语言分析方法也被誉为当代哲学的三大方法。现象学从理论和方法上对西方现代身心关系的研究产生了重要的影响。

从现象学视角看身体与心理的关系，始于胡塞尔，以后舍勒、海德格尔、萨特、梅洛·庞蒂等也提出过不同的看法。胡塞尔最为推崇笛卡尔，并认为人们可以把现象学称为一种新笛卡尔主义。胡塞尔认同笛卡尔基于怀疑的"我思"前提，但认为他的先验转向存在重大失误，即并未达到对一切先入之见的悬搁，思维实体概念及其身心二元观就是未加清除的成见。只有以其纯粹的先验自我，才能保证客观世界从先验自我中"获得它每次对我所具有的全部意义及其存在效果"。作为唯一的身体，它并不是单纯的躯体，而是在"我"的抽象的世界层次之内的一个唯一的客体。随后海德格尔将胡塞尔的纯粹现象学改造成了存在现象学，企图"在世界中存在"构造一种在完全经验的层面上统一了的身心关系，进而解决身心、心物统一问题。萨特的身心观点则以自为与自在为基础，实际上是将身体视为意识。新现象学家舍勒对心身间的统一关系进行了全新的界说。提出"所谓的身心关系，其实就是生命与精神的关系"。因此，他认为人的生命本身也具有两个方面：一是生理过程，一是心理过程。生理和心理之间的统一构成了生命。而在生命与精神之间，精神本身必定高于生理和心理现象中的任何一方面。

同舍勒的观点相似的是，梅洛·庞蒂既不同意萨特的身心二元对立之预设，也反对胡塞尔单纯诉诸主体性的现象学，而希望建立一种非笛卡尔式的胡塞尔现象学体系，以此来克服身心二元分裂的笛卡尔难题。梅隆·庞蒂提出了"身体—主体论"，也称"方面二元化"。与传统西方许多已意识化的哲学不同，梅洛·庞蒂提出身心合一的新身体概念，强调"世界的问题，可以始于身体的问题"。认为心理在每一个身体中存在，人是身心浑然一体的，即身体中浸透着精神，是心理—物理的统一，因而是身体在感觉和思维。身体主体呈现出两个基本特性：创造性的整体和身体意向性。梅洛·庞蒂通过否定身心并存的二元论，把心身问题变成了身体间的关系问题。同时，他以现象学为基础，从知觉本质出发，企图将心理学、语言学与哲学联系起来，建立身体知觉现象学理论。在他看来，哲学的根本任务是要重新学习如何看待世界。世界与人的关系是不能分为主客观的。身体与意识不是对立的两极，而是一体的两面。身体作为意识与自然、人与世界的交接点，是一种对世界的开放并与世界相关联的结构。他认为，对人的看法不应再以意识作为人的认识主体，而是应"把身体当做知觉的主体","身体经验的这种显现方式,说明一切知觉都是关于某物的知觉"①。当然,梅洛·庞蒂的"现象身体",只是将以往被分离对立的心理和身体看成是统一的不可分割的关系,并不是真正意义上的现象学的身体概念,而属于心理学意义上的格式塔式的概念,而非哲学意义上的知觉理论。

近年来,新现象学家吉奥瑞和斯密茨等人进一步提出,身心关系即人与身体和世界的有机联系。现象学的基本分析单元是以纯粹物理为前提的身体环境和经验。为了表达心灵与身体的关系,我们既不应该接受任何唯物论模式,更不能接受各种唯灵论模式。精神并不利用身体,而是透过身体、通过使身体超出于物理空间之外而实现自身。因此也不能将精神定义为"身体的意义",或者将身体定义为"心灵的表现"。身心关系研究需要深刻地阐明"人类和其本身、世界、他人和相关的实验行为关系。世界与人类是相互依存的,缺少任何一方都会失去意义"。传统哲学和心理学对待大脑或身体、本性世界的意识时,在遵守自然规律的世界体系中出现了错误,因此没有能够提供理解人的心理的科学基础。实际上,现象学既不是唯物主义,也不是唯心主义,而是企图寻找第三条道路的自然主义的意识哲学,但在本质上仍然倾向于唯心论和唯意志论。

(3)认知科学维度:从身心功能论转向具身认知论

在当代西方身心关系问题的研究中,值得关注的一个新进展是认知科学的身心观。认知科学研究是当今科学研究中最具综合性的领域之一,从认知心理学转向认知科学,是当代心理科学研究的又一次新的战略转移。认知科学作为一门新兴的前沿交叉学科,不仅对新世纪的心理科学研究本身产生了重大影响,而且在当代哲学、人文社会科学、计算科学和生命科学等领域,也发挥了思想先导与技术支撑的重要作用。她已经被称作 21 世纪智力革命的前沿,成为当前西方国家科学发展战略计划中的"四大前沿技术组成部分"。新一代的认知科学研究将使我们对自己有更为全面、更加深刻的认识。以认知生态学、认知动力学为代表的第二代认知科学研究者,更是试图在对产生意识的物质基础的可靠性分析中,进一步审视身心问题、心物关系问题以及意识与大脑的关系问题,进而深刻地揭示出人的心智和意识的物质属性。他们在论证意识与人的实在性的同时,也为身心关系问题的研究提供了一个新的发展平台。

早期的认知科学从功能主义的立场解释身心关系问题。功能主义的最初形式是行为主义,认为心智现象是关于实际行为与可能行为的集合。后来出现了机器功能主义,"认知科学家感到乐观的重要原因,以及认知心理学和人工智能合并的概念依据,是对身心问题的一种解决意图,功能主义的基本观点是:心

---

① 杨大春:《意识哲学解体的身体间性之维》,载《哲学研究》2003 年第 11 期。

理对于身体的关系好比程序对于计算机的关系"。解决功能主义的现代心灵哲学的一个重要任务是消解身体"机器中的幽灵"。心灵就仿佛是一个幽灵,在身体这台机器中莫名其妙地起作用。为了更好地推进对人心智的模拟研究,近年来认知心理学研究的新范式——第二代认知科学十分关注人类认知活动的身体基础、身体在认知活动中的首要作用问题。埃德尔曼等人认为,传统认知心理学将人的认知心理活动归结到物理符号、形式思维的水平是不全面的,影响到了对真实情境中人的认知世界。他们提出解决这一困境的出路在于:需要从更基本的身体能力和身体经验中找到人的认知活动的根据、起源及发生和发展,进一步研究人的知觉、思维和情感活动,是如何基于并体现于、实现于人的身体的,从而制造出具有自主性的灵活机器。

新近出现的认知动力主义者认为,认知信息加工的物理符号论和联结主义,揭示的都是"计算的心灵",而目前则要研究"经验的心灵"。计算的心灵与经验的心灵,是人的完整认知的两个方面。莱可夫等人提出了一种"通过身体认知世界"的新观点。在他们看来,认知系统是智能体即"脑—身体—环境"的统一体,人脑、身体、周围世界之间的互动关系可视为一个动态系统,其原理与其他物理系统相同。笛卡尔的身心二元论将身体划归于客体一侧,把人的身体视为无生命的机器。实际上,人的心智是脑、身体和环境彼此相互作用的动力突现的具体结果。对于人来说,处于主导系统的是调节系统,认知系统则服务于调节系统。只有把认知系统与人的本性、生存和发展联系起来,才能得到合理的解释。人的认知是"具体化的活动",心智的本源来自身体的经验。因此,目前认知科学的研究重点是心智的体验性、认知的无意识性、思维的隐喻性。"概念是通过身体、大脑和对世界的体验而形成,并且只有通过它们才能被理解。"值得注意的是体验认知研究的异军突起。作为一种研究纲领,体验认知是反思传统认知心理学的发展困境所得的成果。它的哲学基础主要是现象学思想,通过对主体、对象、身心关系以及认识活动的辩证理解,展示了一种寓心于身的非笛卡尔主义心灵观念。这种强调体验性认知问题研究的具身化认知动力主义观点,已成为目前认知科学新理论进路。认知科学家哈瑞进一步提出,需要将心理问题的研究规划为两种本体论:"心理主义的本体论和物质主义的本体论,且不可从一个还原到另一个。"心理主义的本体论强调心理学领域应该被限制到思想、感觉和有意义行为上;物质主义则应该将心理学限制到身体的物质状态,特别是脑和神经系统上。这两种本体论会进一步推动身心问题的解决。

三、研究成就与借鉴意义

当代西方各流派学者关于身心关系的讨论仍然处于"众说纷纭,莫衷一是"的阶段,但是他们常常能够为一些又老又旧的问题注入新的内容,值得我国研究者借鉴。同时,这些不同的身心关系理论也展现出了许多趋同之处,反映出了当代科学发展的新成就,标志着人们对身心关系结构认识的深化。

一是对新的唯物主义一元论的追求。在心物关系、身心问题上,不论是心智哲学还是认知科学,普遍出现了坚持唯物主义的一元论,反对精神论和二元论的共同趋势。随着现代神经生物学的飞速发展,人们在人身体的机械中并不能设想有一个独立于身体之外而存在的意识心理实在。即使是现象学,虽然在本质上仍然倾向于唯心论和唯意志论,但它既不是唯物主义,也不是唯心主义,而是企图寻找第三条道路的自然主义的意识哲学。这种新的唯物主义的形态即自然主义的一元论。也正如有学者所说的那样:"所有当代的唯物主义形式都具有共同的目标,就是力图通过一般的精神现象,特别是通常所理解的意识,归结为某种形式的物理的或物质的东西。"①当然,第三条道路实际上仍然没有摆脱一元论或二元论的窠臼。我们从表7-1中不难看出这一问题。

表 7-1   传统与现代身心关系学说展现出的一般模式比较

一元论	二元论
1.柏拉图唯心论(任何东西都是精神的)	1.笛卡尔二元论(心和身各自完全独立)
2.斯宾莎诺两面论	2.莱布尼茨心身交感论
3.类型同一论、还原论(精神是同一的或派生的)	3.副现象论(心理是身体的副产品)
4.突现论(精神是身体实现功能的集合)	4.心身平行论、精神论(精神、心理影响身体)
5.心物并存论	5.个例同一性
6.具身认知论	6.身体主体论

二是对身心关系理解从二维结构向三维结构模式转换。笛卡尔时代以来,人们只把身心关系理解为简单的二元结构,而且在这二元结构中只存在一个决定与被决定的关系。唯物主义走的是"身体—精神"的道路,唯心主义走的则是"精神—身体"的道路,而当代西方身心关系研究则普遍力图克服身心关系、行为和意识的分离问题,摆脱生物还原论和社会还原论的"二元论模式",从"三元

① 塞尔:《心灵的再发现》,王巍译,中国人民大学出版社2005年版,第29页。

模式"（心理—身体活动—环境世界）这样的三项式维度，探索身心活动的神经机制和心理机制问题。

三是对身体功能给予了新的重视。当前西方身心关系研究的一个显著特点则是对人类的身体智慧给予了特别的重视，这与西方古代和近代的研究形成了一种明显的不同。在古代，中外思想家普遍存在着重灵魂而轻视肉体的倾向，如在唯心主义的精神一元论中，身体的作用只不过是躯壳而已；而唯物主义者则强调精神、心灵是肉体的机能。近代西方思想家们对身体问题有了一定程度的重视，但多停留在脑生理功能、机制的阐述。在现代，自尼采提出"一切从身体出发"的呐喊之后，"身体"开始进入西方思想和学术界众多学者的研究视野之中。许多学者加强了对身体本体论地位的确立和重新阐述，强调人是以全部身心与世界的共在，是身体与世界的交融。身体不再赤裸裸，身体重新联结心理与肉体的两个维度。

当前西方身心关系研究的新取向对我们建立中国特色的身心关系理论具有一定的借鉴意义。令人关注的是，近10年来我国学者对身心关系问题的研究十分活跃。无论是提出的问题论域类型，还是研究的广度及深度，均有了相当的规模。国内学者对身心关系的探讨集中表现出了这样几个特点：一是积极引进、评述西方的身心关系理论，从中反映我们中国人的见解和看法；二是坚持辩证唯物主义的反映论思想，以唯物主义的身心一元论观点理解身心之间的内在关系问题；三是继承和弘扬中国古代形神关系思想，努力体现中国人自己的特色，特别是出现了像"身心体用说"、"一体两观"、"身心和谐论"等学说。这种努力尽管在思想深度与西方研究尚难以相比，但毕竟迈出了新的研究步伐。

我们认为，要推进身心关系问题的持续创新力度，需要在借鉴当代西方成果的基础上，坚持"一导多元"的方法论原则，进一步寻求创建适应时代需要的身心关系理论的新思路。

首先，需要在本体论上坚持辩证唯物主义的一元论，变革旧的身心观。本体论相当于一级视野下的观念和方法论。在这一问题上，国内身心关系问题的研究的一个优点是坚持唯物主义的物质观，克服唯心主义与二元论。强调身心关系是以物质为本原，以身体为基础。心理、精神现象是物质—身体（脑）的属性和内部状态，而不是一种超物质的独立实体。身体是一种物质形体，精神现象是脑的机能与属性，同时也是物质的反映。一切心理活动都具有相应的神经生理机制。但是，这种将物质范畴规定为大脑神经活动的身心观点，并不能描述人的心灵活动的全部内容与意义。因为把心灵定义为一种特殊的神经活动，或者大脑神经活动的一种反映功能和调节功能，实际上使心灵、精神失去了存在的地位。因此，必须克服传统的物质范畴的局限性，建立新的物质观，变革旧的唯物主义身心观。即既与科学的基本成就相一致，又能证明人类精神及其价值的实在性。这就要求我们必须在坚持以物质为本原、以身体为基础的前提下，给予精神、心理以应有的地位，承认精神心理现象的不可还原性，为唯物反映论的完善需要填补论证上的缺憾。在这方面，斯宾诺莎的一体两面论具有重要的意义。同时借鉴认知科学的两种本体论规划，即心理主义的本体论和物质主义的本体论也具有重要的参考价值。心理主义的本体论也遵循着第一性的规律。对身心关系的哲学分析和科学研究可能还将导致科学方法的扩展和创新。

其次，在认识论上需要科学地认识身心问题的两面性问题。推动身心关系的理论创新还需要加强认识论即二级视野下的观念和方法论的变革，为身心关系的结构问题的研究开辟更广阔的空间，实现对心的研究和身的研究的丰富化和深化。而要处理好身与心问题之间的理论张力，则需要重新认识和理解身心关系二元论的认识论意义。从本体论的角度而言，尤其是在现代科学背景下，二元论并不是一个受欢迎的学说。没有理由认为这个世界上存在着完全非物质的东西。但是，从认识论意义上而言，一元论与二元论张力之间的相互作用和斗争，自笛卡尔时代以来，一直激发着西方人的智慧生活。而且主客体二分思维模式有许多优点。如果单纯强调整体的身心合一，缺少由逻辑分析推到极处而有的身心分离为两个实体的深入研究，就会出现"在整体上呈现出浑全性，对心理活动挖掘不深"的格局。科学哲学视野中的一元论与二元论内容毕竟均是身心存在的"应有之义"，是人的心理存在具有同一性的必然根据。况且目前西方流行的二元论大多为属性二元论，除了肤浅的经验主义观点外，没有人能否认人类精神与心灵的实在性价值。正像有的学者指出的那样，我们有必要期待一种可行的二元论，它对心物本体区别的描述比属性二元论强，比实体二元论弱；它既能说明常识的心物互动现象，又能化解自由意志和自然必然性之间的冲突；既与科学的基本成就相一致，又能证明人类精神及其价值的实在性。我们完全可以说，对身心问题的两面性的认识论领域充分讨论，将有助于从实质上推进这一古老难题的深层解答。

第三，在方法论上要运用多元论武器探索身心关系的新模式。研究身心关系问题的路子应该是宽广的。现代身心关系理论涉及的焦点问题主要有这样五个方面：一是心理性质论。心的性质是什么？心理现象是如何发生的？当代哲学和心理学中盛行的物理主义、行为主义、功能主义、自然主义等观点，均是围绕着对心的性质的看法而展开的。二是心脑关系论，如心理同大脑的生理结构功能如何联系？全部心理现象都是在脑中产生的。三是身心作用机制论，主要包括身心相互关系的相互作用机制等问题。四是身体的地位作用问题。五是心理与外部世界的关系。然而，长期以来国内身心关系研究中存在着一体化、标准化和教条化等弊端，缺少多元化的研究途径，研究路子很窄，没有西方的视野宽广。这就需要我们克服非此即彼的简单化思维模式，实现从对"一"的认识进入到"多"的认识。有关身心关系的研究既需要神经科学的探微实证，也需要求得学科交叉之下的立体视域、多元方法和全新阐释。"行为和心理是许多实现的层次，从物理层次到社会层次交叉的系统的活动。因此，它们不能由任何'一个层次'的科学来处理。无论什么时候，研究的对象都是一个多层次系统，只有对包括一切中间层次的多学科进行探讨，才是有前途的。"[1]

四、中国学者的身心关系理论

身心关系问题在当代中国是作为一个心理学基本理论问题提出的。在20世纪80年代，潘菽发表的《论所谓心身问题》(1982)长篇论文、高觉敷主编的《中国心理学史》(1986)中关于"中国历代思想家形神观"的论述，集中地反映出了这一时期中国心理学者在该领域研究的学术水平。进入新千年以来，国内一些学者在身心关系问题的研究上也十分活跃，无论是提出的问题论域类型，还是研究的广度及深度，均有了相当的规模。先后出版了像《身心相契》(2000)、《心身世界》(2001)、《心身关系与进化动力论》(2003)、《精神与自我现代观》(2004)等专著，发表的相关论文也比较可观。尽管与当代西方研究的深度及广度相比，其中固然存在着不少差距，但是当今中国学者对这一古老难题的探讨的确也有了一定程度的推进。近20年来国内学界比较有影响的身心关系学说主要有以下几种。

1. 身心体用说

国内学术界影响较大的身心关系问题的研究首推著名心理学家潘菽先生所提出的"身心体用说"。这一观点在研究方法上体现出了明显的特色：

首先，从科学的角度分析及确立了身心关系问题的研究范畴。潘菽认为，身与心的关系问题既是一个哲学问题，但同时也是一个科学问题。对心身这个问题可以从哲学的和科学的这样两个不同的角度来考察。只有把这个问题从科学的角度用具体分析的方法来研究才有希望使它得到明确和解决。心身问题作为心理学和精神病学的一个重要的科学问题，可以表现为一些不同的形式，如心脑问题、心生(生理学)问题，以及心理和高级神经活动的关系问题。

其次，比较系统科学地总结了各种身心关系理论的成就得失。潘菽通过在对古今中外各种身心理论学说阐述评价的基础上中肯地指出，要科学地解决心

---

[1] 李恒威等：《"第二代认知科学"的认知观》，载《哲学研究》2006年第6期。

身问题的最根本问题有以下几点：一是心身本身必须原来就是相统一的，是一元的，然后才能找出身心的相统一性或一元性所在，而两面论、等同论、副现象论等都解决不了心身的二元论。从唯物主义的观点来看，只有身来统一心，这样，心身二元论才可以成为唯物的心身一元论。唯物的心身二元论也不是我们所要求的。二是需要建立唯物主义的身心一元论观点。在二元论的观点之下，心身的关系是无法说明的。并行论说不通，交互作用论也说不通。在辩证唯物论的心身一元论的观点之下，心身的交互作用就很自然，很容易说明了。总的说来，只有用辩证唯物论的观点才能对心身问题取得正确的理解并予以科学的解决。过去用唯心论和二元论的观点来解决心身问题就无法把问题看清楚，而只能对它得出错误的理解。错误的看法还不一定只限于对心身问题，还影响到整个心理学。心身二元论要转化为一元论，所包含的心和身这两项就必须是两者本身互相统一起来。是身统一于心，还是心统一于身？如果身统一于心，身就要成为非物质体的东西，因为这里的心在传统的认识中一直被认为是非物质的东西，结果心身二元论就变成为唯心的心身一元论了。"唯心的身心一元论"一元化是达到了，但这是完全不符合实际，是科学所完全不能接受的"。而心身并行论和心身交互作用论虽然是符合实际的，但是"必须两者本身能互相统一起来，而不是硬把它们拉在一起或者仅仅说在一起"。

第三，提出了比较完整的"身心体用学说"。潘菽根据心理意识是人脑的机能的唯物主义原理和我国古代"形质神用"的心身观，比较系统地提出了一种"身是心之体，心是身之用"的唯物主义一元论的心身关系理论。

潘菽明确指出，心理是身体的作用，是人体的一种全新的机能。从唯物论的观点看，心身问题是一个体用问题，身是心的体，心是身的用。一切物体都有它的运动、作用、功能、机能，心身关系也是这样的关系。人的身体的一种运动，一种作用，一种机能就是它的心理活动。心和身是完全地统一在一起的，就像任何物体和它的运动或作用那样。心理活动也是一种神经活动，包括一定的肌肉活动和腺体活动，是一种高级的物质过程。所以心身是一元的而不是二元的。心身一元论的关系就是体用的关系，在原则上正确地解决了心身关系问题。①

根据潘菽的论述，心理既然是人脑的机能，人脑也就必然是心理的器官。人在思考问题时要动脑筋，这就是物质能思维的事实根据。因此，人脑实际上有两种机能：一种是生理机能，另一种是心理机能。人脑既是生理的器官，同时又是心理的器官。同样，人的神经活动也有两种，其一属于生理范畴的神经活

① 潘菽：《潘菽心理学文选》，江苏教育出版社2001年版，第343页。

动,其二是属于心理范畴的神经活动。因此,在他看来,心理意识的本身或本体就是人有头脑连同感觉器官的一种神经活动,是人脑连同感官这种高度组织起来的物质的一种机能。心理意识既是观念性的东西,也是物质性的东西,即是说观念也是具有物质性的东西。同时,潘菽的心身理论也主张心理和生理的相互作用,认为心理具有某种"力"。按照他的意见,心理意识是大脑神经的一种反映活动,心理过程因而也一定包含某种能量或力的变化。尽管这种和心理过程相关的"力"的具体性质还不清楚,但肯定不是已知的物理化学能量之外的某种神秘的能量,而可能是一种复合的能力,即由两三种或多种形式的能量综合而成。这样,心理意识活动过程也就参与到生理活动过程中去了,从而最后参加到外部世界客观事物变化过程的因果关系中去,而并不违反物理世界的能量守恒过程定理。[1]

关于心理机能和生理机能的相互关系问题,潘菽提出,首先可以说心理机能是在某种生理机能的基础上发展起来的,某种生理机能发展而成为心理的机能也就像某种物质的物理和化学的机能发展而成为生理的机能那样。不过,可以理解到,生理的机能发展而成为心理的机能必然是一种和生物有机体发展而成为人类的过程同时进行的。所以心理的过程是由一些基本的生理过程所构成,而生理的过程则是由一些基本的物理和化学的过程所构成。但复杂的心理过程也可以是由一些较简单的心理过程所构成。这样,一个心理过程可以包括四个层次:一是它,二是较简单的心理过程,三是较基本的生理过程,四是某些物理的和化学的过程。可以看到,心理过程和这个世界中其他种类的过程是完全相互联系着的,是统一着的,并不是不相容的,不能统一的。也可以看到,要了解一种心理活动在身体方面的根源,就必须了解它所构成脑和身体其他部分的有关生理过程,或者在必要时更进一步了解有关的化学和物理过程。但把心理等同于生理,或者把心理过程归结为化学过程或物理过程,都是错误的。[2]

从这一点上我们认为,潘菽的看法与苏联著名心理学家洛莫夫的观点有着一定的相似性。"生理机制与心理机制问题也就变成了身心关系的问题。"[3]当然潘先生提出的这一观点在时间上要早于苏联学者。

国内一些学者提出,潘菽的身心关系理论可概括为唯物论的心身相互作用论。也有的将其列入"功能主义"的范畴,也"与邦格的理论近似"[4]。我们认

---

① 潘菽:《意识——心理学的研究》,商务印书馆 1998 年版,第 21 页。
② 潘菽:《所谓心身问题》,载《心理学探新》1982 年第 1 期。
③ 洛莫夫:《认知科学与身心关系》,载《国外社会科学》1989 年第 2 期。
④ 维之:《精神与自我现代观》,中国社会科学文献出版社 2004 年版,第 221 页。

为,对于潘菽先生的观点不能简单地概括为哪一类型,同潘菽的其他心理学理论观点一样,他的身心关系理论中的许多真知灼见只有随着时代的发展,我们才能逐渐体会出其中的深刻蕴涵。

2. 心身"一体两观论"

近年来,国内学者提出了一种比较有影响的学说——"一体两观论",中国社会科学院哲学所研究员维之是这一观点的主要倡导者。

维之认为,从总体上而言,身心关系是一种心物一体论,即精神不是与物质对立分存的东西:二者原是一体——物质本有反映,精神、心理潜于物质之中。心物一体,精神与物质同属一体,二者为主从关系,即精神属于物质,物质实体内含精神现象。精神与物质和神经的关系,也就是常说的心物关系和心身关系。要正确地解释心理、意识和脑之间的相互关系,必须坚持辩证唯物主义原理。辩证唯物主义所理解的心物关系与西方的各种心物关系均不完全相同,其特点在于突出物质是有觉知特性或灵性的本原实体,其内潜存着产生精神现象的根据;同时也强调物质存在的非直观性,它与直观的精神现象为不同层次的存在,并为精神现象所指示和反映。这才是一种明确的唯物主义的精神与物质关系。物质是精神的载体,精神是物质的属性,它随着物质的存在状态之变化而表现为不同的现象。心理、意识是脑的机能,脑的生理过程是心理过程的物质载体。因此,心物虽为一体,但非并存关系,而是主属关系。物质是客观存在的本原实体,是客观的自在本体,精神则是物质本体的主观觉知状态。也就是说精神是直接的经验现象,而物质则是间接的推断存在。心身关系是心物关系的具体化,即心物关系在人体(脑)中的具体化,同时心身关系也比心物关系更为复杂,所涉及的问题也更多。心身活动即心理生理活动,主要回答心理的生理机制、心理生成的方式等。事实上,人生活在世界上,总要不断地接收、储存、加工和传递各种信息,并依此支配、调节和控制自己的心理行为活动。

在心身关系之间的关系问题上,坚持"一体两观"的学者认为,看待心与身的关键是何为"心",是某种特殊的物质形态还是物质中的特殊属性?严格地来讲,精神与大脑神经活动的关系并不是一个标准的两面论关系,而是兼有同一论、相互作用论和两面论的性质,所以可以称之为"同一两面论",或者"一体两观论"。

所谓"一体两观"是指一个东西具有两个侧面之义,并且这两个侧面是长久并存的。"两观"则表示两种不同的观效。它们只在"观"时出现,不"观"时则不出现,如睡眠状态下便没有明显的心理状态出现。尽管精神与神经之间并不直接交互作用,它也绝不是一种副现象,二者同属于一种生命现象之意义不同的两个部分,缺一不可。构成了两种空间维度:物理空间维度和心理空间维度。心理空间维度的存在是我们切身体验着的。两种维度之间存在着一种特殊的变换关系,能够把神经过程中产生的心理现象变换在一起。精神现象与神经过程只是分别处于同一个世界中的不同维度上,大脑皮层是这两个维度的交汇点。正是由于人具有"两观"或者双透视的特性,事物存在中才有了物理维度和精神维度之分,精神心理维度的存在也使主观和内省成为了可能,人因而具有了内部主观状态。根据一体两观关系,心与身、精神与神经是具有对应相关性的,身体的不适状态则对应着内心的不适之感。除了表演和假装的情况之外,身体的欢乐状态也对应着内心的愉快感情,而身体的痛苦挣扎也一定是心理的极度痛苦之表现。心理精神观念可能通过神经过程间接地对应于外界客观事物。

  维之认为,当确定了精神与大脑神经活动的基本关系以后,另外还需要考察它们与信息的相互关系。信息是物质能量活动的方式之一,但又不是物质和能量本身。信息在神经和心理活动中也是一个重要的概念和内容,因为神经活动主要是传递和加工处理各种信息,心理活动也是围绕着信息展开的。信息具有多种存在形式,如物理信息、化学信息、生物信息和心理信息等层级。精神现象也是一种信息,它是大脑感觉皮层中的神经活动的"自显示"。所以精神心理活动也具有信息活动的特征。作为一种最高级的信息活动模式与神经生理过程信息活动模式既相联系又难以互相还原,因此它们实际上构成了两种空间维度:物理空间维度和心理空间维度。其中物理维度是基础性的,精神维度在其内部展开,并反映物理空间中的状况。信息将对方未知的某种事实、状态或变化传递给对方,借助于物质的能量活动而产生、加工和传递。大脑皮层感觉区是一个"精神屏幕",表征着精神维度的二维心像。大脑后部的感觉皮层是一种神经信息的"显示器"。这两种信息(神经生理信息和心理精神信息)、两种维度完全可以说是一种存在的两种观效,即同一两面论。这一观点强调心理是一个大脑存在的过程。如果从外部客观地看待,则是一种神经生理过程;而如果从内部主观地看待,则是一种精神心理现象状态。这两种不同的观效实属同一存在过程,必定有某种内在的联系或相关性。同一两面论来表述精神与神经活动之间的关系时,也会意味着这两者是长久并存的两个(大脑)方面的意思。一体两观只表示两种不同的观效。① "一体两观"的身心论主张无疑是一种综合性的观点。

3. 身心和谐论

  身心和谐论是国内长期以来比较流行的一种观点。当然这种观点也存在着许多不同的论证前提。

---

① 维之:《精神与自我现代观》,社会科学文献出版社 2004 年版,第 285 页。

有的学者从心理与生理之间的作用关系视角提出,身心和谐是指"由大脑神经活动引发的身体行为动作能够符合心理的情绪意向,而意向也是由情绪决定的。因此,行为如何符合情绪乃心身和谐的核心内容"。人的心理本来是一个统一的精神生命。情绪活动的大脑神经机制与观念活动的大脑神经机制分别为同一大脑神经活动过程的不同方面。种系进化对身心和谐的作用,生物进化的历史创造了其心理的情绪生活与身体的物质生活之间的和谐统一,这是身心和谐的最重要内容。而后天学习和语言则使得"神经、信息、观念"三者三位一体,构成了身心和谐的真正基础。在身心关系中,具有科学实在性的是身体、脑和神经电化学活动。身心和谐既是系统存在的最佳结构状态,也是系统运行的最优功能状态。"自我身心和谐是和谐发展的微观层次,也是最基础的层次。生理和谐,意味着新陈代谢正常,力与美在健康的体魄中达到统一;心理和谐,意味着心理健康,人格健全,德与才在和谐的心理中完成互动。只有达到自我身心和谐,才算得上具备了和谐的人格。"①而自我失衡则是身心灾变的开端。

也有的论者从生存论的观点建构身心和谐观念。他们认为,人类个体的存在都是一种身心的统一体,过度的非身体化会导致自我与自身、与他人、与世界处于割裂状态,最终走向精神崩溃,同时身体的疾病、痛苦、衰老和面临的死亡可能会瓦解人的心灵。而过度的身体化,则使人沉迷于物欲、追求感官的享乐,导致理想丧失、精神脆弱。生存论把自我看作是一个有血、有肉的存在,是身心如一的完整个体。从生理学角度看,身体的开始是生命的开始,身体的死亡便是生命的结束。但从生存论的角度而言,对生命的这种看法是不完全的。真正的生命意义一定是身与心的完整结合,人的身体与心理、精神是互为表里、互相渗透的,心理、精神必须借助于身体或身体的行动,没有身体,精神的自我不可能直接地参与现实生活的任何内容。而人的身体也不同于动物的躯体。没有精神、思想,人也就丧失了人之为人的本质。中国传统哲学在身心关系问题上的基本立场就是肯定"身心如一",反对将两者割裂开来。健全的存在是身心统一体,但理想的身心统一也并不是身心的完全一致和永不相离。身心之间彼此存在着不同的特点和身份,起着不同的作用。"在身心关系中起着决定性作用的仍然是精神或思想。"②

还有不少学者从中医观点阐述身心之间的和谐问题。他们认为,"形神合

---

① 日月河:《和谐就是力量》,载《自然辩证法研究》2005 年第 10 期。

② 胡军:《从生存论哲学看人的在世方式——身心关系理论探微》,载《新视野》2004 年第 6 期。

一论"是中医基本核心理论的指导思想之一,也是中医学关于心理与生理、精神与躯体关系的最完整学说。中国医学始终运用身心相关思想指导临床实践。这一理论长期有效地指导历代医学家的临床实践。中医学认为形(形态、形体、身体、体质)与神(神志、神明、神识)、生理现象与心理现象是不可分割的统一体,它们是相互联系,相互影响的。"健康和疾病都是心理现象和生理现象共同作用的结果。"①中医的身心和谐思想为身心关系、身心的自我调节与和谐发展奠定了共同的基础。

4. 心身进化论

受西方进化论思想的影响,从进化论视角探讨身心关系问题是中国当代学者比较多的一个研究路向。

梁漱溟先生可以说是较早从进化论的观点来阐述自己身心关系理论的思想家。梁先生在其《人生与人心》一书中提出,身心关系是只有人类才关注的一种问题,在人类而外其他生物以至动物似乎都不会成为问题的。他认为,从广义而言,心与生命同义,有身即有心,身心总是无法分开的。在梁漱溟看来,所谓心者"不外乎是生命活动的表现"。对于身心之间的关系问题需要追问:"身心出现分歧以至矛盾冲突"究竟从何而来?从生物进化史来看,总是心随身而发展,身先而心后,有其身而后有其心。身脑原为一体,脑不过是身的一部分,同为生命活动所凭借的物质条件。从生物进化而来的人身原来是不可分的脑和身的,心理学讨论的意识作用是以生理学上所讲的高级神经活动为其生理基础的。在这里,生理学心理学之分划,与其说是研究的对象不同,不如说是治学方法的不同。身之为身,心之为心,即在此两极分化的性向不同上。

近年来,国内不少学者又提出了一种新的身心关系学说——"进化动力论"。丁峻等人综合当今认知神经科学、心理生物学、神经哲学、心理哲学等方面的研究成果,认为可以将身心关系的本质规定为"表象与理化信息(生物电和突触化学反应)之间相互转换"的生成机制问题。② 其中涉及实体功能的生理信息与精神功能的心理信息之构成基础:从物质元素→细胞器官→系统结构→多元功能的生命进化逻辑来审视。在这里,物质是能量的本质属性,信息则是由物质结构和能量代谢所催生的高级功能产物。生理信息表达生理功能,心理信息则表现心理功能。在他们看来,由以心理表象为核心内容的精神活动同大脑实体结构生理活动之间的相对独立性与相互作用等次级问题,则会使传统的

---

① 马震平:《身心相契——综合治疗的艺术》,上海科技教育出版社2000年版,第6页。
② 丁峻:《生命科学前沿若干问题的认识论思考》,载《科学技术与辩证法》2003年第3期。

身心关系之难题得以迎刃而解。① 在此基础上，丁峻等人建立了一种"身心双向进化的顶级动力观"，认为在大脑的前额叶新皮质中，存在着顶级功能与功能进化的迁移模式，即从基因序列（分子结构）进化到大脑顶级系统（超分子宏观性）功能进化这一"进化动力平台"，基因进化与大脑功能进化之间的相互关系决定了身心之间的作用方式。② 通过超越达尔文的"自然选择"与"环境压力"进化论，可以构建人类身心双相进化的动力观。

对此，有的学者评论道，这一项研究是拓展身心关系新视域的思想认识论成果，是对波普"三个世界和心身问题"相互作用论、精神进化论与意识突现论的深微发展。以"脑与基因相互作用"为前提，建立心身系统全息时空相互作用模式具有全新的意义。③

以上对当代中国学者所建立的"身心体用说"、"一体两观"、"心身和谐论"和"身心进化论"进行了初步阐述，从中我们不难看出：中国学者所提出的上述各种身心关系学说同其他问题的研究路径所相似的是，西方学术研究一直是中国学者观照、把握和理解同类型问题的参照。中国学者在评述、学习西方先进理论的探索历程中也可能逐渐走上一个剥离和独立建构的过程，而最终能否走上独立化发展的道路，进而凸显出自己的研究特色，这无疑仍然需要我们中国新一代学者做出巨大的努力。

五、当代中外身心关系理论比较评析

现代科学技术知识的持续进步，使得有关人的问题、身心关系等古老问题的研究，在当代又"获得了一种不断增长的现实内容"④。诚如有的学者所讲的那样："千百年来关于心与身的探讨成就了无数的理论家和科学家，他们从各自的研究出发提出了丰富多彩的有关心与身的观点，新世纪的到来意味着新变化、新观念的层出不穷。近几年的生物技术的进步，给心灵与肉体的探讨创造了一个更为广阔的空间。"⑤可以说，中西方学者在身心关系问题的研究上有不少差异。

① 丁峻：《心身关系与进化动力论》，中国科技大学出版社2003年版，第19页。
② 丁峻：《生命科学前沿若干问题的认识论思考》，载《科学技术与辩证法》2003年第3期。
③ 章士嵘：《生命哲学与人类进化的新视角》，载《杭州师范学院学报》（社会科学版）2004年第3期。
④ 卡西尔：《人论》，甘阳译，上海译文出版社1986年版，第77页。
⑤ 马欣川：《机体与心灵——关于心身关系的思考》，载《深圳大学学报》（人文社会科学版）2002年第1期。

1. 关于身心关系研究的理论思想范式的区别

对身心关系问题的探讨离不开理论思想范式的支撑。衡量某一领域的研究水平有两个重要指标：一是有无理论思想，理论思想的先进与否？二是有无方法技术、研究手段？理论思想是指相对于感性认识的理性认识成果，理论思想可以表现为通过概念的联系，概括地说明现象的本质和规律的理论原理，也可以表现为观点的综合的理论体系。理论思想对客观现实的发展有强大的反作用。纵观西方当代的各种身心关系理论，我们完全可以说，西方哲学和心理学中的各种理论虽然都不能令人满意地解决身心问题这一古老难题，但是各学派均有自己的研究范式、独立见解和立论根据。与西方的研究相比，国内学者的不少研究范式比较模糊。"多数学者持朴素的身心合一论，较少由逻辑分析推到极处而有的身心分离为两个实体的学说。他们大都在身心合一的前提下讨论身与心的相互影响；在整体上呈现出浑全性，对心理活动挖掘不深且将心理活动自然表现于语言和行为的现象学特点。"①而且在思想深度上与西方研究尚难以相比。中国学者所提出的身心关系观点基本上表现出了这样几个特点：一是积极引进、评述西方的身心关系理论，从中反映我们中国人的见解和看法；二是坚持辩证唯物主义的反映论思想，以唯物主义的身心一元论观点理解身心之间的内在关系问题；三是继承和弘扬中国古代形神关系思想，努力体现中国人自己的特色。这样的研究取向在基本方向上无疑是正确的，但关键是需要有实质性的学术成果的问世。

2. 关于身心关系问题研究方法的差异

在身心关系这一难题上，中外学者研究过程中表现出的差异是十分明显的。当代西方学者不仅在本体论上有了进展，而且在方法论上也有了明显的突破。正如车文博先生所讲："在当代，由于科学技术的飞速发展，特别是脑科学的进步，为解释心身问题提供了更为丰富的具体科学知识和技术。这样就使古老的心身问题的探讨转换成脑与意识、生理事件与心理事件的研究，其主要特点：①由宏观的笼统的探索走向微观的科学实验研究；②由多采取直观观察、推测考量研究走向采取高科技手段如正电子放射层扫描技术（PET）、功能性核磁共振成像（fMRI）等脑成像技术研究；③由哲学心理学家、医生等少数人的研究走向神经生理学家、认知心理学家、科学技术哲学家等多学科或跨学科专家的协作研究。"国内学者虽然也在观念上认识到了"心身结合"的概念是不能单靠形式演绎方法来获得的。有关身心关系的研究需要神经科学的探微实证，求得

---

① 张学智：《中国哲学中的身心关系的几种形态》，载《北京大学学报》（哲学社会科学版）2005 年第 3 期。

学科交叉之下的立体视域、多元方法和全新阐释。然而,在具体的研究过程中,国内还鲜见有方法上的创新和理论坐标的新树。当代中国学者还没有从根本上摆脱传统的"强调整体性、统一性,注重现象而不重视构成要素分析"的研究格局。黑格尔曾经指出,方法不是外在的形式,而是内容的灵魂和概念。国内学者在研究方法上的滞后将会影响到这一学术领域的纵深开掘。

3. 对身体的重视程度的区别是当前西方身心关系理论的一个重要差异

西方现代身心理论更强调身体的功能作用问题,这与西方古代和近代的研究形成了一种明显的不同。在古代,中外思想家都曾试图超越身体,甚至想要抹杀身体的存在。许多自然哲学普遍存在着重视灵魂而轻视肉体的倾向。在唯心主义的精神一元论中,身体的作用只不过是躯壳而已;而唯物主义者则强调精神、心灵是肉体的机能。近代西方思想家们对身体问题有了一定程度的重视,但多停留在脑生理功能、机制的阐述。当代西方身心关系研究的一个显著特点则是对人类的身体智慧给予了特别的重视。特别是自尼采、福柯以来,"身体"开始进入西方思想和学术界众多学者的研究视野之中。梅洛·庞蒂的身体主体说、认知科学的具身观,均可以说是其中的重要代表。相形之下,中国当代学者对身体问题的重视程度仍然局限于一般性地承认身体作用的层面。

我们认为,要推进身心关系问题的持续创新力度,需要在借鉴当代西方成果的基础上,坚持"一导多元"的方法论原则,进一步寻求创建适应时代需要的身心关系理论的新思路。

第二节　意识心理学的理论与实证研究进展

意识是人类心理活动的重要内容,因而也是心理学长期关注的重大理论问题,更是学科发展过程中长期没有解决好的一个基础性课题。老一辈心理学家潘菽先生曾经讲过:"意识问题是心理学的一个根本性问题。不研究意识问题,心理学就不能成为真正的心理学。不能科学地明确意识问题,也就不能建立完整的科学心理学体系。"[①]黄希庭先生在《中国高校哲学社会科学发展报告》中指出,作为研究心理现象的科学,从研究角度看,心理学兼有自然科学、社会科学和意识科学的特点……目前心理学已经能够使用先进技术手段开始触及重大的科学问题,如意识起源和个体意识的产生、意识和无意识的关系以及注意

---

① 潘菽:《意识—心理学的研究》,商务印书馆 1998 年版,第 17 页。

记忆语言等人类智力的本质等。然而,尚"缺乏系统的基础研究"①。

当前西方心理学对于意识问题的研究出现了一场前所未有的"文艺复兴"运动。重新回到心理学合法系统之中的意识研究,尽管取得了不少实质性的学术进展,但并没有从根本上摆脱理论同一性危机。透过意识研究百年震荡的历程并总结其中的经验教训可以发现,当代意识心理学的科学重建工作,只有确立适合于人的意识和行为研究的新科学观及方法论,才能为心理学的研究范式提供丰富而深刻的学术内涵。

一、西方心理学研究意识历程的经验教训

当前意识研究的复兴,无疑是当代心理学的一个重要事件。但是对于这一事件的认识与评价存在着两种迥然不同的看法。肯定者认为,意识问题重新回归心理学的合法系统之中,是一种"否定之否定"的发展路径,促进了人的意识问题在高级阶段上的复归,标志着现代心理学的发展和进步。而否定者的声音也非常强烈,他们认为目前有关意识的研究成果"根本不值得一读,意识理论的同一性危机始终伴随着当代意识心理学的攻关活动"。

透过意识研究的百年震荡的历史迷雾并总结其中的经验教训我们可以发现,当今自然科学范式的意识研究,并没有从根本上摆脱其所面临着的理论同一性危机问题这一传统的致命弱点。所谓意识的理论同一性危机是指在意识实质的理解、研究范式等基础性前提上的非同质性,即意识研究仍然缺乏统一的元理论假设和共同的基础结构。在我们看来,要克服意识研究中的这种理论同一性危机问题,需要认真总结以下几方面的经验教训,从中寻求意识理论模型建构的范式基础。

经验教训之一:心理学的主流研究无法从根本上否定或回避"意识"问题。西方主流心理学研究一度曾否定过意识问题,但是学术上的主流研究范式从来并非是一成不变的模式,在学科发展的"主流与支流"、"中心与边缘"之间,经常呈现出一种交融激荡、相互吸收、互相补充和兼容沟通的变化和发展趋势。有些研究范式在某一时期属于主流,但在某时期则有可能变成支流,甚至是逆流。而推动学术研究主流范式的变革基本动力主要来源于两个方面的原因:其一是社会时代发展的需求程度问题;其二是研究技术方法上对科学目标的实现程度问题。当前西方心理学意识研究的"文艺复兴"运动,是一个既符合社会时代发展的客观需求而又充满一定科学创新契机的学术研究领域。从社会时代发展需求而言,20世纪中后期以来人类的生存和发展所面临的新的挑战与困境

---

① 黄希庭:《中国高校哲学社会科学发展报告》,广西师大出版社2007年版,第446页。

这一新的社会时代背景,对人的意识世界不断提出了新的科学重建要求。现代科学技术的日新月异在促进人类社会现代化飞速进步的同时,并没有从根本上改变许多工业化国家人们的生活质量,相反地却产生了许多过去没有的问题,即严重的异化现象。机器这种人化自然物的普遍运用,不仅没有从根本上提高人的地位,反而却把人看成是机器或机器的一部分。这种严重的异化现象引起了人们对以科技为中心的现代主义社会文化的怀疑,更导致了越来越多的人对于"人究竟有什么用"的疑问。而"人有什么用"的问题,归根到底又是"人的意识有什么用"的问题。在物质科学技术世界面前,精神和人的意识世界更显得脆弱和无能为力。但是,每当历史的重大发展、转折时期,关于人的问题和意识问题却总是会不断反复地重新提出。在今天,人的问题、意识问题已作为最尖锐、最紧迫的课题摆在我们面前。20世纪70年代罗马俱乐部提出,全球问题之根源在于人类自己,在于人类反常的社会行为。90年代中期以后,超个人心理学家格罗夫等人发起成立了布达佩斯俱乐部,认为人类能有意识地改变自己的价值和行为,从而避免或至少减轻目前面临的困境。如果人类要继续生存、持续发展,那么就需要重新审视和改变现行的关于宇宙的概念、关于人类的概念、关于进步和发展的概念。尤其是需要重新审视"物质主义的意识观",建立一种发展性的全球意识。"因为一切重要的东西都是由于与意识相联系才成为重要的",他们呼吁要以"意识进化"或"意识革命"来解决全球问题的途径,客观现实世界的急剧变化需要与之相适应的主观精神世界的共生促动。当前意识科学的兴起和意识心理学的复兴,正是代表了心理学科对时代精神挑战的一种积极回应。这充分昭示了人类意识的主观能动性品格,而传统的排斥意识的实证心理学和以无意识心理为中心的精神分析学派,则无法应对这种前所未有的挑战。从对意识进行客观研究的科学目标而言,心理学是一门研究人的心理活动的科学,而人的内部心理活动又是心理科学不得不研究的对象性问题。意识作为人的一种重要的内部心理活动方式,同样也是心理学不能不研究的对象性问题。事实上,排斥意识研究的行为主义也不可能完全否定人的意识,而只是断言意识是行为活动的副现象、副产品,完全可以忽略不计。但问题在于行为主义随后又引进了"经验"、"中间变量"来解释人的行为,这等于是在瓦解"意识"之后又对其进行了间接的肯定。精神分析强调无意识的中心地位,试图将意识与无意识统一起来,而反对把意识与无意识割裂开来。当代认知心理学和神经心理学对意识与无意识的分离加工研究,从实证层面为意识研究输入了科学的内容。正像有学者所指出的那样:"人的精神生活世界就是人类意识。因此,我们也可以说,心理学是关于(人类)意识的科学研究。虽然对意识的不同的理解方式,各自可以成就一个不同的心理学体系,但就现实的人类历史而言,对意识的理解方式的变更不是偶然的。在任何时候,当心理学作为关于'意识'的研究在理论上陷入危机时,应当引起我们怀疑的,不是意识的实在性,而是隐含于其中的关于意识的理解方式。"认知心理学家索拉索更是指出:"我们以意识和21世纪作为开始———一个21世纪初期的中心课题。"①当代西方心理学的主流范式———认知心理学的这一研究转向,对于当代心理学的意识研究之积极影响,无疑是极其深远的。

经验教训之二:以什么样的科学观和方法论重建人的意识世界? 贯穿意识心理学研究百年历程的一个根本性问题是对"意识研究的科学性"的不懈追求,即主观意识问题是否能成为心理学中客观的科学研究对象,而以科学客观的方法来研究意识问题成为几代心理学家们的梦想。无论是主流心理学还是非主流心理学研究均持有相同的奋斗理想。但是,意识心理学的科学化发展,是在近现代的自然科学背景中的小科学观、认识论、方法论的思想及技术路线的背景中孕育和发展的,即是说在当代科学尚未真正揭开人类的三大奥秘的情况下开始的。因之,有关意识的科学性或者说意识研究如何符合"科学标准"这一问题,一开始就同当代自然科学、人文社会科学两种相互的分裂、隔阂的文化纠缠在了一起,可每一次打破"科学观"、推动心理学研究意识走向科学化的力量又常常来自外部。这说明心理学的科学观长期以来难以在学科内部生成,其必须适应各门科学通用的规则,才能在世界科学之林中争取到一定的学术地位。长期以来在经典物理学的影响之下,意识问题在西方科学中是一种异常现象,"近代自然科学很容易地否定了人的意识"。这种科学观点主导了近几个世纪以来人类的文化和历史进程。为了适应科学通则,心理学只能进行两难性的选择:要么突出客观性而驱逐意识之类的主观性研究对象,要么因强调主观性而降低客观的科学标准。行为主义心理学者比较清醒地认识到了"意识"的科学性不够的问题,试图从行为观察方面积累必要的条件。从这个意义上讲,行为主义比人本主义更容易为多数心理学者所接受。因为任何学术性研究,没有科学性,就没有学术地位;客观性和科学性有多高,学术地位及社会地位便有多高。从这个意义上讲,行为主义对意识问题的否定也是一种发展和进步。人本主义和超个人心理学以及现象心理学对高级意识问题的研究固然值得我们赞赏,但我们却无法对此激动不已———因为人本主义心理学要解决行为主义的问题,就必须建立新的科学观和方法论。但问题在于,人本主义心理学所建立的科学观和方法论尚不成熟,还无法被主流科学研究范式所接受,甚至一般公众也难以认同人本主义心理学和超个人心理学的一些研究成果。这也正如心理学史学

① 索拉索:《21世纪的心理科学与脑科学》,朱滢等译,北京大学出版社2002年版,第15页。

家赫根汉所讲的那样："问题在于我们当代对研究人的高级意识现象还没有准备好有效的方法。"因此,当人本主义及超个人心理学提出"超越"、"转换意识状态"等观点时,却又反映出科学性不够的致命弱点。20世纪90年代以来新出现的意识科学包括心理学的意识研究,从总体上并没有改变这一历史现状。近年来意识心理学的研究对于觉察、内隐记忆等"容易的问题"进行了大量的实证研究,取得了不少令人瞩目的成就,但是对于意识经验、可感受特性等"困难的问题"则并没有取得大的突破。如果当代心理学在解决意识的复杂性问题方面没有出现增长,那么就会增强否定的力量。历史上出现过否定意识研究的行为主义学派,并不意味着重新回到心理学中的意识研究从此不存在被放逐的潜在危险。当代意识研究中也存在着取消唯物主义的流派,邱奇兰德等人的观点与行为主义有异曲同工之处。从这个角度而言,20世纪上半期排斥意识的心理学时代的出现,并不仅仅是走过一段弯路或挫折。如果我们不去解决高级意识现象研究中的方法论危机,那么就很难避免今后的历史悲剧不会重演。

　　经验教训之三:对于意识实质的混乱盲区问题如何予以澄清? 总结世纪之交心理学的意识研究复兴运动,不仅要展示出这些研究现状和特点"是什么",更重要的是在回顾与阐述的基础上剖析其实质,揭示当前心理学范式之下的主流研究"是如何"回答人的意识实质这一关键问题的,从中我们可以比较清楚地把握心理学边界之内的意识研究较之于20年前有了哪些进步或改观。早在20世纪80年代初期希尔加德就指出,需要研究"意识回到心理学中产生的问题"。潘菽在世时也说过:现在新兴的心理学派所面临的一个严重问题就是如何对待时隔已久又回来的意识。仅仅把它请回来还不行,还要好好考虑怎样正确对待它才行。如今二十多年过去了,重新回到心理学学科家族中的意识概念的混乱问题并没有澄清,有关意识实质理解、意识与无意识的相互作用关系问题中的理论盲区问题也没有得以消除。对于"什么是意识"这一问题学术界历来争论不休,有关意识概念的界定也有哲学、生物学、医学、心理学、文化和伦理学的多种不同含义。内格尔对意识概念曾有一个十分经典的描述,他认为,现代科学研究水平只能说"意识像什么而不能说是什么"。应该给意识问题的研究划定一个区域、范围,但没有必要做出精确的定义,因为给意识过早地下定义是一种概念的早熟现象。当然,现阶段对意识概念问题还无法做出明确的规定,但是目前在心理学界则出现了不少比较一致的看法,其中认知心理学和认知神经科学的观点最有代表性。认知心理学者认为,为了更好地在原则上回答人"怎样意识"这一问题的具体活动过程,可以将意识的概念定义为"一种合成性的认知或认识方式","它可能是一种大现象、大认识"。意识涉及知觉、注意、记忆、表征、思维、语言等高级认知过程,其核心是"觉知"(awareness),觉知性是意识最基本的特征，觉知也是意识中最容易进行实验研究的对象。研究证明，无意识与情绪有关，意识与认识有关。从生物特性、功能特性出发，可以对意识理论的未来结构问题的预测或证明，提供更为科学的帮助。承认现象的实在性以及意识在人的生活中的本体地位、功用性成为意识存在的唯一合法根据。但是，认知心理学对于意识实质问题的这种理解，明显地存在着两个方面的局限性：其一是存在着逻辑循环、同义论证的问题；其二是存在还原论和简单化危险。认知心理学为了揭示人的意识心理活动的机制问题，普遍将意识的存在性的确认放入到认识或意识群中加以研究，或者说是从知觉、注意、记忆和思维元认知之间的联系的解释中，寻找意识的结构意义和相互关系，以最终建立起具有存在同一性的意识本质。于是意识的存在的根据在于意识之中，这样便可以相互说明，从而为意识的存在构造了一个形式化的模型图式，这典型地反映出了从认识的同一性意义上的逻辑循环推断。同时，仅将意识定位为"认识觉察活动"显然是不全面的，人类的意识实质上不仅是"觉察"或"认识到"。人能够觉察到任何事物明显地违反了自然规律。一般来讲，人的意识有两种方式：一是认识方式，即表示事物如何存在；二是意志方式或意愿方式，即表示我们要事物怎样，或企图使事物成为什么样子。意识既是认识的合成物，同时也是心理混合物，意识具有混合性结构特征。因此，当前认知心理学对意识实质的理解，并没有从根本上澄清意识的理论混乱盲区。

我们认为，解决意识研究的理论同一性危机，即摆脱当前心理学研究中的各种困境，最为关键的是要建立新的科学观，即确立适合于意识和行为研究的新的科学观和方法论，实现科学观和方法论的转变。这种"新的科学观"或科学范式应该是像马克思所讲的"人的科学"那样的科学形态，即"自然科学将失去它的抽象的物质基础……并且将变成为人的科学的基础"①。作为一门研究人类意识的心理学也应该变成"人的科学"的基础。人是有意识的存在物，人的意识具有不可还原的实在性，这一实在性构成了心理学的合乎逻辑的理论基础。当代意识科学研究只有立足于"人的科学"这样的新的科学观和方法论基础，才能补充和完善实证科学范式研究的局限性。也唯有自然主义与人本主义相统一的"多元范式"，才能从根本上揭示意识本质的潜在结构，以超越当前意识心理学研究中的简单主义与还原主义困境。总而言之，心理学的研究不是单数而是复数，是多种研究范式而不是一种范式。人类的意识世界具有辩证的同一性，而非机械的同一性。有的西方学者提出，辩证法就是对非同一性的一贯认识。

---

① 《马克思恩格斯选集》，第 1 卷，人民出版社 1995 年版，第 46 页。

二、意识的本质问题研究

人是有意识的存在物,意识是人类的本质力量之一。因此,揭示人的意识本质和活动规律,不仅对人们的日常工作、生活和学习活动具有十分重要的指导意义,而且对于改善人的意识经验和身心健康状态也具有很强的实践针对性。对意识本质问题的阐述是一个关系到如何科学理解意识,以及意识能否进行科学研究的重要问题。但是,长期以来西方学术界普遍流行着贬低或否定人的意识活动的观点。精神分析学派虽然十分重视对无意识问题的探讨,但是却把意识视为无意识的形成物,甚至是一种"被压抑的神经质的行为"。行为主义者则从根本上否定意识的存在,或者将人的意识视为毫无用处的一种副现象。20 世纪 60 年代以来,随着人本主义心理学和认知心理学的崛起与兴盛,在国外心理学界出现了一场"回归意识"的运动。近 10 年来,国际自然科学界也出现了一个前所未有的研究意识问题的革命性运动。在这场世界性范围的意识研究热潮中,最值得引人注目的是涌现出了许多解释人的意识本质的理论假设和模型,其中"状态说"、"功能说"、"突现说"和"意识剧场模型"等学说,基本上代表了对意识实质研究方面所取得的新成就和新水平。

"意识状态说"是当前十分流行的解释意识实质的观点。早期的状态说将意识的核心视为"生物状态",把人的意识状态分为"清醒、睡眠、警觉、无意识等不同的时相"。这一学说提出,意识是大脑皮层活动的连续的不断变化,意识状态就是在一定的时间里意识所呈现的特征。例如,什么进入意识之中,进入的程度如何,什么性质的心理活动占主导地位,个人发挥作用的效率如何,等等。他们认为,一般来说,把意识设想为大脑警觉现象似乎更为合理。对于意识状态也可以做各种不同的分析,在正常条件下,意识具有四种不同的状态:①可控制的意识状态。在这种状态中,人的意识最清晰,最能集中注意力,能够有意识地去做成一件事情,属于意识的第一状态。②自动化的意识状态。这是指意识的参与成分相对较少的、可以变成自动化的活动状态,这是意识的第二状态。③模糊状态。指意识处于一种迷糊状态,它介于主动的意识状态与睡眠中做梦二者之间,属于第三种状态。④睡眠状态。这属于意识的第四状态。美国学者罗兰德斯提出,意识状态是一种主观觉察的心理状态;心理状态是由意向组成的,无论哪一种觉察都是对意向对象的觉察;意向是一种表征,一种具有某一种事物的状态的意向性对象,只不过是对某事物的表征而已;心理状态是对某一种状态的表征;意识状态是自我表征的状态,意识的觉察状态的自身表征总是根据另一种主观心理状态来实现的,表征状态具有内部的一致性。批评者则认为"意识状态"学说是一种似是而非的界定,它很容易被否定。因为脑警觉状态只是意识的必要条件，并不是充分条件。在许多情况下大脑的警觉状态也可能并没有意识。解决常规问题并不需要意识，只有解决那些非常规的问题，才需要意识。由于"意识状态说"难以区别意识与无意识、睡眠与病理条件下之间的质的差异，因此，目前的研究重点是通过认知实验的方法，探讨"意识状态与无意识状态"之间的量的区别和质的区别。一些学者指出，意识状态与无意识状态的基本差异主要表现在"情绪反应、主导编码、指导语的作用、预期策略、背景的影响和错误再认"等六个方面的指标上。

"意识功能说"，认知心理学家多持这种观点。这些学者为了进一步在原则上回答人"怎样意识"这一问题的活动过程，而建立了一种基于认知信息加工的意识理论。认知心理学家实际上是主张"意识现象是人脑机能或功能的本质表现"。如果假定意识有机能，那么它一定是认知机能。意识和交换信息是同义的，交换信息就是意识，交换信息丰富着我们的意识经验。德国心理学家波佩尔说："只有那些能够交流的心理事件才应被视为'有意识的'。因此，意识始终处于一种社会环境之中。没有其他人，也就没有意识。"[①]因此，意识对于交换信息来讲具有因果意义上的重要性。从认知功能的观点来讲，意识实质上是一种心理状态，包括感觉、知觉经验和正在发生的思维，因为"意识涉及觉醒、自主行为，注意、内部控制的状态，报告能力、内省和自我的知识。在理解和评价认知心理学的和神经心理学的意识理论时，区别这些概念是很重要的"[②]。认知心理学者认为，意识涉及知觉、注意、记忆、表征、思维、语言等高级认知过程，其核心是"觉知"，觉知性是意识的最基本的特征。同时，由于注意和意识之间存在着密切的关系，一些认知心理学与实验心理学家提出"意识就是注意"。"今天声称自己研究意识的认识心理学者并不多；相反，他们认为自己是研究注意，但其中包括许多人所说的意识的含义。像意识一样，注意也意指觉醒；去注意也就是对某事有意识；注意也包含着选择性；在我们注意某事时，我们选择了它，同时也忽略了另外的一些事情。"[③]还有的学者从记忆角度理解意识的本质。他们认为，意识与记忆之间的关系问题牵涉到了很多十分丰富的内容，人的意识使记忆具有可体验的性质，这些可体验的记忆经验可以由个体主观地报告出来，这些报告具有严格的客观性。记忆的编码能力与意识经验之间存在着一种不变的相互关联。也就是说，如果一个人记住什么东西，那么就一定会首先意识

---

① 波佩尔：《意识的限度：关于时间与意识的新见解》，北京大学出版社 2001 年版，第 151 页。

② 乐国安：《当代美国认识心理学》，中国社会科学出版社 2001 年版，第 98 页。

③ 汪云九等：《意识与大脑——多学科研究及其意义》，人民出版社 2003 年版，第 48 页。

到它。意识在脑中的功能定位描述、意识知觉的神经递质研究、意识受损的神经病理学等问题，是揭示意识本质的重要途径。这也正如认知神经科学家塔西所说的那样："意识本身的特征中没有任何一种特征类似于生命物质中的 DNA。但是对于意识的理解仍然需要借助于人脑的网络功能来加以认识，其促进了注意和记忆活动。"[1]大脑活动与精神之间的这种因果联系，实际上是一种认知进化的功能作用关系。

"意识突现说"在目前国外学术界影响越来越大。这种学说强调人的意识、心理活动依赖于复杂的大脑，但不能还原为大脑活动本身。意识现象不同于不可还原的神经事件，它是大脑活动的一种突现的属性，即高层次的整体属性对低层次的因果作用关系，人类的心灵意识在自然界的出现，是一种在性质上全新的现象，必须用比生物学描述更高级的层次来解释。著名脑科学家斯佩里、艾克尔斯和哲学家波普等人认为，精神、意识世界是在物质世界的基础上产生的，意识是在自然的选择压力下产生的突现现象。人的心理与脑都是独立的实体，物质世界中的脑存在和心理世界中的意识，总是设法交流的。物质能量这种第一世界并不完全封闭，而是有小孔隙，这种孔隙可能是由人脑最深处的一些特别精细的器官，即"体积为 10—16 微米的极小神经元突触"所组成，它们实现着同精神世界的接触。作为生命整体现象中新特性显现的突现的产生，依赖于三个基本条件：一是脑与脑外的实体结构；二是信息表征结构；三是刺激情境。因此，意识突现并不是一种难以捉摸的神秘现象，而是一种具有离散性质的因果关系。突现具有偶然性、突发性和主观随机性特征，也具有一定的倾向性、稳定性和客观性特征。例如，意识的突现往往是对熟悉事物的认识和再认识活动，意识的突现多产生于人们熟悉的领域，而对于不熟悉的领域则很难发生这种现象。

当前在西方出现的一种新的意识科学解释理论是巴尔斯的"意识统一场说"（WG），也称"意识剧院模型"。国内有研究者认为，这一"意识剧院模型"代表了意识心理学和意识科学解释理论的最新成就，为人们理解许多纠缠不清的意识概念提供了一个很好的框架，而且当代意识实验心理学的许多研究结果都可以基于这一模型得到理解。巴尔斯的"意识剧院模型"是建立在认知心理学上的一种理论假设。这一假说认为，人的意识活动需要一个中央工作空间，大脑就像同时有许多角色在演出的剧场，共有四种脑结构空间维度与四类脑功能模块系统同时投射在时间轴上，形成一种超立体的空间、时间活动维度。其中脑结构的四种空间维度分别为：从脑的深层到脑皮层的皮层化维度，从头后部

第七章　心理学的传统重要理论问题研究

---

① Tassi，"Defining the states of consciousness"，*Neuroscience and Behavioral Review*，2001，1.

到头前部发展的前侧化维度、大脑两半球功能的左右侧化发展维度以及脑背侧与腹侧发展维度;四类脑功能模块系统则是:与人的本能相关的具有明确功能定位的功能模块、自动化行为的功能定位模块、个体后天形成的习惯性行为模块(半定位的自动化系统)和高级意识活动模块(没有明确的定位系统)。巴尔斯根据认知心理学的观点提出:与意识活动关系十分密切的工作记忆,就像剧场内的舞台,注意则类似聚光灯,意识体验的内容是舞台上的表演活动者,只有意识的焦点内容才能保留下来,其他的活动则处于阴影中。无意识活动有点像观众一样,幕后的背景操作塑造了台上的事件,而"自我"承担着导演的角色。这一模型比较准确地阐述了意识、无意识、注意、工作记忆和自我意识等的相互联系及区别,也得到了许多神经生物学证据的支持。在学术界影响越来越大的著名心理学家、诺贝尔经济学奖获得者西蒙曾说,巴尔斯"为我们提供了关于意识的令人兴奋的解释,将这个问题从哲学的桎梏中解脱出来,将它稳固地置于实验研究的领地之中"①。这些众多的意识理论模型的出现,在一定程度上提升了当前意识科学研究的理论深度,代表了当前西方意识科学研究在理论建设上的新成就。

当然,目前意识研究也普遍存在着庞杂的"多元结构"现象和混乱事实。其中充斥着一元论与二元论、还原论与整体论、物质论与精神论、功能定位与心脑同型论等传统"形而上"的争论和纠缠。即使是新型的量子意识论、人工意识论、突现进化论以及取消主义的唯物论,也普遍显现出了在对意识本质理解上的根本性分野。以致有的学者竟然把人类的意识实质概括成是"生物的"、"物理的"、"物质的"、"精神的"、"遗传的"、"文化的"、"进化的"、"突现的"、"计算的"、"自组织的"、"功能定位的"、"整体的"、"动态的"、"生态的"、"自我的"、"社会的"……这种所谓的"意识既是一切,又什么都不是"的多元化观点,在根本上无助于对意识的实质这一重大理论问题的解决。

三、意识心理学的实验范式研究

自然科学范式视野下的意识和无意识关系研究,已成为当前心理学研究的新热潮。近10年来国内学者在内隐记忆、内隐学习、无意识知觉和内隐社会认知中引进了以PDP为代表的诸多意识研究范式,修正了常规启动效应,设计出"双维度SRT"范式。错误记忆、内隐时间、不注意视盲等新领域的触及代表着国内学者在意识研究内容上的丰富。"钢筋水泥"、"意识涌现"等模型的问世,

---

① 巴尔斯:《在意识的剧院中——心灵的工作空间》,陈玉翠译,高等教育出版社2002年版,封底。

代表着国内学者在意识研究理论上的新水平。

1. 意识和无意识实验范式的引进、修正和完善

（1）内隐记忆和内隐学习范式下的意识和无意识关系问题

内隐记忆和内隐学习范式下的意识和无意识关系问题的研究范式经历了两次大的转变。

从人工语法范式到序列学习范式。Reber（1967）首创了人工语法范式（AGL），尝试用分类操作任务来分离语法学习过程中的意识和无意识。但该范式在衡量标准、学习材料、刺激呈现方式等方面备受争议。于是 Nissen（1987）提出了序列学习范式（SRT），尝试用随机序列和固定序列的反应时差值分离意识和无意识。在此基础上，随后又衍变出了矩阵扫描范式、序列预测范式、复杂系统控制范式、设计时序和"双维度 SRT"范式等。

从任务分离范式到加工分离范式。任务分离范式是基于 SRT 范式的争议提出的。通过直接测验任务来测量意识加工、间接测验任务来证明无意识加工的存在。由于任务分离范式很难做到意识和无意识之间的有效分离，Jacoby（1991）提出了加工分离范式（PDP），通过包含测验和排除测验两类测验来分离意识和无意识。该范式被学术界誉为"一种最直接和最客观的测量意识和无意识贡献的有效程序"。

国内学者在该领域的贡献主要有以下几个方面。杨治良最早引进了 AGL 范式，通过两种人工语法的会聚操作，探讨了语法学习时意识和无意识的贡献及协同关系；通过编制汉字偏好测验，推证出偏好测验中存在无意识加工；通过使用非文字材料，探讨了无意识学习的普遍性；运用信号论范式证明了内隐学习的"三高特性"。黄希庭证明了内隐汉字时序记忆中存在意识和无意识加工分离。朱滢证明了意识与无意识之间的相互独立性。在实验范式方面郭秀艳将 SRT 范式拓展为"双维度 SRT"范式，杜建政将加工分离范式扩展为多重分离范式。

（2）无意识知觉和内隐社会认知范式下的意识和无意识关系问题

概率论的引进，开辟了意识研究范式的新途径，促使意识研究内容从内隐记忆、内隐学习扩展到无意识知觉和内隐社会认知等诸领域。Stroop 色词干扰变式。"注意就好比是选择一个喜欢的电视节目，而意识则是出现在屏幕上的内容。"Merikle 巧妙地利用概率论提出 Stroop 色词干扰变式来研究无意识知觉。内隐联想测验（IAT）。该范式是用来评估个体对两个概念无意识联系强度的间接方法。通过相容和不相容两类任务来分离意识和无意识，以 IAT 效应间接评估被试在内隐认知中对客体的相对态度。IAT 范式的变式。基于 IAT 范式忽略错误率的缺陷，Nosek 和 Banaji（2001）提出了 GNAT 范式（The Go/No-Go Associ-

ation Task)。后来学者又拓展出外在情感西蒙任务(EAST)和评价启动范式
(EST)。

国内学者在该领域的主要贡献有以下几个方面:朱滢等人验证了 Stroop 色
词干扰任务的结论,确立了意识和无意识知觉间质的差异。杜建政通过不同认
知负荷下的外显自我评价证明 IAT 范式下内隐自尊和外显自尊发生了分离,内
隐自尊具有无意识自动化特点。朱宝荣等创用"超意识广度法"和"二次比较
法"修正了常规启动效应。目前,这些修正的范式被大量用于攻击性行为、刻板
印象、自尊等传统社会心理学领域,也被大量用于内隐态度、情绪与推理及个体
焦虑症治疗等实践领域。

(3)错误记忆、内隐时间和不注意视盲范式下的意识和无意识关系问题

近年来,错误记忆、内隐时间和不注意视盲现象成为众多学者关注的热点
问题。

①错误记忆的实验范式。最新的研究结果表明,错误记忆的信息加工过程
也与无意识有关。记忆源检测中包括快速启发式的无意识加工和精细系统式
的有意识加工。[①] 另外,类别联想范式、无意识知觉范式、误导信息干扰范式和
KK 范式等也都是错误记忆中比较著名的范式。

②内隐时间的实验范式。从内隐运动出发的表征动量范式和从时距估计
分布出发的计时分布相关范式促进了内隐时间范式的提出。

③不注意视盲的实验范式。不注意视盲是指人们专注于某事而忽略在眼
前出现的其他事物的现象。[②] 不注意视盲将知觉、注意与意识的关系带入了新
的观察视角,主要有静态实验范式、选择性注意范式以及动态实验范式。采用
不同范式的研究结论均证实了在不注意视盲中存在无意识加工。

国内学者在该领域的贡献主要有以下几个方面:周楚等人用集中联想范式
(DRM),证明了错误记忆的产生是从无意识到意识激活关键诱饵的连续累积过
程。[③] 何海瑛等人的结果也说明错误记忆更多受无意识影响。黄希庭用表征动
量范式发现,内隐时间表征具有一致向前的方向性、顺序性和连续性。目前相
关学者又开始尝试将不注意视盲、记忆捕获和注意瞬脱三者结合起来进行对比
研究,这种尝试将很可能为意识的理论发展提供新契机。

---

① 耿海燕等:《记忆的源检测研究及应用》,载《北京大学学报》2007 年第 5 期。

② Simons, "Attentional capture and inattentional blindness", *Trends in Cognitive Sciences*, 2000, 4.

③ 周楚等:《错误记忆的产生是否依赖对词表的有意加工:无意识激活的证据》,载《心理学报》2007 年第 1 期。

2. 对意识和无意识关系研究的理论建树

实验范式、认知计算理论技术和认知神经科学的日趋成熟,在方法上为建构意识模型提供了现实的保证和可能性。"钢筋水泥"、"意识涌现"等模型的问世,代表了我国心理学家在意识领域研究的新水平。

(1)意识和无意识相互作用的"钢筋水泥"模型

杨治良及同事经过多年的研究,提出了意识和无意识关系的"钢筋水泥"模型。① 该模型认为,人的认知系统中存在意识和无意识两个子系统,两个子系统间会产生协同作用,使系统形成具有一定功能的结构,并表现出相互独立、相互作用、互为主次、相互依存的特征。意识和无意识共生共存,在心理活动的不同层面有着不同的关系形式。人的整个内心世界就是以无意识为"钢筋",以意识为"水泥"构筑起来的相互联系的大厦。如果单有钢筋构不成框架,单有水泥也构不成框架,只有当意识和无意识有机结合起来,才能构建一座建筑物的基本框架。该模型的提出,一方面避免了传统模型的机械分离性而导致将意识和无意识完全分离看待的片面性,另一方面强调了在任何一种水平以及任何一个层面上,意识和无意识都是一个有机的复杂结合体,甚至可以说我们生命的延续、文明的积淀都是以意识和无意识共同构建的基本结构为基础的。随后,郭秀艳运用 PDP 范式,提出了意识和无意识间交叉发展的权衡观。认为权衡还有两者相对性的一面,即一方下降时另一方会表现出相对地位的提高②,二者间独立性是相对的,存在紧密的联系和相互作用,既包含外显学习(意识)也包含内隐学习(无意识)。至此,意识和无意识的关系研究已从最初的协同观发展到权衡观。

(2)刺激特性、注意和意识之间的相互关系模型

耿海燕和朱滢的研究表明,决定一个刺激是被有意识知觉还是无意识知觉时,注意和刺激特性间存在系统的相互补偿。③ 当激活水平超过意识阈限,刺激被有意识知觉;激活水平不足以超过意识阈限,刺激依然能被知觉到,但不伴随主观的意识经验,即被无意识知觉。刺激特性增强或注意水平提高都可以增加激活水平,二者作用可以累加。当激活水平达到一定程度时,意识就产生了。由此推测意识和无意识之间是在注意、刺激特性等因素影响下发生相互转化

① Yang et al, "More implicity in social cognition", *Acta Psychological Sinica*, 1998, 1.
② 郭秀艳等:《意识—无意识成分贡献的权衡现象——非文字再认条件下》,载《心理学报》2003 年第 4 期。
③ 耿海燕等:《意识和无意识知觉:注意和刺激特性间的相互补偿》,载《心理学报》2001 年第 5 期。

的。他们的研究进一步提出了刺激特性、注意和意识之间可能存在的三种关系模型。

（3）意识涌现模型

查默斯（1995）在其《意识经验之谜》一文中指出"意识研究真正困难的问题是关于经验的问题"，即意识始终是被主观体验到的，具有感受性。正所谓不识庐山真面目（意识状态），只缘身在此山中（清醒状态）。针对解决意识研究的困难问题，唐孝威（2006）提出了"意识涌现模型"。所谓意识涌现就是大脑皮层给定脑区的信息加工从无意识到有意识的动态转变过程。[1] 意识是脑区激活在脑内网络中的传递。脑区间的相互作用使脑区发生能态跃迁，当脑区的激发态未达到意识涌现的阈值时，脑保持无意识状态，在达到意识阈值时，会发生相变，脑从无意识状态转变为意识状态。这时脑内意识涌现，出现相应于脑区激发态的主观觉知和主观体验。因此意识涌现是脑区能态跃迁和许多脑区激发态间不断竞争和选择的结果。据唐孝威提出的脑区态理论，有意识、无意识、潜意识分别相当于脑区的不同能态，意识和无意识加工的脑机制都是相关脑区的激发，在本质上是统一的。唐孝威灵活地将意识和无意识比作脑功能活动中的相变，认为随着意识阈值的变化，从有意识到无意识，或从无意识到有意识，这种相变是可逆的。但如果脑区激活水平反常地高，则不发生正常的相变而引起意识涨落，甚至导致意识崩溃。

（4）"车站监视室"模型

汪云九等从计算神经科学角度出发，提出了意识的"车站监视室"模型。[2] 认为"车站监视室"由一组神经元构成，并形成一层神经网络。各感觉系统实时地把讯号送入监视室，监视室内有各自的活动投射区。丘脑的讯号负责调节各神经元的阈值参数，额叶和动物脑也会把活动状态的副本递交监视室，监视室神经网络内各投射区用同步振荡方式交换信息。意识清醒状态下，神经网络内出现适度的多变神经信息波。其中，正常的清醒状态是来自额叶或动物脑的兴奋波，与来自感觉系统和行为反应系统的兴奋波，有同步振荡发生。无意识状态、各种病理状态，都反映神经网络兴奋波的特殊活动模式。根据意识的"车站监视室"模型，考虑神经网络中兴奋性情况，从能量和神经系统电发放的角度，汪云九等人把意识划分为三种，从无意识状态到意识状态神经电活动的兴奋性增高，神经网络中消耗能量也随之递增。

---

① 唐孝威：《脑与心智》，浙江大学出版社 2008 年版，第 99 页。
② 汪云九等：《意识与大脑：多学科研究及其意义》，人民教育出版社 2003 年版，第 271 页。

四、中外意识与无意识关系研究的差异比较

国内学者的最大贡献是将意识研究提升到了科学的本体论地位,用实证范式验证了无意识加工是人类无法否认的心理活动认知方式。从经验现象到微型理论再到模型是当代意识心理学研究变化的明显轨迹。国内意识和无意识关系研究与10年前相比,发生了翻天覆地的变化,甚至连我国著名学者潘菽先生生前也没有预料到意识研究会在近10年取得如此突破性进展。我国学者从学习和引进意识实验范式开始,从不同角度做了补充、修正、发展。在研究范式方面,用"双维度 SRT"范式修正了序列学习范式;将任务分离范式拓展成为多重分离范式;在研究领域方面,通过内隐联想测验,从内隐记忆、内隐学习扩展到内隐社会认知等领域;新近研究又触及错误记忆、内隐时间、不注意视盲等新领域,研究内容逐渐系统化。采用的实验范式与国外研究水平基本同步,方法论技术层面也做出了很大革新,并从理论上初步论证了意识和无意识的复杂关系。正如维特尔所说:"无意识的实验研究是当代心理学研究中最值得改写的一个精彩篇章。"[1]

第一,国内学者扩展了意识研究领域但又表现出泛化趋势。当前的意识和无意识研究大多是片段性、切片性、平面式的,力度和深度上仍有待拓展。意识的实证研究存在就事论事的现象描述倾向,结论大多呈正态分布,并未能揭示出意识和无意识关系的本质规律。特别是需要进一步进行整合性的理论阐释,为进一步建立意识研究的层级模型提供合理性的原则和方法论基础。

第二,意识的理论建树不够深入,缺乏整体性的理论阐释。"钢筋水泥"模型代表了我国学者在意识与无意识领域研究的新水平,为我们理解意识与无意识的关系问题提供了新的实证和理论依据。该模型与巴尔斯的"意识剧场"模型[2]异曲同工,都是科学隐喻,但后者更为准确地阐述了意识、无意识、注意、工作记忆和自我意识之间的关系,也得到了越来越多的神经生物学证据的支持,代表了意识科学研究最高成就。特别是巴尔斯采用生态发展和比较研究的观点,广泛吸收了比较神经学、神经心理学、精神病学和神经影像学研究的新进展,多层次地分析了意识和无意识活动的脑机制,并将这些新的研究进展集中到意识剧院模型中,形成了四种脑结构空间维度和四类脑功能模拟系统的假设,为意识脑机制建立了动态模型。意识涌现模型揭示了大脑皮层给定脑区的信息加工从无意识到有意识的动态转变过程,告诉我们心脑行为从根本上讲是

---

① Vaitl, "Psychobiology of altered states of consciousness", *Psychological Bulletin*, 2005, 1.

② Baars, *In the Theater of Consciousness* (New York : Oxford University Press, 1997), p. 73.

神经系统自组织活动本身的外效表现。这和 Crick 的意识突现理论不谋而合,即意识是诸多神经元复杂相互作用的结果。正如神经生物学家卡尔文所强调的,意识是神经元集群自发地产生宏观行为的结果。意识涌现模型虽然告诉我们心脑行为从根本上讲是神经系统自组织活动本身的外效表现,但由于自组织行为涉及大量非线性科学理论,其定量分析存在着非常巨大的困难。车站监视室模型与"探照灯"假设都强调了丘脑的作用,"探照灯"假设分析了丘脑—皮层相互作用在选择性注意中的功能,车站监视室模型又进一步从计算神经科学切入,给意识和无意识提供了有力的理论框架和可合理度量方法,但依然缺乏大量实证研究的支持。

第三,国内意识和无意识关系神经机制的探讨还非常有限。脑成像技术的使用使得我们能够窥视人类大脑,观察觉知内容的神经相关物,相关研究已经证明无意识知觉是存在的,一个不被觉知的刺激可以在各种水平上得到神经表征,而这些神经表征在什么条件下才能通达意识,记忆、思维、情绪等高级心理过程的意识神经机制又是什么? 这是将来我们需要进一步研究的问题。此外,对于神经活动模式与意识觉知的关系问题依然没有定论。神经活动究竟是不是意识活动的充分必要条件? 这方面研究的不足仍然很难澄清神经活动与意识觉知产生的因果关系[1]。

第四,多层次跨学科视野下进行意识和无意识整合研究的力度有待深化。国外意识研究在 20 世纪末"返老还童",成为一个"崭新的前沿领域",主要得益于多层次跨学科融合的意识研究框架的形成。一方面吸收了认知科学的四大理论成果——模块论、生态论、联结论和模糊集理论,另一方面从心理学吸收了内隐和外显两类心理过程的新概念以及功能模块的实验分离技术,还从神经科学中吸收了多层次研究的新手段,形成了意识研究的新热潮,并取得了突破性进展。[2] 国内意识和无意识问题研究目前正处于一个从行为研究向认知神经科学研究过渡的渐进和转型阶段,学科之间的融合和交流仍然没有形成一个通畅的机制,要真正破解意识的科学难题,任重而道远。

当前自然科学范式下的意识和无意识研究,也给我们从理论与实践上认识人类的意识问题,引发出了不少新的值得进一步思考的问题。对于以无意识占据意识世界主导地位的观点,我们是否应该将"实然"与"应然"这两个相关问题区别开来? 现有的实证研究结果证明了无意识加工的普遍性,那么我们应该

---

① 石冠楠等:《视觉意识及其神经机制》,载《心理科学》2007 年第 5 期。
② 巴尔斯:《在意识的剧院中——心灵的工作空间》,陈玉翠等译,高等教育出版社 2002年版,第 2 页。

进一步追问:这属于实然的经验事实还是应然的普适性理解方式和规律？事实上,很多事情的确是很难说清楚是无意识起着关键性作用,还是意识发挥着支配性影响。在这一问题上,我们更倾向于赞同车文博先生的观点,"无意识不是人的心理活动核心和动力,而是整个心理活动的必要补充和辅助成分。"诚如巴尔斯所说:"没有真正的创造性工作是以意识—无意识—意识的跳跃完成的……许多问题的解决需要意识流的多次沉浮。"意识是通向巨大的无意识心理的通路,意识流实际上是由一系列交织的"意识—无意识—意识"三位一体组成的。

如今意识研究在近 10 年内取得了非常显著的进步,反映了神经科学界、认知科学界、心理学界和哲学界重要的技术突破和研究者们的巨大努力。虽然意识和无意识关系的系统化、整体性、理论建构等均有待进一步深化和发展,但科学家们正在从理论上努力寻找意识理解的共同依据,这为我们如何以及为什么体验和理解外部世界寻找一个统一的解释铺平了道路。

[复习思考题]

1. 怎样才能促进理论研究与传统研究的融合？
2. 身心关系的理论内涵及其意义。
3. 关于身体在心理学中的地位与作用问题的新理解。
4. 意识问题与心理学的理论创新。
5. 关于意识实质的新认识。
6. 如何理解意识与道德的关系？
7. 无意识机制的实证研究进展述评。
8. 自我与人格本质研究的新进展。
9. 理论视域下的身心健康问题。

第八章

研究生论文欣赏与点评

中国传统儒家责任心理思想探究

任亚辉

（南京师范大学心理学研究所 2006 级博士）

摘　要　与西方个人主义文化背景下建构的责任心理观不同，传统儒家以"天人合契"思想为主旨，强调在关系伦理的价值体系中探求责任心理的现实定位，从而形成了一种以朴素的血缘亲情为基础，以"孝悌"为核心，外推"礼义"以至人类社会与自然的责任心理观。它视"民胞物与"的仁爱精神、"敬德保民"的王道信念、"心忧天下"的忧患意识为核心内容，主张以个人为起点，经由"诚"、"敬"的主观修养、"知行合一"的力行实践，并辅以外在刑罚约戒，达致"克己让人"的为他责任人格。责任心理思想是传统儒家学说"上本天道、下理人情"，融贯道德理想于人伦日用的中心环节。

关键词　儒家；责任心理；天人合契；礼义；知行合一

1. 引言：责任心理的文化建构品性

责任，就其本意而言，是指个体对自身分内事务的体验及由此引发的相应社会行为。它是社会成员以至人类群体之间关系形态生成与维系的重要前提，并且因参与主体的具身化实践特性而凸显出深厚的心理学蕴涵：任何特定的责任内容、类型结构与实现机制，都同责任主体所秉持的角色自我意识、关系体验，及其潜在的本体论、人性论与价值论构想存在着直接相关。梁漱溟在《人心与人生》自序中即开宗明义地指出，"凡是一个伦理学派或一个伦理思想家，都有他的一种心理学为其基础；或说他的伦理学，都是从他对于人类心理的一种看法，而建立起来。"而依照后经验主义的社会建构论观点，并不存在超越历史与文化的内在意识和心理结构，对心理现象的理解也不是所谓经验归纳的产物，其本身是一种社会建构，是植根于特定历史和文化的人们协商、对话的结果。基于上述立场，作为一种具体社会形态下伦理与价值践履集中表达的责任心理观，不可避免地会被刻上该地域独特的文化烙印，展现出典型的文化依存特征。对于当前我国的责任心理研究而言，准确廓清浸润于本民族文化传统语境中有关责任本质内涵之视阈，则是保证相关研究结论有效可信的基本要件。

关于中华文化精神传统，儒、道、释三家向来被视作其中的源流主干。尤其是儒家心忧天下、仁民爱物的性命伦理之学，更是被奉为中国传统文化的核心价值理念。牟宗三曾将此精当地概括为"开辟价值之源，挺立道德主体，莫过于儒"，并指出"在危疑时代，能挺起来做中流砥柱的，只有儒家"。儒家所强调的"内圣外王"、"以天下为己任"的士人精神，"修己济世"、"兼善天下"、"弘毅力行"的君子人格，皆关乎一种独特责任意识、责任心理动力结构的形塑，直接影响到国人民族性格的孕育、积淀。可以说，责任心理思想在儒家传统教化中是以一种"缄默知识"的面貌出现的，广泛渗透入身心安顿的人伦日用之中。因此，若要透彻了解中国人的责任心理，儒家传统始终是一道无法绕过的命题。

2. 儒家责任心理思想的立论之基

与其他许多研究主题类似，当代中国的责任心理研究俨然也是一个受到西方学术潮流影响而降生的"混血儿"。这种中、外时空交错的多维理解与阐释语境，在极大丰富了现有责任心理研究的视角理路的同时，无形中也增大了研究者在分析、研判传统责任心理思想时发生歧义性认知的几率。为了有效甄别儒家责任心理观的主旨内涵与整体追求，准确客观地揭示其心理实现机制与内在品质构成，要求我们必须做到正本清源，经由回观流传至今的经典经籍文本，以认真求证儒家责任心理孕育产生的思想背景。以此出发，本文认为，责任心理作为儒家文化衍生的一种重要品质，与其传统的天人观和伦理观具有紧密的内在相关，先哲大儒所极力推崇倡导的"天人合一"思想及在此基础上构建的关系伦理价值体系，作为世人人格自我成长转化的行动指南，构成了儒家责任心理思想的立论之基。

2.1　天人观

我们之所以在此将"天人观"设定为儒家责任心理思想研究的逻辑原点，不仅仅是由于儒学认定"天"是一种始终处于形上之维的"超验"存在，具有普遍性的在场地位；更重要的是，作为人世的道义原型，"天"的周流运演规律，即"天道"，在原初意义上划定了人之修为合宜性的标准，成为人类社会伦理秩序和个体内在超越性的基本逻辑前提，成为现实"人道"实践的价值本源。《易传》在解说世间万物运行的原始动力及创造原则时指出："乾道变化，各正性命。保合大和，乃利贞。"(《周易·乾卦·象传》)万物若能各安其位，循序而行，自然就会融洽和谐。从而对作为"天地之心"、"最为天下贵"的"人"而言，只有以"天人合契"为主旨，参赞天地之化育，才能达致安身立命，实现自身的存在价值。《周易》有云："夫'大人'者，与天地合其德，与日月合其明，与四时合其序，与鬼神合其吉凶。先天而天弗违，后天而奉天时。"(《周易·乾卦·文言》)楚简《性自命出》中也明言："性自命出，命自天降。"这是对于周人"敬天"思想的进一步拓展，明确地表达出人之本性得自于天、天人相通的基本理念。

儒家学者中最早将天人关系上升至世界观、本体论层面详加论证的，当属孟子。他在谈及个人的修身问题时提到："尽其心者，知其性也。知其性则知天矣。存其心，养其性，所以事天也。"(《孟子·尽心上》)人必须发挥心思之能，才能了解人的本性，并由此上达天道。及至宋明时期，关学鸿儒张载在天人关系问题上第一次明确提出了"天人合一"的命题，"天人不二本"自此成为道学家达成的共识性结论。如张载主张"大其心，则能体天下之物"，认为"圣人尽性，不以见闻梏其心，其视天下无一物非我"(《张子正蒙·大心篇》)。程颐则极力强调"只心便是天，尽之便知性，知性便知天。当处便认取，更不可外求"(《二程遗书·第二卷上》)。朱熹进而将其解释为"盖天地万物，本吾一体，吾之心正，则天地之心亦正矣"(《四书章句集注·中庸章句》)。王阳明更是直接把先天之理置于人心之中，"仁人之心，以天地万物为一体，䜣合和畅，原无间隔"(《王阳明全集·与黄勉之二》)。以上各家虽对"天人一体"的理解各有侧重，甚至在某些基本立场上针锋相对("朱陆之辩"即最典型)，但在借"人道"以明"天道"这一点上却是大概一致的。孔子"人能弘道，非道弘人"的积极入世精神，在经历了先秦、汉魏时期儒学的演化、发展后，在宋明道学家这里实现了否定之否定的更高层次回归。

牟宗三曾断言："主体和天可以通在一起，这是东方文化的一个最特殊、最特别的地方，东方文化与西方文化不同最重要的关键就是在这个地方。"西方近代理性启蒙运动对人所做的单子式理解，直接塑造了一种个人自由、利益至上的个体本位文化。这致使他们理解的责任更多的是一种以自身为疆界、被动消极的外铄式契约型责任，主要依靠律令等外在手段加以维系。而中国儒家文化信奉的天人相通理念，则提供了一种完全不同于前者的责任心理萌生土壤。正是这种相通使得人以复归天之正道并尽收天地于己的胸襟，以懔懔危惧、不敢懈怠的态度，主动承担起"仁民爱物"、照管家国天下的责任。无限延展的责任情怀成为人之为人的根本特征。这就有效地解答了人为什么必须,并且能够主动负责的问题,同时使得中国人的责任意识与行为主要不是依赖刑罚规定威慑,而是径需向内求取,即"为仁由己"、"躬自厚而薄责于人",经由修身而深造自得。

2.2 伦理观

作为一种以天人相通为立论前提的道德价值学说,儒学对于伦理秩序的论证体现出鲜明的"上本天道,下理人情"的思维结构特征;而其对"善"的性质内涵的界定,以及礼义思想所关涉的理论宏旨,则意在说明人在伦理秩序上寻求与天道融通契合的可能性。

在中国传统文化中,天道运演的规律往往是作为一种和谐的完满存在而予以先在承认、存而不论的。孔子尝言:"天何言哉?四时行焉,万物生焉,天何言哉?"(《论语·阳货》)荀子则将其阐释为"天行有常,不为尧存,不为桀亡"(《荀子·天论》)。恒在有序、化秩万物构成了天道运行的基本特征。那么,如何能在天人交感相通的过程中使"人道"有效地符合参配"天道"?周人开出的处方是"敬天保民"。他们在深刻反思商灭周兴的历史经验教训后,得出了"皇天无亲,惟德是辅"(《尚书·蔡仲之命》)的结论,从而改变了殷人只顾"率民事神,先鬼而后礼"的做法,实现了"人"的发现。"天已不再是外在于人或个我活动的主宰者,而是根据人自己的活动(德行)而辅佐有德的主宰者。这一思想无疑预设了这样的可能性:至少人们对于与自己有关的天,不全是无所为的,或个我以自己的活动而影响甚至参与'天'作为主宰者的活动。"这样,"天命"问题转化成了人的德行问题,也即实现了从"敬天保民"到"敬德保民"的思想进化。并且,为贯彻德治理念,周人更是创设礼乐制度以为外在保障。王国维在考察周之彝伦时曾指出,"使天子、诸侯、大夫、士各奉其制度典礼,以亲亲尊尊贤贤,明男女之别于上,而民风化于下,此之谓治,反是则谓之乱。是故天子、诸侯、卿、大夫、士者,民之表也;制度典礼者,道德之器也"。这种以人的自然生存状态为基础的宗法礼治关系的确立,实开后世儒家德治、人伦礼乐教化之先河。

以孔子为代表的儒家学派在继承周人开创的"以德配天"传统的基础上,对礼乐制度做出了理论上的系统完善,形成了以朴素的血缘亲情为基础,以孝悌为核心,外推扩及君臣、社会、国家天下的一整套伦理规范,并自觉将其确立为社会成员应当普遍遵守的实践原则。在《礼记》中,这种礼乐制度被集中阐释为以"节"、"义"为特征的礼义之道。"何谓人情?喜、怒、哀、惧、爱、恶、欲,七者弗学而能。何谓人义?父慈、子孝、兄良、弟弟、夫义、妇听、长惠、幼顺、君仁、臣忠,十者谓之人义。"然而民存好恶争夺相杀之心,"故圣人所以治人七情,修十义,讲信修睦,尚辞让,去争夺,舍礼何以治之?"(《礼记·礼运第九》)只有以礼节制,才能使人守"义",即在关系伦理中自觉保持身份与言行的合宜性,进而进达人道合于天道的理想"中和"状态:"喜怒哀乐之未发,谓之中。发而皆中节,谓之和。致中和,天地位焉,万物育焉。"(《礼记·中庸第三十一》)

《易传》中说:"一阴一阳之为道,继之者善也,成之者性也。"(《周易·系辞上传》)在儒家学者看来,个体若能够做到贯彻礼义,肯定并维护伦理关系的纲常正道,其社会行为就是一种"善"的践履,其人格也会达致"止于至善"的境界。孔子本人即终生笃守仁道,行礼乐之教,坚信"不知命,无以为君子也;不知礼,无以立也"(《论语·尧曰》)。他认为个人只有明于性命之道,行为合于礼义,才能获致君子圣贤的完美人格,挺立于天地之间。

在"天人合契"的恢宏语境下,儒家以"致中和"为鹄地的伦理价值观表现出一种"唯义所适"的"天下"情怀。受其影响,儒家知识分子逐渐养成了一种"躬行仁义、修己济世"的内在心理品质,并将其自觉运用于个体弘道修德的具体生活境遇之中。这对于我们理解传统儒家责任心理的构成内容与形成机制,具有基础性指导价值。

3. 儒家责任心理思想的基本观点

基于上述天人观和伦理价值观,自孔孟以降至于宋明的心性学说强调,人作为"天地之心",其意义不仅仅在于使人心与天道秩序相感通而连为一体,更重要的还在于使人对万物负有了一种不可推卸的道义上的责任感。正是这种责任心理体验构成了儒家道德理想得以返回现实生活世界的必要条件,也使得"礼义"原则避免了沦为苍白说辞的尴尬境地。因此,就现实功用而言,责任心理是个体主动担负起天地万物的"主持者"角色、融贯儒家伦理思想体系、实现"诚于中而形于外"的重要环节。

反观传统儒家学者在责任心理的基本内容、实现条件,以及养成机制等方面的见解,其中不乏真知灼见。限于篇幅,本文在此择要点整理概述之。

3.1 责任心理的主要内容

3.1.1 "民胞物与"的仁爱精神

"民胞物与"思想出自张载的传世名篇《乾称篇》(亦名《西铭》)。在文中,他从"天地之塞,吾其体;天地之帅,吾其性"的"天人一体"高度出发,经由天道宇宙法则来推衍人世的价值秩序结构,将"仁爱"的思想内涵扩展成为一种普适于人类社会与自然界的博爱。张载说:"大君者,吾父母宗子;其大臣,宗子之家相也。尊高年,所以长其长;慈孤弱,所以幼其幼。圣,其合德;贤,其秀也。凡天下疲癃残疾,茕独鳏寡,皆吾兄弟之颠连而无告者也。'于时保之',子之翼也;'乐且不忧',纯乎孝者也。"(《张子正蒙·乾称篇上》)其主旨意在以"孝悌"原则为中心,把君臣、老弱、鳏寡等一切社会关系尽收于"父、母、兄、弟"这样的亲族伦理之中,通过恪守人伦礼义以达于井然有序的和谐治世。张载本人即以实际行动践履着自己"四为"("为天地立心,为生民立命,为往圣继绝学,为万世开太平")为目标的人类大爱理想。

"民胞物与"的仁爱精神在先秦以来儒学发展脉络中早已有所显现。其中,孟子"亲亲而仁民,仁民而爱物"的主张可被视为这种仁爱精神的直接思想来源。当然,与"仁民爱物"思想一起被继承下来的还有"爱有差等"的宗法层级观念。孔子说:"夫仁者,己欲立而立人,己欲达而达人。能近取譬,可谓仁之方也已。"(《论语·雍也》)孟子也说:"君子之于物也,爱之而弗仁;于民也,仁之而弗亲。"(《孟子·尽心上》)可见,这里倡导的博爱,其基础不是墨家意义上的兼爱、泛爱,而是"近譬诸身"、"施由亲始"的天然之爱。但也正是这种本于人的原初血缘亲情而建立起来的仁爱思想,才让家族观念浓厚的国人感觉更为真实、朴素、可信,从而"在'推己及人'的感性体验和'天人一体'的理性论证的辩证统一基础上,成长为一种基于亲情而又高于亲情的伟大人类之爱"。

3.1.2 "敬德保民"的王道信念

"王道"是与"霸道"相对应的国家治理思路。孟子曾对双方的差异做过如下精辟论断:"以力假仁者霸,霸必有大国;以德行仁者王,王不待大,汤以七十里,文王以百里。以力服人者,非心服也,力不赡也;以德服人者,中心悦而诚服也,如七十子之服孔子也。"(《孟子·公孙丑上》)与"霸道"强调凭借武力征服的观念不同,"王道"政治主张通过布施仁政,上合天道,下恤万民,以实现社会的长治久安。从历史上看,这种理念兆始于周统治者"以德配天"的治世思维,完善于孟子"民贵君轻"的德治理想。

王道是儒家学者倾其一生努力追寻的社会政治理想。王道信念作为一种人格心理品质,体现出儒家知识分子的积极入世情怀,也关乎其自我身份认同与角色定位。对士人君子而言,其在"行仁义"与"由仁义行"问题上的立场采择,很大程度上会影响"敬德保民"王道信念的达成。"行仁义"者易把"仁义"理解成客观既定的纲常教条,从而沦为皇权统治者手下的顺民、奴仆;"由仁义行"者则能较准确地把握"仁义"中节、合宜之内涵,这也使他们能够在参与政事的过程中,不完全囿于特定阶级利益的挟制,而是站在审视、反思现实王权统治的立场上,更好地为民请命。古代很严正的儒者往往经由"学优而仕"的途径,来实现自己"唯义所适"的道义责任。他们把"立德、立功、立言"之"三不朽"作为自己的人生价值目标和理想追求,以达致"天听自我民听,天视自我民视"(《尚书·泰誓》)的高远境界为己任,勇敢地担负起济世安民的王道使命。这种王道信念向内作用而形成的儒家"内圣"人格品德,与向外延伸发展出的"外王"政治实践,以及具体情境中儒家知识分子表现出来的"死守善道"的牺牲精神,构成了儒者社会责任意识的核心价值理念。

3.1.3 "心忧天下"的忧患意识

"忧患"一词最早出现于《周易》:"《易》之兴也,其于中古乎? 作《易》者,其有忧患乎?"(《周易·系辞下传》)统观《周易》全书不难发现,忧患意识可谓其成书的根本动力。正如徐复观指出的,"把一切问题的责任交给神,此时不会发生忧患意识","只有自己担当起问题的责任时,才有忧患意识"。伴随"人"作为"天地之心"的意识觉醒,儒家最终实现了忧患对象从神道天命到人道、礼治的转变。

儒家的忧患意识主要包括两方面的内容,即对自己践行礼义的忧虑和对家国天下礼治的忧虑。对于前者,孟子尝言:"是故君子有终身之忧,无一朝之患也。乃若所忧则有之:舜,人也,我,亦人也,舜为法于天下,可传于后世,我由未免为乡人也,是则可忧也。忧之如何? 如舜而已矣。"(《孟子·离娄下》)孟子在此忧的不是担心天下礼治的毁灭,而是自己不能像舜那样担负责任、作为榜样昭于天下。也正是这种诚惶诚恐、充满戒惧的忧患意识,成为士人君子积极践行责任的原动力,成为催促中华民族砥砺磨志、奋发有为、积极向上的精神来源。对于后一种忧虑内容,自孔子始就形成了一种对现实社会治道的深刻忧患意识。面对春秋时期那样一个礼崩乐坏的"无道"时代,孔子明确指出:"德之不修,学之不讲,闻义不能徙,不善不能改,是吾忧也。"(《论语·述而》)这里突显的是对现实政治的忧虑,强调的是个人的社会责任感。而现实儒者身上具备的忧患意识往往兼具关怀自身与天下的双重蕴涵,如宋代范仲淹的"居庙堂之高则忧其民,处江湖之远则忧其君","先天下之忧而忧,后天下之乐而乐",明代黄宗羲的"盖天下之治乱,不在一姓之兴亡,而在万民之忧乐",以及顾炎武提出的"天下兴亡,匹夫有责"的道德责任思想。上述忧患意识从反思、检视个人的责任践履出发,以家国民族兴衰为关怀宏旨,历经世代积淀而成为后人济世献身精神和爱国情怀的内在动力源泉,成为维护中华文明绵延永续的思想保证。

3.2 责任心理的实现条件

责任心理品质的内化认同与实践转换,需要责任承担者的一种主体理性自觉。对传统儒家责任心理观而言,人格自我的扩展与超越是保证责任心理得以实现的关键。

从孔子强调"克己复礼为仁"开始,儒家就基本上封堵了"自足式个人主义"的进路。他们并不否认个人独特的生命存在,但认为这绝不是生存论意义上的目的归宿,而是责任伦理关切的起点。梁漱溟在谈到传统中国人的社会生活时指出,"中国人就家庭关系推广发挥,而以伦理组织社会,消融了个人与团体这两端。每个人一生下来就存于各种伦理关系之上,且对于四面八方有伦理关系之人负有相当义务。全社会之人,不期而辗转互相连锁起来,无形中成为一种组织"。台湾学者黄光国将此称为"儒家关系主义"。他认为,"在儒家关系主义的影响之下,华人所建构出来的自我,既不是西方个人主义文化所强调的'独立的自我',也不完全是所谓的'相依的自我',而是一种'关系自我':他们通常会依个人与互动对象之间关系的不同,而对自我做不同的界定"。因此,与现代西方责任心理学中使用的那种边界清晰的"主体"概念内涵不同,传统儒家对责任的人格主体更多是从关系性存在的角度加以考量。曾子说:"吾日三省吾身:为人谋而不忠乎? 与朋友交而不信乎? 传不习乎?"(《论语·学而》)此处与他人的关系是生活于社群中之个人实践责任伦理的基本方式,也是自身内省的主要内容。

以关系性理解为前提,儒家倾向于将人格自我的成长发展视为一种以个人为起点,旨在包容天下的内在超越过程。无论是《大学》中讲"修、齐、治、平",还是程朱理学主张"格物致知",皆是从个体出发的。但是,从个人出发并不等于说是以"我"为中心,并不意味着承认人格发展是一个以主体为原点向四周辐射的水波涟漪般扩展过程。传统儒家认为,要真正实现"仁民爱物"的为他责任,这个中心恰恰是要予以克服的对象。依张东荪的解释,"在中国思想中,所有传统的态度总是不承认个体的独立性,总是把个人认作'依存者',不是指其生存必须依靠于他人而言,乃是说其生活在世必须尽一种责任,无异为了这个责任而生"。正如"仁"只能存在于人我关系之间,儒家视域中的"我"也正是在特定的责任情境中建构成型的:只有时时处处互以对方为重、以自己为轻,遇事恒只见对方而忘了自己,做到"为人君止于仁;为人臣止于敬;为人子止于孝;为人父止于慈;与国人交止于信"(《礼记·大学第四十二》),才能有效避免与外在世界的利益冲突,实现人格疆界的超越、扩展,促成责任承担的范围从家庭向国家以至大同世界的升华。《礼记》形容圣人"以天下为一家,以中国为一人"(《礼记·礼运第九》),其中就昭示着心怀天下的理想人格,而由此塑造的国人反省向内用力之人生,虽增添了些许沉重,但却是将忧国爱民的道义责任真切地贯穿于"克己让人"的"自为"实践中。

3.3 责任心理的养成机制

3.3.1 反身而诚,修己以敬

儒家相信人心在循礼义以合天道过程中的价值效用,因此他们认为,个人要实现责任心理品质的认同、人格内涵与疆界的拓展,首先应做到"反求诸己",即通过"反身而诚、修己以敬",来修养自己内在的伦理责任意识。

"诚"作为个人修身的基本方面,在儒学体系中占据着重要位置。儒家历来

坚信,人本身始终具备这种价值自觉的能力。孟子说:"万物皆备于我矣。反身而诚,乐莫大焉。"(《孟子·尽心上》)《中庸》也讲:"诚者,天之道也。诚之者,人之道也。诚者,不勉而中,不思而得,从容中道,圣人也。诚之者,择善而固执之者也。"(《礼记·中庸第三十一》)本心真诚是符合天道自然的状态,也是个人努力保持的心灵境界。只有做到心意至诚,才不会为名利私欲所惑,其行为才会合于中道;也只有先诚其意,才能正其心并担负起家齐、国治、天下平的普世道义责任。

如果说"诚"强调的是责任心理形成过程中有关自身内在本性的省察,"敬"则是责任承担者在接人待物时应当具备的主观态度。朱熹明确把"主敬"涵养功夫视为定心之大本,认为这是责任品质由外在规则向内在信念转化并有效指导实践的重要前提。曾国藩将其概括为:"内而专静纯一,外而整齐严肃,敬之工夫也;出门如见大宾,使民如承大祭,敬之气象也;修己以安百姓,笃恭而天下平,敬之效验也。"从源头上看,"敬"产生于对"天"的畏,后重心转化为督促言行合乎礼义的内在戒惧状态。孔子曾指出"修己以敬"是君子的基本修为,"仁人之事亲也如事天,事天如事亲,是故孝子成身"。仅心存"爱亲"之情不足以使人达致"仁民爱物"的责任情怀,尚须借重于尊奉天地的"敬畏"心态,"是故君子兴敬为亲,舍敬是遗亲也。弗爱不亲,弗敬不正"(《礼记·哀公问第二十七》)。只有通过"敬"才能保证夫妇、父子、君臣等人伦关系得以合理安置。在社会治理方面,儒家也强调"往敬用治"(《尚书·君奭》),通过在治世过程中贯彻"敬德"原则,实现保民以安天下的王道责任。

3.3.2 知行合一,弘毅力行

在儒家看来,弘毅力行以达致知行合一,是个人道德修养的最终目的,也是责任心理品质培养的关键所在。

儒家责任心理观所重视的不仅仅是道义知识水平与心灵境界,更为重要的是一种以天下为己任、知行"一以贯之"的生活方式。梁漱溟曾以"理智"与"理性"来对二者加以区分。他认为前者涉及的是一组关于责任规范的静态知识集合,后者则是在特定情境中对责任规范的体知与实践过程。"科学之理,是一些静的知识,知其'如此如此'而止,没有立即发动什么行为的力量。而中国人所说的理,却就在指示人们行为的动向。""知行合一"在儒家责任心理的实现过程中,始终占据着无可替代的重要地位。正如王阳明所言:"未有知而不行者。知而不行,只是未知。"(《王阳明全集·传习录上》)只有贯彻落实到行动上,责任心理的修养才算真正完成。

面对个人无法抗拒的时代境遇,无论自己身处顺逆两境,儒家学者从未放弃对于伦理责任的执守、追求。他们不像老庄道家那般采取"知其不可而安之若命"的无为游世态度,而是以"达则兼善天下,穷则独善其身"的姿态,尽可能地发挥积极有为的奋斗精神,弘毅进取,"知其不可而为之"。曾子说:"士不可以不弘毅,任重而道远。仁以为己任,不亦重乎?死而后已,不亦远乎?"(《论语·泰伯》)士人君子正是以"鞠躬尽瘁、死而后已"的坚韧勇气,克服前行道路上的艰难险阻,责无旁贷地担负起经世济民的道义责任。

3.3.3 德主刑辅,明德慎罚

对于责任心理的外在影响机制,儒者主张应以道德化育为先,"明德"、"尚德"是责任意识养成的基本条件。他们尤其重视礼乐之教在德化万民过程中的重要作用,强调"不学礼,无以立"(《论语·季氏》),"人无礼则不生,事无礼则不成,国家无礼则不宁"(《荀子·修身》)。儒家认为"德"、"礼"教化常以润物细无声的精微方式,使人不知不觉中徙善远罪。《大学》中说:"德润身。"即是主张经由道德文章的润泽促成个人天然本性的修明开朗,以逐步养成具有崇高道义责任感的君子品格,达到责任实践的自主。

虽然礼义制度在现实中起着规约、塑造社会成员责任意识的作用,但因其非强制性,仍需刑罚等形式予以补充。《礼记》即指出,现实中有"以怨报德"的"刑戮之民"或"淫邪之人",故不可无刑。然而两者之间并非对立而是一种互补关系,"礼者,禁于将然之前,而法者禁于已然之后";且在刑罚律令的制定与执行过程中,广泛渗透着"礼"的观念标准。当然对儒家而言,双方在责任意识培养过程中的价值地位绝不是等同的,孔子早就此做过判定:"道之以政,齐之以刑,民免而无耻;道之以德,齐之以礼,有耻且格。"(《论语·为政》)对于责任感这种需要主观积极参与、长期培养的心理品质,刑罚的强制约束不足以使人内省慎终,"德"、"礼"之教才是兴"人道"之根本。

4. 小结

黑格尔发现孔子时,表现出极大的失望,他认为人们读孔子的书所得到的与围绕这位圣人的至高荣誉相差甚远,称人们在其言教中将毫无所获。的确,捧读先贤流传下来的古训箴言,我们听不到西方哲人所擅长的逻辑雄辩,听不到唤醒个性自我意识的呐喊,也听不到权利自由之呼求;但在那经验性叙事陈述中娓娓道来的却是一种悲天悯人的中国文化之气象,一种"吾侪所学关天意"(陈寅恪语)的高远境界。传统儒家的责任心理思想诚然未达至现代人那般对责任心理结构细致缜密的因素分析水平,也远不如当今研究方法之客观精当;然其"上本天道、下理人情",融贯道德理想于人伦日用的意旨可谓"致广大而尽精微",并现实地形塑了国人铁肩担道义、以血荐轩辕的责任心理情怀。"治史之意不在古,论古之旨却在今",本文在此展开专论,意在慎终追远,藉述儒家责任观之微言大义,希冀对当代中国责任心理与人格理论的研究及实践有所助益。

论文赏析与点评:

传统文化心理是建设具有中国特色的心理学理论体系的一大重要思想资源,而儒家思想是中国传统文化的主体,影响着一代又一代中国人的心理结构和行为方式。儒家思想之所以能够成为中国两千多年的文化发展的主流,在于其"人贵论"、"民胞物与"、"知行合一"、"忧患意识"等积极的入世思想,契合了中国传统社会的现实需要。责任感也是当前心理学实证与理论研究的一大热点问题。这篇论文以儒家的责任心为研究起点,深入地发掘了儒家的"天人合契"思想,突出了儒家思想在关系伦理的价值体系中探求责任心理的现实定位,即以朴素的血缘亲情为基础,以"孝悌"为核心,外推"礼义"以至人类社会与自然的责任心理观。从当代心理学的视角而言,责任感是成熟个体的本质性特质。它是社会成员以至人类群体之间关系形态生成与维系的重要前提,并且因参与主体的具身化实践特性而凸显出深厚的心理学蕴涵:任何特定的责任内容、类型结构与实现机制,都同责任主体所秉持的角色自我意识、关系体验,及其潜在的本体论、人性论与价值论构想存在着直接相关。论文很好地体现了传统与现实结合的研究进路,具有重要的理论意义与实践价值。

荆其诚的国际心理学思想与实践

杨文登

(南京师范大学心理学研究所 2007 级博士)

摘 要 荆其诚先生是当代中国著名的心理学家,是改革开放后中国心理学界在国际上的代言人。他视野开阔,是颇具造诣的实验心理学家,也是功底深厚的理论心理学家。文章没有涉及他在认知与发展心理学方面所作的贡献,只从理论方面分析他的国际心理学思想及实践,找寻他对心理学研究所持的基本态度与价值追求。文章认为荆其诚在宏观把握心理学的发展逻辑后,以"两个阵营的心理学"来界定心理学的现状,坚信心理学的未来是一种国际的心理学。为了达成这一学术理想,荆其诚不仅撰文将国外心理学介绍到中国,将中国心理学推介到国外,还积极投身于国际心理学组织与实践,长期担任国际心联的领导职务,组织并主持召开了 2004 年第 28 届国际心理学大会。荆其诚的一生为彰显心理学的国际维度,促进国际心理学交流,将中国心理学推上世界舞台作出了巨大贡献。

关键词 荆其诚;国际心理学;中国心理学会;国际心理科学联合会;实践

荆其诚先生（1926—2008）是"我国著名的心理学家，是 20 世纪 80 年代引领中国心理学改革开放、走向世界的带头人"。他的一生与心理学结下了不解之缘，在心理学基础理论研究、认知研究（尤其是颜色知觉研究）、儿童发展心理研究（尤其是关于中国独生子女的研究）等方面均成就斐然，为后人留下了宝贵的知识财富。本文无意涉及荆其诚在认知与发展方面所做的研究及得出的结论，而试图结合他的理论心理学思想及相关实践，追寻他对心理学研究所持的基本态度与价值追求，探讨他在认知与发展心理学之外对心理学所作的贡献。

事实上，早在 1979 年，荆其诚就作为新中国大陆第一位赴美进行学术交流的心理学家在密歇根大学研究与访问一年。在临近离美时，他接受了美国知名中国问题专家奥克森伯格的访问。"我没有完成很多研究工作，不过你不得不牺牲某些东西。我认为我所安排的事情比仅只为我自己发表几篇文章要远为重要得多。"在荆其诚看来，那些甚至比他从事研究工作还远为重要的"所安排的事情"，就是彰显心理学的国际维度，促进中外心理学的国际交流，以完成他关于国际心理学的理想与追求。他是这样说的，也是这样做的。他的一生为中国心理学走向世界，将国外心理学引入中国，作出了巨大贡献。

1. 向国际心理学界介绍中国心理学

1949 年后，由于众所周知的原因，中国心理学开始完全倾向苏联心理学，将巴甫洛夫的条件反射理论奉为圭臬，对西方心理学介绍得少，批判得多，与西方心理学渐行渐远。特别是 1966—1976 年间，中国心理学遭受巨大损失，万马齐喑，几乎与外界断绝了所有关联，停滞了整整 10 年。中国学者不知道国际心理学的最新进展，国际心理学界对中国心理学也知之甚少。在这样的大环境下，荆其诚利用他娴熟的英文运用能力及颇具影响的个人魅力，自 1980 年起，在《美国心理学家》《国际心理学报》等国际期刊上发表了 12 篇介绍中国心理学的文章[含一篇日语文章《中国心理学的最新发展》(1989)]，并先后三次为不同的英文版《心理学百科全书》撰写"中国心理学"词条，向国际心理学界详尽、客观、公正地介绍了中国心理学发展现状、概况、影响因素及面临的挑战。

1.1 介绍中国心理学的历史与现状，强调国际交流的重要性

1980 年，荆其诚在《美国心理学家》上发表了《中华人民共和国的心理学》一文（Ching, 1980, 76—87），分中国心理学的初期(1910—1948)、中华人民共和国早期心理学(1949—1957)、成长和发展期(1958—1965)、"四人帮"对心理学的破坏(1966—1975)以及 1976 年后心理学的复兴等五个阶段客观地介绍了中国心理学。在文章的末尾，他针对中国心理学曾经走过的弯路，特别提出了中国心理学向国外学习的重要性。"我们需要艰苦奋斗、自力更生，但我们向国

外同行学习先进的经验也同样至关重要。""心理学是国际化的,……任何对我们有益和有用的都可以借鉴。盲目地排外只会给我们自己带来损失。"1981年4月,荆其诚出席英国心理学年会,接着又应邀访问法国巴黎,在出访过程中,他发现国外同仁对中国心理学充满了好奇,经常向他提问:"你们有悠久的文化传统,历史上有优秀的哲学家,那么你们的心理学吸收了哪些中国古代的和近代的哲学思想,诸如孔夫子和毛泽东的思想? 你们搞了30年心理学,你们的心理学有什么特点,与外国的心理学有什么不同? 你们有没有像 Piaget、Skinner 那样能自成体系或学派的心理学家?"(荆其诚,1981)面对这些问题,他当初并没有作出满意的回答,但深刻地体会到国外同仁希望了解中国心理学现状的心情,更加坚定了他向国外介绍中国心理学的决心。

1984年,荆其诚发表了《中国心理学与四个现代化》,详细介绍了中国心理学在10年"文化大革命"中所遭受的劫难,认为中国心理学应该与四个现代化建设联系起来,积极地走出国门。此时,他明确地意识到文化的适切性,主张对国外心理学进行批判的吸收。"在中国,仅有一部分的心理学(比如大部分'硬的'心理学与心理生理学方法)能够适合我们的文化,而'软的'心理学,也就是心理学的社会部分,在移植的过程中就有困难。对后者而言,我们必须创立一种符合我们国家条件的具体文化的心理学。"1984年后,他在国际期刊陆续发表了多篇介绍中国心理学的文章,在强调中国应向国外学习的同时,开始着手将中国心理学的研究成果推介到国外。他利用中国心理学界关于中国心理学史研究的最新成果,告诉国外同仁,中国儒家与古希腊哲学、印度佛学一样,构成了心理学的古代根源。中国的心理学思想历史非常悠久,"可以追溯到两千年前古代哲人对于人性善恶的争论"。荆其诚还详细介绍了孔子的人性观、人格观及人格发展观,将孔子"性相近也,习相远也"、"吾十有五而志于学,三十而立,四十而不惑,五十而知天命,六十而耳顺,七十而从心所欲,不逾矩"等名言原文介绍到国外。此外,他还参考相关的史学研究成果,指出中外心理学交流并非新近之物,而是自古有之。13世纪的马可·波罗及后来的艾儒略、毕方济等西方传教士就是"将西方经院心理学的一些基本理论传送到中国的使者"。而且,中国心理学也有许多的独特见解与闪光之处。他举例说,在1595年利玛窦提及脑与记忆的关系之前五年,中国的李时珍就已经在《本草纲目》中详细地阐述过相关原理。

1.2 介绍影响中国心理学发展的因素

1994年,荆其诚与傅小兰合作研究了心理学与经济、科学技术发展的关系,结果发现:在中国,"心理学家主要集中在那些工农业总产值较高、科学技术发展水平较高及高等教育发展水平较高的省市";在世界范围内,"心理学家主要集中在那些具有较高生活水准的国家和地区,尽管这一概括可能存在一些例外"。经济对心理学发展的影响很大,"当经济紧迫的压力与大量人口的压力结合在一起时,心理学就很可能被严重窒息"。1995 年,他发表了《影响中国心理学发展的因素》,向国外说明了影响中国心理学的几种因素:1)政治和意识形态因素;2)经济发展因素;3)中国古代哲学等文化因素;4)高等教育与人力资源因素。他认为"政治和意识形态的变化,对中国心理学的命运有决定性的影响"。心理学在当时的中国还未真正受到重视,因为"经济欠发达时期,为了提高基本生存条件,人们的注意力通常集中在发展工业、农业、贸易等更重要的问题上面"。

1.3　介绍中国心理学所面临的挑战

荆其诚从其一贯的国际视野出发,审视了中国心理学发展所面临的挑战。他认为中国的改革开放已经极大地刺激了中国的经济增长,但是中国的传统文化也遭遇了现代化与全球化的挑战,怎样处理好心理学的国际性与本土化之间的矛盾是中国心理学所面临的重要挑战。"中国的改革开放和现代化给中国的经济和社会带来了巨大变化。一方面是中国古代的传统和价值观,另一方面是现代化的全球性文化,二者之间的冲突引出了大量的社会和心理问题,等待社会科学家去研究。"心理学应该正视所面临的现实挑战,切实地将心理学服务于社会,向国外心理学学习,去研究一个占世界人口五分之一,正在经历着快速社会变革的民族的心理学。他列举了多个方面的具体问题,如独生子女教育、老龄化、道德教育、教育心理研究、心理健康及犯罪行为等,指出这些问题都是当代中国心理学界所承担的重要任务。"中国心理学家面临的主要问题是,如何处理中国心理学所面对的艰巨任务与他们所能得到的极少资源间存在的矛盾。"

2. 向中国心理学界介绍国外心理学

2.1　介绍世界各国的心理学发展概况

除去关于认知与发展心理学方面的研究报告及综述,荆其诚用中文向国内学术界介绍国外心理学的文献与书籍共计 21 篇(含书籍 3 本),其中有 7 篇直接介绍了日本、东南亚诸国、美国、西德、澳大利亚以及英法等国的心理学发展概况,如《日本心理学研究的概况》《东南亚几个国家的心理学概况》《西德心理学概况》等。这些文章大都是荆其诚在出访相关国家后,在自己实地调研的基础上写作而成的。比如,他与其他二人前往澳大利亚参加会议,归国后一起合作写成了《澳大利亚的心理学研究》;他在赴英法两国访问后,写成了《英、法国心理学概况》(1981)。他概要地阐述了这些国家的心理学发展状况,满足了当时国内没有去过这些国家的同行的迫切愿望,开阔了大家的视野。比如,在这些国家中,有多少人从事心理学研究? 有多少所大学有心理学系? 他们的代表人物有哪些？他们主要从事的心理学研究领域有哪些？取得了一些什么样的成果？只要看过他的相关文章，一般都会对这些问题有个大致的了解。

2.2 介绍国外心理学流派及其理论基础

荆其诚不仅是一个颇有造诣的实验心理学家，同时也是一个功底扎实的理论心理学家。他是国内介绍与评价冯特的先驱，对国际心理学的某些具体理论与学派了如指掌，对整个心理学的发展趋势也有着自己宏观的把握。

首先，荆其诚是中国评价冯特的先驱。1977年11月，停滞了多年的中国心理学会开始正常运作，迅速恢复了与国际心理学界的学术交流。1978年初，中国心理学会组成评论冯特的工作小组，为参加1980年第22届国际心理学大会（会议中有纪念冯特创建世界第一个心理学实验室100周年的活动）做准备，在中国开展了规模浩大的"评冯"运动。然而，还在中国大规模"评冯"之前20年，荆其诚就已经出版了一本专著《冯特和铁钦纳的构造心理学派的理论基础》。在该著作中，他引用了冯特大量的德文原著，分心理学的研究对象、方法论、意识元素的分析、心理过程、身心平行论五个方面对冯特与铁钦纳的心理学思想进行了客观的评价与批判。他认为冯特"使心理学成为一门实验科学，因而被公认为实验心理学的创始人。但这不等于说实验心理学的建立完全出自冯特一个人的力量，也不等于说冯特是第一个人进行心理学实验的"。"冯特学派的心理学是新旧的汇合，既有新的东西，也有旧的东西；既有好的东西，也有坏的东西。构造派心理学是心理学发展的过渡时期的产物"。

20世纪60年代末70年代初，行为主义终结了其对主流心理学的统治，研究心理过程的认知心理学开始兴起，大批心理学家开始重新解读重视意识内容的冯特与铁钦纳。他们发现，有些事实与波林《实验心理学史》中所描述的情况并不一致。作为铁钦纳忠诚的学生，波林刻意将自己的老师描述为冯特的忠实追随者与正统继承者，反过来用铁钦纳的思想去规范冯特，在一定程度上歪曲了冯特，造成了后世心理学家对冯特的误解。叶浩生（1989）曾详细列出这些误解，如很多人认为冯特的理论是元素主义的，使用了过分强调内省的实验法，与铁钦纳是忠实的师徒关系等。我们惊奇地发现，虽然荆其诚在文中并没有对这些误解进行具体的澄清，但由于他参考的是原文原著，他本人并没有对这些问题存有相应的误解：他意识到冯特与铁钦纳的差别。他认为在实验内省方法上，"冯特向前迈了一大步，把某些生理学的方法用来研究心理现象"。冯特更注重"实验"，而铁钦纳更注重"内省"。"真正的清教徒是铁钦纳。他强调纯粹主观的内省。"在对待心理过程的看法方面，冯特有一定的唯物主义倾向，而"在铁钦纳那里，情形就更坏了"。他详细地介绍了冯特的"统觉"与"创造性综合"原则，以事实批驳了冯特是真正元素主义者的说法。"在统觉中，各种心理元素经过所谓'创造性综合'被联结成为整体。其所以是'创造性'的,是因为联合以后的心理经验是完全新的东西,迥然不同于原来的成分。"

1962年,荆其诚在《自然科学与心理学理论》一文中再次对冯特进行了全面的评价。他总结出冯特的三点贡献:对心理学的内容进行了系统整理,使心理学成为了具有完整体系的科学;将生理学方法应用于心理学研究;创立了实验心理学,规定了心理学的未来发展方向。同时也指出了冯特的三点局限:认为心理学的研究对象是经验;将心理活动看成静止的;错误地认为实验法不能研究高级心理。这些结论即使放到"评冯"运动之后发表,也不见得过时。

其次,荆其诚对苏俄与西方心理学的一些具体理论学派及代表人物进行了介绍。早在1954年,荆其诚发表了《巴甫洛夫的分析器学说》,对苏俄的巴甫洛夫理论进行了阐述。1965年,他关注华生的行为主义。1990年,他开始关注社会生物学。他对这些学派的历史根源、具体观点、发展逻辑等进行了详细介绍,并提出了中肯的评价。纵观这类文章,我们可以发现,荆其诚具有开阔的国际视野,特别擅长在宏观层面把握心理学的历史逻辑及理论精髓。比如在介绍行为主义的历史背景时,他分析了其实证主义的哲学基础,阐述了自然科学和技术进步对它的影响,将达尔文进化论、摩尔根定律、动物心理学和心理学的客观方向等均纳入到历史背景中加以讨论,行为主义历史发展的形象与逻辑跃然纸上。他对社会生物学的介绍也走在国内同行的前面,熟练地介绍了大量的实例。明明反映的是国际前沿的学术问题,他却能深入浅出地进行介绍,读来却如同科普文章,将当代进化心理学的重要理论基础——社会生物学——通俗而不失深刻地呈现在人们面前。特别值得一提的是,在逝世前不久,荆其诚还与傅小兰合作编著了《心坐标:当代心理学大家》,该书介绍了当代最具影响力的心理学大家的生活经历、主要研究发现及学术理论观点,以严谨而不失趣味的方式向中国读者展示了众多心理学大家的风范,并借此反映心理学在各国的发展历程。

最后,荆其诚不仅对国际心理学流派非常熟悉,他还将这些理论与学派联系起来,以心理学整体为研究对象,从自己的角度对心理学的历史、现状及发展趋势进行了粗线条的勾勒,体现出他对心理学国际化的未来的把握。这一点在后文还会详细谈到,此处从略。

3. 积极参与国际心理学组织与实践

3.1 推动中国心理学会加入国际心联,并长期担任国际心联领导职务

荆其诚不只撰文充当中外心理学交流与沟通的桥梁,还亲自参与国际心理学组织,积极投身到心理学的国际交流实践中。在荆其诚一生的心理学实践活

动中,他具有许多个"第一"的身份。1978 年,荆其诚与徐联仓等出席了澳大利亚心理学会第 13 届年会,这是中国"文革"后第一次出国参加心理学学术会议。1979 年 9 月,荆其诚代表中国心理学会理事长潘菽应邀参加了在纽约召开的美国心理学会第 78 届心理学年会,这是中美相隔 30 年后,第一位到美国访问的中国心理学家。1980 年,以陈立为团长,荆其诚、徐联仓、刘范随团参加了国际心联在德国举行的第 22 届国际心理科学联合会(简称国际心联,IUPsyS)会议,并出席了纪念冯特创建世界第一个心理学实验室一百周年活动,这是"文革"后中国心理学家第一次参加国际心理学大会。荆其诚作为中国代表出席了国际心联召开的这一次代表大会,在会上讨论并一致通过接纳中国心理学会加入国际心联,成为第 44 个会员学会,标志着中国心理学从此开始走向世界。

1984 年,荆其诚、张厚粲等在墨西哥参加了第 23 届国际心理学大会及国际心联代表大会,荆其诚当选为国际心联执委会委员,这是中国心理学家第一次进入国际组织的领导机构。在连任两届国际心联的执委后,荆其诚于 1992 年在比利时举行的第 25 届国际心理学大会上当选为国际心联副主席,"这是中国心理学家第一次当选为该组织的领导人"。1995 年,中国心理学会与华南师范大学在广州共同组织召开了国际心联亚太地区心理学大会,由荆其诚与国际心联主席鲍力担任大会的联合主席。此次会议上国际心联主席、副主席、执委全部到会,中国、美国、澳大利亚、日本、印度、新加坡、越南等国心理学界主要领导人也全数到齐,是当时中国心理学史上规模最大的一次国际心理学大会。也就在同年,荆其诚的成就得到第三世界科学院(TWAS,后更名为发展中国家科学院)的肯定,当选为第三世界科学院院士,成为入选该院院士的第一位心理学家。

3.2 组织并主持召开第 28 届国际心理学大会

1996 年,第 26 届国际心理学大会在加拿大举行,荆其诚在会上做了《中国的改革和心理学面临的挑战与机遇》专题报告,张侃代表中国心理学会在代表大会上做了申办 2004 年第 28 届心理学大会的报告。由于荆其诚等长期担任国际心联领导职务,加上 1995 年国际心联亚太地区心理学大会的成功举办,在张厚粲、徐联仓、张侃等中国心理学同仁的共同努力下,终于击败其他两个申办国,成功取得 2004 年第 28 届国际心理学大会的主办权。国际心理学大会的影响力相当大,可以说是心理学界的奥运会,但它自 1889 年首次召开以来一百多年,始终没有在发展中国家举办过,这还是大会第一次在发展中国家举行。

2000 年,中国心理学会在北京召开常务理事会,决定荆其诚担任第 28 届国际心理学大会主席,由他亲自负责特邀演讲人的联络和活动安排。据会后大会秘书处报告,该次大会第一次邀请了诺贝尔奖获得者出席并发表演讲,其出席会议的代表人数(多达 6500 人)、规模及组织的大会报告和特邀报告的数量均为历届之最。连 2008 年承办国(德国)的大会主席会后也由衷地发出赞叹,认为第 28 届国际心理学大会是历史上办得最好的,他们将很难超越。会上,因荆其诚对国际心理学学术交流工作的突出贡献,他被国际心联聘为终身执委。在闭幕式上,他为大会所立下的汗马功劳也广获认可,获得了国际心联颁发的第 28 届国际心理学大会特别贡献奖。

3.3　编辑与出版相关著作

1986 年,荆其诚在苏黎世召开的国际心联执委会上提出,希望能出版一本中文的《简明心理学百科全书》,以反映现代心理学的发展趋向,使心理学概念的理解更加准确,让心理学名词术语趋向标准化,乃至将中文、日文名词术语在可能的情况下一致起来(荆其诚,1991,4)。这一提议得到国际心联的积极响应与大力支持。1987 年,荆其诚在国内成立了 11 人的编委会,并在国际上组织了 8 人的顾问委员会,负责提供资料,核查译名。经过多年的努力,《简明心理学百科全书》于 1991 年出版,共包括 2800 条目,约 100 万字,均配有英文和日文译名,供亚太地区的汉语读者使用,为心理学术语的标准化作出了重要贡献。

此外,荆其诚还具体参与了国际心联出版的《国际心理科学——进展、问题与展望》(Rosenzweig, 1992,后由焦书兰、陈永明等人将此书译成中文)以及《国际心理学手册》(Pawlik & Rosenzweig, 2000,后由张厚粲等人将此书译成中文)二书的编辑工作,并撰写了其中的两章。2006 年,他又在 2004 年国际心联大会论文的基础上,主编了二卷本《世界心理科学进展》,向国际心理学同仁介绍了当代心理科学的最新动态与进展。

总之,从荆其诚的经历可以看出,他个人参与国际心理学活动的成长经历,基本上反映了中国心理学在国际舞台上的成长过程。在中国心理学的国际交流史上,从来没有哪一个人能像他一样,其个人命运与国家心理学的兴衰如此切近。完全可以说,在改革开放后,荆其诚就是中国心理学界在国际上的形象代言人。他广交国际朋友,架设了中外心理学界交流的桥梁,他的一言一行,都对中国心理学产生了很大影响,为中国心理学走出国门,获得国际心理学界的肯定,作出了巨大的贡献。

4. 心理学的未来:一种国际的心理学

荆其诚如此热衷于心理学的国际交流,除了与他独特的个人成长经历相关外,更深层的原因在于他对心理学研究所持的基本态度与价值追求。他在宏观上把握心理学的历史与现状后,坚信心理学的未来是国际化的,意识与行为研究最终将会交汇、聚合。心理学将超越具体的学派、国别、文化与历史,成为一种真正普遍的国际心理学。为了达成这一学术理想,荆其诚亲力亲为,用自己的一生,诠释了对这一信仰的追求。

4.1 心理学的现状:两种阵营的心理学

1981 年,荆其诚就谈到:"我有两方面的兴趣:一个是知觉……第二个兴趣是心理学体系,或心理学派,历史上心理学是如何发展的,心理学理论的当今的趋势是什么。"荆其诚很早就开始关心一些具体的心理学理论问题,但当时并未有意识地把各种学派或理论的发展线索串联起来。直到 1962 年,他发表《自然科学与心理学理论》一文,将自然科学所经历的三次革命(古希腊文明、文艺复兴、进化论)与心理学的发展一一对应起来,梳理了自然科学影响下的心理学发展逻辑,才开始自觉地将心理学作为一个整体进行探讨与研究。

1982 年,他发表了《心理学发展的道路》,在分析了心理学的历史逻辑与发展线索后,结合当时国内外心理学界关于科学与人文两种心理学取向的思想,首次总结出他对现代心理学发展概况的界定,介绍了他的两个心理学阵营的思想。他认为,从整体来看,"现代心理学可分为两大阵营。一个是机械主义阵营,人被看成是被动的机体;另一个是强调人的能动作用的阵营"(荆其诚,1982)。所谓的"机械主义阵营"并无褒贬之意,它以研究心理的生理机能为主要研究对象,沿袭行为主义的路线,以动物实验为探讨人的心理活动的途径,以实验方法作为普遍接受的方法,其根源可以追溯到更古老的联想主义哲学。另一阵营是"人本心理学集团",包括社会、临床、咨询等心理学家,他们的工作都联系到人的社会性,用调查、观察以及实验来建立自己的理论。这一批人之间的意见分歧,是一个人数众多的松散集团。"我们很难说两大阵营谁是主流,谁是支流。二者并存,又相互补充。今天,一个心理学家往往要以双重面貌出现,既是机械主义者,又是人本主义者。这是对现代心理学情况最简单的概括。"

2000 年,他在用英文出版的《国际心理学》中再次提到,"现代心理学可以分成两大阵营,一个阵营把人看成一个有一定机能的有机体,另一个阵营把人看成一个主动的社会的人"。这两个阵营并不是对立的,而是彼此互相补充的。如果把居于第一个阵营的心理学分离出去而宣告独立,那么用库恩的术语来说,这部分心理学正在成为一门规范科学。但是,心理学也应该关注文化因素,人文心理学家也是必需的,他们更多地为社会实际需要服务,与第一个阵营的心理学家是互补的关系。2002 年,荆其诚在接受阿迪拉访问时再次重申了这一观点:"我认为两个领域有特别的重要性。其一是神经科学和行为科学的研究领域;……另一个领域是社会临床心理学,这包括对个体和群体行为的解释、规律(预测),如果存在障碍还包括治疗。"

荆其诚所介绍的两个心理学阵营的思想,敏锐地把握到了当时心理学界关于科学与人文两种文化的思想意蕴,集中体现了他对整个国际心理学现状的基本概括与界定,也预见了 20 世纪末期关于心理学中两种文化的激烈争论。但他并未将两个阵营对立起来,而是把它们看作一个整体大家庭的两个成员,两者各司其职,各行其是,相辅相成,是心理学两个互补的部分。

4.2 心理学的发展趋势:走向国际化的心理学

1982 年,荆其诚总结出两个阵营心理学的思想,但他对心理学的发展趋势并没有足够清晰的认识,他只是根据库恩的范式论,认识到心理学还处在"前科学时期",成为一门"规范科学"的困难与挑战还很大。"从冯特开始,心理学走完了第一个百年的历史,在这一百年中心理生物阵营初步达到了统一。而心理学'下册'的问题要复杂得多,至少还需要一百年才能实现观点的统一。"

1990 年,他出版了《现代心理学发展趋势》一书,"试图对某些变化进行一定的概括,找出变化的前因后果,并尝试把有关领域的主要内容连贯起来"。他在该书第一章中首次明确地列出了一个专题——"心理学的前途",认为心理学的未来势必是一种跨学科领域的合作,心理学将是对人类最大的科学挑战。"这一战役把过去许多没有联系的科学汇聚到一起,其中有脑科学、计算机科学、心理学、语言学、人类学、习性学、遗传学、神经生理学、社会生物学和哲学。"此时的荆其诚正式开始直面心理学的发展趋势与未来,但还不能对心理学的未来图景进行具体的勾勒。

10 年后,他在《国际心理学》中继续进行了这一工作。该文一开篇就直接提出:"心理学在许多方面都是国际性的,包括它的历史、在许多国家中的存在——在发展中国家和工业化国家,以及对未来的期望。"21 世纪伊始,全球化进程更加深入,地球正在变成一个统一体。思想的传播也不再受到地域的限制,"科学无国界"逐渐成为现实。心理学的发展也受到重大影响,强调各地社会文化历史因素的本土心理学、文化心理学开始兴起,对主流心理学发起了挑战。心理学不仅面临学科的分散化,还面临地理的和文化方面的分散化。荆其诚也认为"真正的科学心理学必须考虑到世界各地的研究",但他紧接着就开始进行反问:"但是问题是,不同文化集体间的行为差异能大到必须建立一个完全新的心理科学的地步吗?"在他看来,不同国家(包括众多发展中国家)的心理学不断发展,将更多研究成果加入到心理学的大家庭中,跨文化的研究最终将与主流心理学联合,二者将共同提出更强有力的普遍适用的理论。他多次引用塞格尔的话来证明自己的观点:"跨文化心理学的消灭之时即其成功之日。当心理学的全部领域成为真正国际化和文化兼容时,换言之,当它成为真正的人类行为的科学时,跨文化心理学就达到了它的目的,而成为多余的了。"

至此,荆其诚正式完成了他关于心理学未来的判断——心理学的未来必将是一种国际的心理学,即"在可见到的将来,随着全球化的进程和国际交往的增多,将会看到行为和意识研究的更多的交汇,国际心理学也会有较少的差异而有更多的共同性"。此后,荆其诚多次重申这一理念。2002 年,他在展望心理学的未来时说:"然而在不远的将来,随着全球化的进程以及信息的迅速交换,在行为和意识的研究上将会有更多的聚合。我们将看到更多的共性而不是差异,尽管仍有差异,真正意义的普遍的国际心理学将会到来。"2005 年,他发表了《时代精神与当代心理学》(荆其诚等,2005),该文完整、集中地表达了荆其诚关于心理学发展逻辑及未来走向的看法,体现出他的宏大视野与宽广胸怀。"心理学的一些研究领域共性是主要的,另一些研究领域文化特性是主要的,这方面的研究无论在研究的选题上还是在研究方法上都会有所差异,然而其发展方向是趋向减少差异而有更多的共性。"(荆其诚等,2005)心理学已经发展成为一个非常丰富的学科,研究者更倾向于采用多样化的观点来解决存在的问题,而不是固守于一种理论或体系。"心理学中的学派之争不那么激烈了,更倾向于取长补短,互相尊重,那种唯我独尊,别人全错的大批判已经不多见了。"

总之,荆其诚是一位视野开阔的心理学家,他的一生足迹踏及全球数十个国家,广交国际友人,没有门户之见。在他看来,心理学的文化特性是存在的,但心理学更多是国际性的。实验的、理论的、应用的心理学都是必需的,都是心理学大家庭的成员。心理学与其他学科之间、心理学内部的各个成员之间、各个国家的心理学之间,都应该积极地开展交流,交流对各方均有益。心理学的未来是一种国际的心理学,这是荆其诚的心理学理想,是荆其诚一生努力的方向,也是他一生从事心理学研究与实践的最佳注脚。他的努力与成就使他获得了国际国内多种荣誉与奖项,同时也得到了学术同行的尊重与肯定。他不愧为"促进中国心理学改革开放、促使心理学进出国门的重要开拓者"。奥克森伯格称许他为中美心理学交流所做的努力,认为他是"一位特别有远见的人"。阿迪拉将他与当今世界上最著名的 47 位心理学家并列,认为他是半个世纪以来,"中国心理学无可争议的领军人物之一"。诺贝尔奖获得者西蒙赞誉他为"中国的学术交流大使,对中国和世界心理学的贡献远远超出了他所发表的论著"。

论文赏析与点评:

评论性研究是心理学理论研究的重要组成部分,对心理学重要流派和名家学术贡献的阐述及评价,更是搞好心理学理论的一大研究进路。荆其诚先生是我国著名心理学家,是改革开放以来中国心理学的主要领军人物,在国际上享有崇高的声誉。他在实验心理学、认知心理学和发展心理学等领域功勋卓著,然而从理论心理学角度总结他对中国心理学的突出贡献的研究还不多见。杨文登博士在叶浩生先生的指导下撰写的这篇论文,从理论方面分析了荆其诚先生的国际心理学思想及实践,论述了他的心理学理论贡献和国际化视野。文章立论新颖,资料翔实,条分缕析,阐述周密,很好地再现了荆其诚先生毕生为彰显心理学的国际维度、促进国际心理学交流、将中国心理学推上世界舞台所作出的巨大贡献。论文在我国心理学界的最高刊物《心理学报》发表之后反响很大。

解题主义模式对心理学理论研究的积极启示

张文娟

（陕西师范大学心理学院 2007 级硕士）

摘　要　近 20 年来心理学理论研究虽然重新受到了重视,但其实质性的研究进展仍然步履艰难。劳丹的解题主义模式认为科学的本质在于解决问题。这一模式为心理学的理论研究提供了新的视角和定位标准。本文以解题主义为基本框架,从问题与理论的关系、理论的比较和评价等方面来重新思考心理学理论研究繁荣的有效途径。解题主义的视角对于提升心理学理论研究的水平具有积极的意义。

关键词　解题主义;科学进步;心理学理论研究

1. 心理学理论研究的解决问题功能

近 20 年来,国际心理学界逐渐改变了排斥理论研究"长达半个世纪"的习惯性做法,心理学的理论研究重新受到了重视,理论心理学复兴的呼声也日益高涨。然而心理学理论研究并没有取得新的突破,理论心理学的复兴也更多地体现在口号上,并没有取得实质性的进展。造成这一局面的原因是多方面的,其中一个关键的原因是理论研究并没有充分发挥其在心理学研究中的应有功能。在规范自然科学如物理、化学等学科中,理论研究受到重视就是因为理论物理学和理论化学在学科研究和发展中起着至关重要的作用。比如,爱因斯坦的相对论解决了牛顿经典力学体系所不能解决的许多微观世界的问题,为物理学研究从宏观世界进入微观世界提供了有力的理论假设前提。虽然相对论本身也是非确证性的,但其所发挥的解决学科发展壁垒的作用使它被物理学家广为接受。由此反思,心理学理论研究得不到应有的重视,就是因为没有很好地解决学科研究和发展的问题。其实,心理学从创立至今,从来不乏各种各样解释心理现象和心理过程的理论,甚至对同一心理现象,不同学派的心理学家都建立了截然不同的理论来解释说明。比如对于偷窃行为,行为主义学派会从条件反射、行为习得的角度来解释,精神分析学派会从早期的心理阴影、潜意识的角度来解释,人本主义学派会从需要层次理论等角度来解释。每个学派的理论都解释了这个现象,但又都未完全解释这个现象。因此心理学从不缺乏理论,缺乏的是一个统一的理论,一个学科共同体都能接受的理论。不同学派的理论是以不同的哲学为基础,服务于各自的不同目的,因此它们是破裂的。理论的破裂严重阻碍了心理学学科的发展。心理学急需一个统一的理论服务于整个心理学学科体系,也就是库恩所谓的统一"范式"。然而,至今心理学研究仍停留在分崩离析的状态。因此仅靠心理学自身的力量可能很难解决这一问题。一些学者提出,许多科学发展问题在技术上困难并不大,而关键需要来自于"思想观念"的变革,即需要进一步实现理论范式的转换,以新的思路和视角来摆脱发展中的困局。因此,心理学理论研究的整合与发展需要从心理学的上层指导——哲学思想的改变来寻求出路,而解题主义恰恰就是这其中的一条。

当代美国科学哲学家劳丹1977年在其著作《进步及其问题》中提出了以解决问题为中心的科学进步模式,并与库恩的"范式"模式和拉卡托斯的"研究纲领"模式一样,成为了科学哲学中的一个重要的模式。科学哲学家波普早在20世纪60年代就对实证主义的经验证实原则提出批判,认为科学知识并非始于经验,而是始于问题;理论先于经验观察,指导经验观察,因为科学观察具有目的性和选择性,我们总是以一种预想的理论去观察事物,一切观察与实验都是在一定理论指导之下进行的,观察与实验也只有在一定的理论关系中才有实际的意义。劳丹继承并发展了波普的观点,把科学看做一种解决问题、定向问题的活动,而科学进步的单元则是已经解决的问题。他进一步认为最好将科学理解为由精神和自然之间的辩证交换而引起的解题活动。解题主义的科学进步模式主要包括以下内容:第一,"科学的基本目的在于解决问题"。问题可以分为"经验问题"和"概念问题"两大类。第二,劳丹以"研究传统"代替库恩的"范式"概念和拉卡托斯的"研究纲领"概念。"研究传统"由一组本体论和方法论组成。第三,解决的问题(经验问题或概念问题)是评价科学进步的基本单位,看一个理论或研究传统是否进步,主要看该理论或研究传统是否最大限度地扩大已解决问题的范围,最低限度地缩小反常问题和概念问题。其中最后一条是解题主义科学进步模式的核心假设。劳丹认为科学的本质是一种解题活动,科学的首要任务是研究问题,问题是科学思维的焦点。在此之前,科学更多地被看做是一个追求真理、不断逼近真理的过程。问题在于真理是什么并不确定,科学的步伐离真理有多远也不确定,科学进步的衡量标准也就无法确定。劳丹强调:追求科学理论是真的或可能为真的目标是乌托邦,我们不可能知道科学是否达到了这些目标;而解决问题模式的最大特点就是我们可以确定一个已知的理论是否解决某个特定的问题,我们也可以确定我们的理论现在是否比几十年前或一个世纪前解决了更重要的问题。据此,我们可以断定目前科学理论是合理的。劳丹通过对"问题"和"理论"关系的讨论来探讨科学的进步问题。"问题解决"是他整个理论体系的核心概念。但劳丹同时强调这并不意味着科学仅只是一种解题活动,而是希望通过问题解决的探讨来更好地揭示科学的本质。劳丹的解题主义避开了科学上的真假问题,更关注的是科学进步,但不是先确定一个合理性标准来衡量科学是否进步。这种新思想冲击了当代的科学哲学,为科学研究的指导思想注入了新的活力,对人们理解科学尤其是理解科学进步提供了新的视角,也为科学进步提供了新的衡量标准。塞尔认为理论研究必须"以概念分析为首要步骤,以框架问题为主题,以问题解决为中心"。所以解题主义的科学进步模式对心理学理论研究带来的积极启示也是多方面的。

2. 解题主义模式下的心理学理论研究

解题主义的提出为心理学理论研究的复兴提供了新的依据,提升了理论研究在心理学学科体系中的地位,也为理论研究的繁荣提供了新的途径。

2.1 问题与理论关系的重新阐释:理论的功能在于解决问题

如果把解决问题看做是科学的进步,或进一步讲,将理论对问题的解决看做是理论的进步,那么首先要阐明这几个问题:问题是什么? 理论是什么? 问题和理论的关系是什么? 劳丹将科学需要解决的问题分为两类:自然界的经验问题和理论中的概念问题。比如人为什么会抑郁是经验问题,"自我"是什么则是概念问题。劳丹认为"如果说,经验问题是有关某一领域的实体的第一级问题,那么概念问题就是有关概念结构的基础是否牢靠的更高一级的问题,因为概念结构是人们构造出来用以回答第一级问题的"。经验问题是第一层次的问题,概念问题是比经验问题更高一层的问题。目前,实证心理学解决的主要是经验问题,而解决概念问题的理论研究被排挤到了边缘地带。然而,概念问题的解决比经验问题的解决对于一个学科的发展具有更深远的意义。行为主义的兴起和发展在很大程度上就得益于认识到并消除了理论在概念上的模糊性。劳丹认为"大多数概念问题比大多数经验反常更重要",因为"通常解释一个反常的实验结果比立即放弃其一个概念问题更容易些"。劳丹曾提出:任何关于科学性质的理论,如果没有认识到概念问题的作用,它就不配表明科学实际上是如何发展的。劳丹对概念问题的重视为提升理论研究在心理学学科体系中的地位提供了重要的理论依据。理论,通常称作"假说"、"公理"或"原理",指能用来做出具体实验预测和对自然现象给出详尽说明的一组非常具体且相互关联的学说,如斯金纳的强化理论。有时理论也用来指称更一般、更不易检验的一组原则或假设。这时,理论所指的不是单个的具体理论,而是由单个理论组成的一整套理论。能否成为科学需要解决的经验问题,与问题的真伪无关,而与当时的理论水平有很大关系。

劳丹认为理论是解决问题的工具,理论对问题的解答具有近似性、相对性、非永久性。"如果说问题是科学思维的焦点,那么理论便是科学思维的最终结果。理论的重要性,它们在认识上的重要性在于并仅仅在于它们为问题提供了合适的解答。如果疑难构成了科学问题,那么理论即是对疑难的解答。理论的功能是消除含混性、化无规律为有规律,以及表明事物是可以理解和可以预测的;我把理论看作问题的解答,指的正是理论的这种复合功能。"因此,理论的功能就在于其对问题的解决,心理学理论也不例外。如果把问题看作科学的起点,那么理论就是终点。理论的建立并不是一劳永逸的。理论解决的往往只是现有问题,而科学研究的问题是不断更新的,新的实践或实验会产生新的研究结果,这些结果又引发出新的问题,这些新问题往往会超出原有理论的解释范围,就需要修改、完善旧的理论或建立新的理论。因此,理论对问题的解决是近似而非精确的,相对而非绝对的,暂时而非永久的。对于心理学问题,理论预言与实验结果常常并不完全一致,而是重新产生一些原有理论也无法解释的新问题。理论总是部分地被确证,又部分地被突破,因此心理学理论对问题的解答只要求近似的一致。对于相同的问题,许多心理学理论从不同角度予以解释。相对而言,一个理论的解答比另一个理论的解答更好,所以理论对问题的解答具有相对性。而且,一个心理学理论可能在一段时期内对某个问题的解决是最好的,但问题解答的标准在不同时期是不同的。许多理论问题也只有暂时的解答。因此,一方面我们要大力提高心理学理论解决问题的能力,另一方面也不能苛求心理学理论永久性地解决所有的心理学问题。

2.2 理论的比较和评价:在比较的基础上评价理论

库恩在范式论中提出范式之间不可比较、不可通约,具有相对性。对此,劳丹持相反意见,他认为即使不同理论不可通约,也可以在理论间进行有效比较。劳丹提出,对一个理论解决经验问题或概念问题的能力进行绝对的度量是毫无意义的;要紧的是将一个理论与其已知的竞争理论去比高下,决胜负,然后做出判决。因此,科学理论的评价必须在比较中进行。一个理论是否具有高度的解决问题的效力或高度进步,只有在相互竞争的理论比较中才能得到判定。而我们是否有合理的理由接受或追求某个理论就取决于这种判定。马雷认为劳丹的科学进步的解题模式的一个基本要点是:竞争理论的共存是规则而不是例外,所以理论评估是理论的比较评价,而比较和评价的基础就是理论的解题效力。

对于理论的评价,劳丹提出了两个命题。命题一:对任何理论所作的首要而严格的检验,应视其能否为重要问题提供可以接受的解答,换言之,视其能否为重要问题提供满意的解答。命题二:在评价理论的优劣时,我们应该问:它们是否为重大问题提供了合适的解答?而不是问:它们是否'为真'?是否得到'确认'或得到'很强的确证'?或者,是否可在当代认识论的框架内予以辩护?"劳丹认为只要理论对一个问题做出了近似的陈述,就认为这个理论解决了这个问题,而且这与理论本身的真假无关。他根据经验问题在理论评价中的作用将其分为三类:①未解决问题——任何理论都未能予以充分解决的经验问题;②已解决问题——由一个理论所充分解决的经验问题;③反常问题——某一理论虽然未能解决,但却已为此理论的一个或多个相竞争理论解决的经验问题。已解决问题有利于一个理论地位的确定,反常问题为反对一个理论提供了证据,未解决问题为理论探索提供了新的方向。劳丹认为科学进步的重要标志之一是将反常问题和未解决问题转变为已解决问题。对于理论评价而言,重要的是看它解决了多少问题,遇到了多少反常问题。理论的优劣与其未解决问题无关。一个理论如果不能解决某些未解决问题,并不会对该理论造成太大的伤害。心理学中的这种现象比比皆是。一个心理学理论的建立只需要得到正面的确证即可,即使它面临着许多未解决问题,也不能否决甚至推翻这个理论。一个心理学理论往往只适用于某个心理学问题或某些心理学问题。因为心理现象的影响因素是复杂的,由此时此地此人此景得到的理论并不完全适用于彼时彼地彼人彼景,所以很难建立一个普遍性的心理学理论。

劳丹提出,任何理论T,只要T在其结论是关于某个经验问题的陈述的推理过程中起到(重大)作用,就可以被看做是解决了这个经验问题。对于一个理论的评价以其解题有效性为依据。一个理论的总解题有效性可由对该理论所解决的经验问题的数目和重要性及由此理论生成的反常问题和概念问题的数目和重要性的估算来确定。也就是说,一个理论的解题有效性取决于它的已解决问题和未解决问题之间的差额,这一观点为评价理论提供了一个可量化的标准。如果将心理学理论置于这样一个评价体系下,就可以在忽略理论的不同哲学来源的基础上,为不同学派的理论找到一个共同评价标准。这种宽容的评价态度有利于心理学理论的繁荣和发展。

2.3 对不成熟理论持开放态度:接受,拒斥,追求与不追求

按照解题主义的观点,接受或反驳一个心理学理论的理由基本上是建立在通过解决问题而进步的观念上。劳丹认为:"如果一个理论比它的竞争对手解决了更重要的问题,那么接受这个理论是合理的。"劳丹对"不成熟"科学持保护和接受的态度。他认为,由于受时代和技术等因素的限制,暂时不被人们看好

或接受的理论也可能是真正有前途的理论,所以不要过早地抹杀那些"不成熟"理论或研究传统。这也是劳丹思想前瞻性的重要表现。心理学中就存在很多不成熟理论。范兆兰等提出,加斯里的"邻近学习理论"由于比较简单,起初并未引起人们的重视,但随着认知心理学的联结主义模型的兴起,该理论重新得到了关注和重视。不成熟理论往往是一个学科进步的契机。劳丹认为,有时科学家探索和追求与其竞争理论相比可接受性更低,更不值得信任的理论或研究传统。很多新的理论和研究传统都是在这种情况下出现的。因为追求较之竞争对手有更高进步率的研究传统的做法总是合理的。因此,心理学追求那些不够成熟的心理学理论对心理学学科的发展具有前沿性的开拓意义。

对于理论的态度不只是二择一的接受或拒斥,还有追求和不追求。心理学家经常在一组竞争理论和研究传统中挑选出一个理论并加以接受,即把这个理论和研究传统看成是正确的。至于选择什么样的理论并加以接受则取决于心理学家自己的理论指导观。行为主义者会选择确证性的理论。实用主义者会选择实用性最强的理论。解题主义者则会选择解题效力最高的理论。劳丹指出,每一个全新的研究传统的出现都发生在这种情况中,这就是说,科学家在一个研究传统与其竞争对手相比还没有资格被接受之前,就开始追求和探究这种传统了。劳丹认为"如果我们坚持认为接受的态度穷尽了科学的合理性,就不能解释科学家对相互矛盾的理论的研究,也不能解释科学家对不太成功的理论的研究,而这种现象都得到过充分的历史证明"。早期,伽利略研究传统在解决很多重要的经验问题上明显不如亚里士多德研究传统,但它成功地解决了亚里士多德研究传统不能解释的一些著名现象,如月球表面的不规则性等。这表明伽利略研究传统更有前途,值得进一步发展和追求。劳丹以此说明,追求的态度为一个研究传统赢得尊重的作用很大。因此,我们要接受解题效力较高的心理学理论,但一个目前看似尚不成熟,不能解决很多问题的心理学理论是可追求的。

另外,理论的成熟与不成熟是相对的。目前不成熟的理论不代表永远是不成熟的。同样,现在成熟的理论可能会需要进一步的修改和完善。进一步讲,一个不成熟理论比一个成熟理论对学科的发展具有更深远的意义。一个新颖的、突破原有框架的理论往往是不成熟的,但正是这些不成熟理论的成熟过程,推动了科学的进步。解题主义对不成熟理论的宽容态度对于促进心理学理论体系的繁荣具有重要意义。

2.4 理论整合的新途径:多元理论的统一

几十年来,心理学只专注于实证分析却忽略理论建设的直接结果就是研究的琐碎和分裂。表面繁荣的心理学研究背后是一个统一理论的匮乏:每个实验者割取完整心理现象的一个小块,其研究结果相互之间无法沟通,得到的是许多分裂的理论。著名心理学家吉尔根认为:"对于像心理学这样一个从概念上破碎的领域来说,更多的信息可能并不是一件好事……更多的信息只有使问题变得更加复杂。"心理学缺乏的不是某个具体的理论,而是一个可以整合各个理论的"大理论"。经验世界的复杂性、多样性决定了心理学研究模式的多元化和多样化。一个具体的理论只能反映问题的一个或几个方面。更关键的问题是根据一个心理现象所得到的心理学理论相互间不是融合的,有时毫不相关,有时甚至是矛盾和对立的。破裂的理论在解决心理学问题时自然显得力不从心。Spence 认为"对现实主义的多元论来说,冲突具有潜在的建设性意义,这些冲突通过共同分享的价值观而得到解决"。如果将心理学理论都置于解题主义模式下进行研究,那么它们就分享了解题效力这一共同的价值观,从而为心理学多元理论的整合提供了基础。

在库恩的范式论中,心理学尚处于前科学阶段,没有形成一个统一的成熟的研究模式。因此,心理学各学派间总是处于对峙状态,相互竞争。由于各种范式之间不充分、不完善的交流,心理学内部很难得到统一。劳丹不同意库恩的观点,他认为多个范式并存是客观事实。不管是科学活动还是心理学研究,多个竞争范式有利于心理学的繁荣。他还强调只要理论的解题效力很高,那其就是进步的。心理学各流派理论之所以难以整合,最大的原因就在于它们所遵循的本体论和方法论是不同的。解题主义模式对理论持开放宽容的态度,从解题效力出发,不同学派的理论或研究传统是可以融合的,不管其本体论、方法论如何。因此以解题效力来实现理论的整合是一条可行之道。心理学应建立统一的"元"理论统合下的多元具体理论共存发展的理论体系。

2.5　理论心理学功能的重新定位:解题效力有待进一步提高

理论研究是学科发展的基础。理论心理学则是一门研究心理学理论的分支学科。叶浩生认为,理论心理学是从非经验的角度,以理论思维的方法对心理学基本问题进行探索的一门科学。它在心理学中的地位就像理论物理学、理论化学在物理学和化学中一样,是心理学学科体系中不可缺少的一部分。理论心理学采用的方法主要有分析、综合、归纳、类比、假设、抽象、演绎、推理等等。理论心理学的研究主要包括两个方面:心理学的元理论(meta-theory)和实体理论(substantive theory)。元理论主要包括:①心理学的学科问题;②方法论;③心理学的基本框架。元理论是理论研究的理论,是学科体系建构的指导原则,也是理论心理学的思想核心。心理学元理论的最终发展目标是,试图寻求一套对心理学知识普遍有效的"最终判定方式",重新整合自身并形成统一的理论。实体理论的内容包括:①一般理论;②具体理论。实体理论主要研究不同学派和理论体系。理论心理学是二者的有机结合。目前实体理论的混乱和分类,主要原因在于缺乏元理论的指导,因此常常相互矛盾,难以构成完整的理论体系。叶浩生先生将理论心理学的功能概括为三个方面:第一,理论心理学具有提出假设和做出预测,为实验心理学提供研究课题的功能。第二,理论心理学所采用的逻辑分析方法具有判断和鉴别概念、命题、理论真伪的功能。第三,理论心理学具有抽象和综合功能。其中第三个是理论心理学最薄弱的地方。目前心理学仍处于分裂和破碎状态,主要是缺乏理论心理学的抽象和综合功能,没有把具体的经验发现和研究结论上升到一般性的理论高度,形成一个心理学的元理论。虽然元理论一直是理论心理学研究的重点,但是现有的研究水平和研究成果并不足以建立一个经得起逻辑与历史考验、足以支撑心理学学科发展的统一理论。有学者提出新世纪的理论心理学需要转向对具体的、实际的和可能的问题的研究。而真正心理科学理论的建立,应该寄希望于"以问题解决为中心"的实体理论的重大突破。心理学元理论的建立是理论心理学的终极目标,目前的研究重点应是对破裂的实体理论的整合和统一,而解题主义的引入则可以大大加快这种整合。

任何学科的理论研究都具有形而上学性和空洞性等特点,但与其他学科相比,理论心理学在支撑心理学学科研究发展时显得尤为力不从心,很多研究并没有明确的理论前提或理论指导。尽管目前心理学受到了各种新思潮的冲击,理论研究复兴的呼声也越来越高,但理论研究缓慢、停顿的局面并未得到显著改善。因此,理论心理学应寻求解题效力更高的心理学理论,将经验问题与概念问题的解决以理论连接起来,大力提高理论心理学解决心理学学科发展问题的能力,从而改变这种局面。理论心理学没有必要与实证心理学一比高下,而是要进一步整合心理学的实体理论,真正指导其研究。多元实体理论的整合,既可以提高理论的解题效力,又可以促进元理论的建立。理论解题效力的提高也可以消除对心理学理论研究和理论心理学的误解。

劳丹的解题主义以其独特的问题解决视角为心理学理论研究提供了新的参照标准。心理学理论研究要有新的发展和突破,必须提高解决学科发展问题的能力。而要做到这一点,需要心理学家将解题主义模式进一步融入到心理学的研究,尤其是心理学理论研究当中。

论文赏析与点评:

本文研究切入点好,从劳丹的科学研究进步模式考察了心理学理论研究的合法性及合理性。文章问题性明确,引文资料丰富,论证细腻。虽然文笔稚嫩了一些,但鉴于作者在实证心理学方面积累甚多,曾在国内权威的《心理科学》杂志上发表有实证研究报告,硕士毕业后考入北京师范大学攻读实验心理学的博士学位,而能够写出如此理论色彩浓厚的文章,实在难能可贵。本文在核心杂志发表后被人大复印资料《心理学》卷全文转载。

复杂性理论在心理学研究中的价值

王传东

(陕西师范大学心理学院 2007 级硕士)

摘 要 复杂性哲学和复杂性研究为科学研究开辟了一条蹊径,使得人们能够以一种全新的、复杂性的视角来重新认识他们所"熟知、熟悉"的人类世界。复杂性理论的世界观为当前心理学的转向提供了理论支持,而且它的一些具体的研究方法如"黑箱"的方法以及功能模拟方法已经在心理学研究中体现出其价值。可以说,复杂性理论为心理学摆脱当前困境及实现整合开启了一扇光明之门。

关键词 复杂性;非线性;心理学整合

1. 时代科学的新特征——复杂性

当前所处的时代可以从不同侧面加以标志,如非线性时代、信息化时代、多极化时代等。这些标志的一个共同点就是反映了人们对世界的一种新认识——世界具有复杂性。从哲学的世界观和方法论意义上讲,要透过世界发展快速、便捷的表征,深入探讨事物的复杂性,对于改变形式化、简单化、片面化的认识理念具有极其重要的时代意义。具体讲,复杂性哲学和复杂性研究为科学研究开辟了一条蹊径,使得人们能够以一种全新的、复杂性的视角来重新认识他们所"熟知、熟悉"的人类世界。

复杂性是一个普遍适用的概念,从客观物质世界的客体来讲,存在着事实上的复杂性;从认识主体来讲,存在着认识上的复杂性;从主客体间的相互转化来讲,存在着种种中介复杂性、过程复杂性或阶段复杂性。在人文环境中难免也有人为的复杂性。因此,从类别上讲,有自然界发展的复杂性,也有人文社会发展的复杂性;有人与自然关系的复杂性,也有人与人关系的复杂性;同时还应有科学发展产生的各门学科如数学、物理学、化学、生物学、信息学、历史学、语言学、哲学、心理学、伦理学、美学等自身界定的复杂性。复杂性是相对于简单性而存在的,它们之间既相互区别、相互对立,又相互依存、相互渗透,并在一定条件下相互转化。因此,复杂性是在客观事物的联系、运动、变化中的一种特性,而不是孤立、静止、显而易见的特性。

20世纪60年代以来,"由计算机作为研究手段的广泛应用,与理论、实验手段相结合,促成了非线性科学的建立。这方面研究的飞速进展,使人们对一些久悬不解的基本难题,诸如物理学的确定性描述和概率性描述的关系、湍流发生的机制、自然界有序和无序转变的条件等,有了新认识,并开始影响人类的自然观,促进人们从事物总体联系的角度去探索和把握自然界的复杂运动形式"。这一方面的研究,几乎同时从非线性系统的两个极端方向取得了突破。一方面从可积系统的一端,即研究无穷多自由度的非线性偏微分方程的一端,在孤波方程中发现了"孤子",并发展起一套系统的数学方法,对一些类型的非线性方程给出了解法;另一方面,从不可积系统的极端,在天文学、气象学、生态学等领域对一些看起来相对简单的不可积系统的研究中,都发现了确定性系统中存在着对初值极为敏感的复杂运动形式——混沌运动。……从共性、普适性的角度来探讨各种非线性系统的行为。这样就形成了贯穿信息科学、生命科学、空间科学、地球科学和环境科学等领域,解析、计算和实验三种手段并用,揭示非线性系统共性,探索复杂性的新领域——非线性科学。

非线性科学是对以往线性科学的突破和超越,从世界观和方法论的深层次上将以往被彼此割裂、互不衔接的自然科学、人文科学、技术科学和艺术科学等内在统一起来,开辟了人类认识的新阶段,使人类对复杂性的认识从感性上升到理性,上升到认识事物复杂性的内在科学本质,认识非线性科学和复杂性研究的密切关系,进而从总体上和科学本质上认识世界所发生的复杂性现象。

2.豁然开朗——复杂性理论为心理学的整合开辟了新的蹊径

现代心理学在哲学基础、意识形态和思想观念方面存在着严重的分歧。不同的心理学家由于其哲学世界观的不同,对心理的本质、意识的特性等问题的看法迥然相异,因而选择不同的研究对象和研究方法。此外,心理学家在一些思想范畴上也有着激烈的争论与对立。这些问题是:①意识与无意识;②理性主义对非理性主义;③自然主义与超自然主义;④静态的发展观对动态的发展观;⑤中枢论对外周论;⑥纯科学观对实用科学观;⑦客观主义对主观主义;⑧机械论对活力论;⑨还原论对非还原论;⑩对象决定论与方法决定论;⑪平行论对交互作用论;⑫一般规律的研究与特质论的研究;⑬决定论与非决定论;⑭实验室研究对现场研究;⑮元素论对整体论;⑯文化论对本能论等等。不同的心理学家信奉不同的范畴,范畴的不同组合也构成了心理学流派的思想基础。这从一个侧面反映了心理学内部思想分裂的严重性。

思想的分裂必然导致组织的分裂,因此,学派的产生是思想分裂的必然结果。传统上,心理学挣扎在学派的抗争之中,争吵之声始终未绝于耳。现代心理学中直接的谩骂与指责似乎是少多了,但是这并不代表学派的消融。心理学的流派依然存在,只不过他们不再沉溺于争吵之中,而是以冷漠、隔绝、画地为牢取而代之。不同的流派发展了不同的语言、术语甚至行话,以至几乎每一学派都编纂了自己的术语词典,如精神分析词典、行为主义词典、认知心理学词典等等,其结果是学派与学派之间"鸡犬之声相闻,老死不相往来"。

学科内部的恶性分化是心理学分裂的另一表现。分化是科学进步的表现。通过分化,科学研究能在更深、更细的层次上进行。但心理学的分化趋势却令人担忧。一些心理学家指出,在规范科学中,科学家因为担心他人抢先一步,因而急于把新成果和新发现公之于众,但是心理学家从没有这样的担心,因为心理学缺乏一个核心,没有共同性可言,没有他人捷足先登的可能。那么,究竟怎样看待心理学的分裂与破碎? 一种观点认为分裂和破碎使心理学存在着分裂的危机;另一种与之相反,认为分裂与破碎完全是科学成熟的自然结果。无论持有何种观点,心理学都面对着整合问题。承认破碎和分裂是一种危机,自然需要正视整合问题;认为它是科学成熟的自然结果,也无法回避整合问题,毕竟心理学从来都不曾是一个整合科学,历史上不曾是现在不是如果未来还不是,那就需要质问心理学是不是一门真正的科学了。

著名理论心理学家库克从心理学研究对象的复杂性出发,认为心理学不可能实现统一或整合。他指出,"在我看来,心理学并不是一门单一的学科,而是由各种类型的研究组合起来的集合体,其中少数部分可称为科学,但大部分却不能使用这个称呼……很久以前,我就推荐用'心理研究'来取代'心理学'这个名词"。在库克看来,心理学成为一门科学或整合的学科只是 19 世纪心理学家的一种不切实际的幻想,因为心理现象是多形的、易变的和转瞬即逝的,它的意义复杂、特点模糊,任何一个敏锐的研究者也只能切割其中的一个小块来加以分析,其结果是造成许多孤立的小领域。心理现象的复杂性决定了心理学不能成为一门整合的科学,而只能成为由不同的观点、不同的理论和不同的方法混杂起来的"心理研究"大家族。笔者认为库克从心理学研究对象的复杂性出发分析问题非常值得肯定,但是不同意他得出的结论。心理学的确是由各种类型的研究组合起来的集合体,但并不是少数部分可称为科学大部分却不能使用这个称号,而是基于心理系统的复杂性使其研究对象具有层次性,这种层次性使其研究对象从自然科学跨越到社会科学。也因此,试图从单一的自然科学范式或社会科学范式寻求心理学的整合之路无异于缘木求鱼。那么如何来寻找心理学的整合之路? 因为心理学的研究对象从自然科学跨越到社会科学,因而心理学的整合必须建立在自然科学和社会科学衔接的基础上。回顾上述对复杂性的研究的认识，可以发现非线性科学从世界观和方法论的深层次上将以往互不衔接甚至是彼此割裂的自然科学、人文科学、技术科学和艺术科学等内在统一起来，由此基于非线性科学的世界观和方法论必将为心理学的整合开辟新的蹊径。

3. 复杂性理论的世界观和方法论对心理学的研究价值

把复杂性理论引入到心理学研究之中，无论是在整体的认识论上还是在具体的研究方法上都为心理学的发展带来了一种全新的视野，开辟了一条崭新的道路。

3.1 用复杂性理论指导心理学研究范式的转换

"范式"是指特定时期从事某一学科的研究者所公认的理论框架或研究纲领。根据库恩的观点，范式的基本含义主要体现在两个方面：学科共同体所持有的共同态度和信念；具有公认的研究框架和理论模型。理论范式是学科成熟的重要标志。斯腾伯格指出，现代科学技术的迅猛发展总是会受到两种互为联系的内生性资源的推动：一种是"思想驱动"（idea driven），另一种是"数据驱动"（data driven）。理论范式无疑属于"思想驱动"的范畴。随着当代信息技术日新月异的发展，一些学者提出，许多科学发展问题在技术上困难并不大，而关键需要来自于"思想观念"的变革，即需要进一步实现理论范式的转换，以新的思路和视角来摆脱发展中的困局。复杂性理论的出现已经带来一些科学研究"思想观念"的巨大变革，也必将为心理学研究的"思想观念"的变革提供巨大的动力，为心理学研究范式的转换指导方向。

首先，从复杂性理论出发，要改变以往心理学研究过程中追本溯源式的本质主义的思维倾向，不要强为复杂多变的心理世界寻找一个唯一的、永恒不变的本质或答案，或发现一种"放之四海而皆准"的普遍规律。实践证明，那种寻找"阿基米德基点"的思维模式是一个误区，那种以概念作为体系的原点，然后由其阐发或演绎出体系化心理学的努力也是不成功的。我们应充分认识到，心理现象是一个有序与无序、确定与不确定、简单与复杂相互交融的世界，是各种影响因素持续不断解体与重组、和谐与噪声反复交织的复杂过程。这具体表现为，每个人的人格形成过程中要受到包括：生物遗传、自然环境、家庭背景、社会、学校等诸多因素的影响，这些影响是广泛的、深远的、多变的，并呈现出和谐与不和谐、一致与不一致的复杂交混。在这个过程中，不同的原因可能会导致同一个结果，同一个原因也可能会导致不同的结果。这就要求我们绝不能因循非此即彼、寻求唯一因果关系、追求唯一本质的思维模式，而应以一种开放的、多元的、整合的、非线性的观念来认识和研究心理现象。埃德加·莫兰说：现实世界的"一个理论不是一个目的地，它只是一个可能的出发点。一个理论不是一个解决的办法,它只是处理问题的可能性"。因此,在心理学研究中,我们必须创设一种多元共生的空间地带,尤其是应该提倡和强化运用各种个性化的理论及描述性的观点来解释和理解纷繁多变的心理现象,力求通过多视角的理论表现和多样性的阐释来对人们的生活实践产生积极的意义。

其次,建立多层次、多类型和多水平上心理学理论评价体系。复杂性理论认为我们应该在复杂性视角下认识世界、研究世界,这意味着复杂性是世界的本质特征,简单性只是特例。心理学的研究对象是心理现象,它的研究对象包括了从感知觉到意识再到一些精神现象,这些现象构成了一个复杂的系统。即使单个心理现象比如意识,包括了与注意相联系的"执行控制"层面的意识现象,也包括了哲学中与物质相对应的意识现象,前者可以作为认知科学这样的自然科学性质很强学科的研究对象,而后者可以作为宗教学等人文科学的研究对象。心理学研究对象作为一个整体具有复杂的层次性,而且一些具体研究对象本身也具有复杂的层次性。这种复杂的层次性决定了心理学理论的评价不可能从单一层次、单一类型和单一水平的标准进行评价,打破占主流地位的实证主义的单一评价体系也就成为当务之急。

再次,注重不同研究范式的融合。世纪之交心理学理论研究范式已经出现了转换,但这种转换不应该是"东风压倒西风或西风压倒东风"单向转换,而应该注重不同范式之间的融合。毫无疑问,传统心理学的实证研究范式所占有的学术领导地位还将会持续一个时期,这不可避免地与新的研究范式存在着难以通约的鸿沟及隔阂,而且新范式形态本身也在不断生成与变化发展之中,同时还面临着在自身原有的框架内无法解决的内在矛盾。但这些矛盾冲突是正常的、合理的,"对现实主义的多元论来说,冲突具有潜在的建设性意义,这些冲突通过共同分享的价值观而得到解决"。心理学研究范式的转换本身就显现出一种复杂性,新范式的出现既有一个逐渐的产生过程,在某种层面上它又是"突现"的结果。要"突现"出一种全新的成熟的心理学研究范式,必须是在已取得重大进展的旧有范式之间的相互融合并且融入新的思想的基础上获得突破。因而,研究者应当正视新世纪心理学研究所出现的新范式,并且注重新旧范式之间的融合,以此来获得心理学研究范式的重大突破。

3.2 用复杂性理论改造心理学的具体研究方法

首先,近年来在对心理学研究对象及心理学研究的复杂性的认识的基础上心理学采用一些新的研究方法和工具,这种认识也必将为心理学研究方法的革新提供不竭的动力。近10年来,心理学研究方法领域出现的工具包括:元分析方法、结构功能分析方法、行动研究、模型方法、解释学、叙事心理学和质性研究技术等,虽然不是直接在复杂性理论的直接指导下产生的,但是它们的产生却是建立在对心理学研究对象及心理学研究的复杂性的充分认识的基础上。例如,元分析方法对已有的研究结果的综合量化分析,因而它可以对不一致的研究结果进行整合,得出仅从单一研究中不能获得的共同效应,做出普遍性的结论。这种方法认识到了心理现象的复杂性,认为依赖单一研究难以做出科学的理论概括,难以准确、全面地解释和预测心理现象,因而用综合的量化分析为大量的心理学研究结果的整合打开了一条通路。而诸如解释学、叙事心理学和质性研究技术,可以在心理现象复杂层次的高层次对其进行研究,这为不可还原的复杂现象的研究开启了光明之门。

其次,将复杂性科学的一些具体研究方法直接应用于心理学研究也具有重要意义。以研究复杂性发展起来的非线性科学包括一些崭新的学科,如系统论、信息论、控制论等。它们从不同侧面揭示了客观物质世界的内在联系和运动规律,为科学领域的研究提供了新的思路、新的方法。近几十年中,一些心理学家开始利用现代科学方法所提供的独特思路研究心理现象,取得了丰硕的成果,显示出现代科学的新方法在心理学研究中的适用性。人脑是心理现象的物质基础,具有高度的复杂性、组织性和活动性特征。依据现有的科学技术水平,人类既不能从外部对人脑产生各种心理现象的内部机制进行直接观测,也不能利用解剖方法对人脑组织所发生的心理过程进行微观水平的直接考察。况且,人脑各组织之间的分解又会引起整体功能的变化,影响心理活动的正常进行。所以肢解心理系统整体联系的分析方法已被实践证明难以对心理现象的内在机制做出客观判断。"黑箱"方法作为复杂性科学的具体研究方法能在不干扰正常的心理活动的前提下考察心理现象的内在机制,因而对心理系统的研究具有独特作用。其他包括系统论的方法、信息论的方法以及控制论的方法也在心理学研究中起到了独特的作用,它们对心理学研究有重要意义。

论文赏析与点评:

人的心理实质究竟是什么?在哲学界,古希腊柏拉图和亚里士多德把"理性"作为心理的本质。中世纪阿奎那把"智慧和意志"当做心理的本质。近代哲学家笛卡尔把"思想"视为心理的本质,而黑格尔把"自由"视为心理的本质。现代西方哲学家相当一部分人把"可感受特性"或"意向性"规定为心理的本质。在我国心理学界,关于心理实质问题的理解,一般认为"心理是人脑对客观现实的反映"。但也有学者认为,反映并不是心理的本质,心理的本质在于"知"。"知"是从感觉到思维等一切心理现象所共有的心性,因为精神心理现象的突出特征就是"它存在的同时知道自己的存在","知"乃心理现象或精神意识的存在方式。还有强调情感是人的心理的本质。然而,人作为物质世界最为高级最为复杂的生灵,异常脆弱却又奥妙无穷,我们无论用什么特征、什么范畴来总结人类的心理世界均显得相当苍白无力。本文引入复杂性思维视角认识和理解人的心理问题具有十分重要的意义。当然,所谓人的心理世界的复杂性问题也存在着确定性、规律性和本质性内涵。在不确定性、复杂性中寻求确定性和简单性,是人类把握及研究心理活动的一条重要方法论进路。文章在《心理学探新》杂志发表后被人大复印资料全文转载,是一篇优秀的硕士论文。

西方心理学视野下的乐观主义研究

段海军

(陕西师范大学心理学院 2008 级博士生)

摘 要 乐观是当前西方积极心理学的核心概念和研究热点,有关乐观主义的价值问题凸显出了积极和消极的乐观主义两种对立的解释取向。事实上,乐观往往与悲观并行存在,乐观主义能否促进健康关键取决于对危机源刺激的过程性判断。有限度的现实乐观能够赋予个体独特的生命意义和价值,有助于个体在乐观与现实之间寻求到心理和谐和平衡的支点。当前的乐观研究已汇成了一股强劲的乐观主义潮流,必将成为心理世界发展的新的生长点。

关键词 心理学;乐观主义;气质型乐观;解释风格;培养策略

长期以来,乐观被视为推动人类进化的文化机制。乐观是各民族文化价值观念中普遍重视的一种品质。类似的讨论在伦理学、文化学、经济学等领域的知识理论中也经常涉及,然而心理学长期以来因乐观问题无法证实研究而被忽视。一些人认为,乐观可能是一个高度有利的心理特征,它与人们好的心情、坚持不懈、成就和身体健康有关。经济学家凯恩斯指出,投资决策可能受乐观主义或悲观主义情绪的影响,对未来预期乐观,则经济繁荣;预期悲观,则经济萧条。有研究者甚至提出,乐观主义不仅是对抗生活挫折的缓冲剂,更是抵御当代社会人类疾病的一种有力武器。

1. 大乐观与小乐观:乐观主义的两种研究取向

乐观是一种重要的指向未来的积极认知倾向,属于个体的信念系统。心理学家 Tiger 指出,乐观的思维方式是人类物种进化的重要特征,是个体在应对未来时形成的一种能力。然而,西方心理学视野下的乐观主义的研究至少面临着两方面的难题。一方面,到目前为止,并没有一个大家能普遍接受的乐观主义定义。另一方面,对于乐观主义和悲观主义的维度依然存在着混乱和争论。当前的乐观主义研究存在两种截然不同的理论:人格特质取向大乐观和解释风格取向的小乐观。

1.1 大乐观：人格取向的乐观主义

气质型乐观（dispositional optimism）最早由 Scheier 和 Carver 提出，是指对未来事件结果的一种积极的总体期待。这种期望具有跨时间和情境的一致性，并成为了一种稳定的人格特质。对气质型乐观主义的解释主要有以下几种模型：①单维模型。认为乐观主义和悲观主义是同一刻度尺的两个极端，一端是典型的乐观主义，另一端是典型的悲观主义。②二维模型。认为悲观主义和乐观主义是两个完全不同的刻度尺，由既相互独立而又相关的两个亚特质构成，一个是积极的乐观特质，一个是消极的悲观特质，人同时拥有两种特质。③等级模型。认为气质型乐观是一个等级结构，一级因素包括乐观和悲观，二级因素是生活定向（即总体乐观水平）。④三因素模型。Schweizer 等人指出单维模型建立在测量与个体有直接关系的个人乐观的假设之上，而忽略了与个体没有直接关系的社会乐观。他们认为乐观是个体对所有领域的未来事件积极结果的总体期望，具有三个维度：个人乐观、社会乐观和自我效能乐观。

1.2 小乐观：解释风格取向的乐观主义

塞利格曼等人认为乐观是一种解释风格，即个体对成功或失败进行归因时表现出来的一种稳定倾向，解释风格可分为乐观解释风格（OES, Optimistic Explanatory Style）和悲观解释风格（PES, Pessimistic Explanatory Style）两种类型。乐观解释风格将消极事件归因于外部的、暂时的、具体的因素，将积极事件归因于内部的、稳定的、普遍的因素。悲观解释风格将积极事件归因于外部的、暂时的、具体的因素，而将消极事件归因于内部的、稳定的、普遍的因素。解释风格具有三个向度：①时间向度上的持久性——暂时性和永久性。悲观主义者相信发生在他身上的坏事霉运是持久存在的，好运气只是暂时的。而乐观主义者将好运和希望看成是持久性的动因，相信厄运是暂时的。②空间向度上的普遍性——特定性和一般性。悲观主义者把失败看成是一般性的，当一件事情失败以后，很容易认为每一件事情都会失败，而乐观主义者把失败看成是特定性的，仅仅会在失败的事情上表现出无助感，但对生活的其他方面仍持乐观态度。同时，对好运的解释形态正好与霉运的解释相反。乐观主义者认为坏事情的发生有特定的原因，而好事情的发生会增强做其他事情的信心。③人格向度上的个性化——内在性和外在性。悲观主义者对不幸的事情内在化，对好运外在化，而乐观主义者对自己满意的程度远比悲观主义者高得多。

针对当前乐观的研究存在的两种截然不同的研究取向，笔者认为，两者之间并不是绝对的对立和决裂关系，未来的乐观主义研究应该整合两种取向的观点。大乐观强调乐观是一种稳定的人格特质，而小乐观以解释风格为切入点，强调乐观主义解释风格的认知功能。但事实上,人格的核心含义涉及个体认知、情感和外在行为等多维特征的综合。因此,从解释风格的视角解读个体的人格特质具有重要的补充价值。另一方面,由于二者在时间纬度上的着眼点不同,气质性乐观注重个体对未来事件的总体期望,而乐观解释风格偏重对现在和过去活事件的归因解释。只有实现两种研究取向的有机融合才能更好地从全面的时间纬度上系统考察乐观主义对个体的生命价值。

2. 西方乐观主义研究的演变轨迹考察

近 20 年来,西方心理学对乐观主义研究主要经历了以下的演变轨迹:

2.1 从"自我激励运动"走向"积极心理学浪潮"

长期以来,乐观主义虽然受到了文化传统、社会学、伦理学和经济学的普遍重视,人们的日常生活经验也证明"乐观"可以使人们获得处理事情的更多能力,但是心理学界很少对乐观问题进行深入细致的研究。自 20 世纪 80 年代积极心理学诞生之后,心理学界掀起了一场对乐观问题研究的热潮。积极心理学打破了一百多年来心理学过多关注心理障碍的传统模式,呼吁心理学要实现从消极心理学到积极心理学模式的转换,旨在研究人类的积极力量和积极品质,关注人类的幸福与发展,被称为当代国际心理学界的第四次浪潮。正如美国心理学会前任主席 Seligman 所说,积极心理学的目标是催化心理学从只关注于修复生命中的问题到同时致力于建立生命中的美好品质。积极心理学在主观层面上研究积极的主观体验、幸福感和满足(对过去)、快乐和幸福流(对现在)以及希望和乐观主义(对未来)。随着积极心理学的兴起,乐观主义成为西方积极心理学的核心概念和研究热点。积极心理学视野下乐观主义研究的核心目标是探索、理解、开发并培养人类自身所具有的潜在优势而不仅仅局限于启发人们避免自身的不足与劣势。正如 Peterson 所说,乐观主义研究者关注的兴趣已经从经验主义转向了高度聚焦人类自身的个性特征。

2.2 从大众化信念走向科学化实证研究

乐观主义一直是东西方文化的传统价值观念,也是商品经济时代大众关注的核心话语,其思想源远流长。中国的儒家传统思想以乐观的态度看待人性,坚持性善论,倡导一种既入世又超越的人生乐观主义态度,认为人生的主要任务就是发掘、培养先天的善端。以乐观主义和悲观主义之间的平衡关系为主题,宗教学中也蕴涵着丰富的乐观主义思想。苦乐观在佛教教义中占有极其重要的地位。认为苦乃人天生所难免,但苦乐相依,要以苦为动力,提升生命,化苦为乐。伊斯兰教倡导真主赋予了生命独特的价值和意义,反对悲观主义。在哲学领域,叔本华创立了悲观主义的人生哲学,他认为,人生永远陷于永恒痛苦的劫数,除了痛苦还是痛苦,"人生是在痛苦和无聊之间像钟摆一样摆动着"。尼采虽然自己是一个悲观主义者,却提出了与叔本华的悲观主义人生哲学相反的乐观主义的人生哲学。他在发出"上帝死了"和"这个世界作为疯人院已经太久太久"的呐喊之后,提出人应该回归到感性的世界,要正视生活的痛苦和虚无,在承认人生悲剧的前提下,寻找生命的积极意义,营造人的精神家园,主张以审美的态度看待人生,肯定人生的悲剧美,即使人生会充满艰辛和痛苦,但还是要常怀乐观主义的心态,表现出对生活和世界的肯定态度,即"对生命,甚至对生命的最古怪问题的肯定"。但是,以宗教和哲学为代表的乐观主义研究一直是"毁誉参半"。可以说,从欧洲中世纪到 20 世纪初,人们对乐观主义的理解和研究一直处于混乱的状态。宗教和哲学对乐观的探讨更多停留在个人的信念层面,致使乐观在很多的时候沦为空头的承诺和口号式的呐喊。针对以往乐观研究存在的泛化问题,积极心理学倡导乐观主义科学化的测评方式,并赋予了其新的科学内涵。当前对乐观主义的测量在两种截然不同的理论指导下对应有两种不同的科学测量方法。Scheier 和 Carver(1985)认为,乐观主义就是人们对将来积极事件发生的一般期望,在这个定义的基础上,他提出了乐观期望生活取向测验及其修订版(The Revised Life Orientation Test, LOT-R)。而塞利格曼(1998)提出,乐观不是普遍的人格特质,而是一种解释风格。他采用归因风格问卷(ASQ)和言语解释的内容分析(CAVE)来测量乐观。这种测量技术要求被试报告对事件正性或负性的解释,然后从集中性、稳定性和一般化三个维度上进行确定性数值评定。科学化的测评方式使"乐观"研究从宗教和哲学领域纳入到了科学的研究范畴。其研究结果是经过探索和深思以及测试而得到的验证本质性结果,而不是那些没有根据、凭空猜想的常识性结论。通过严格使用科学的方法和手段,使"乐观"这一模糊的、个人化的主观感受,变得具有科学性、可操作性和可量化性。

2.3 由"本性论"转向"习得论"

乐观心理究竟是怎样形成的?早期的观点认为,乐观是一种天性。例如弗洛伊德就提出乐观是人性与社会化之间冲突的衍生物。"乐观延长了人的痛苦,人类面对现实的最佳方式需要更多的面对现实的艰难面"。精神分析的目标就是帮助个体清楚地感受真实的本能,舍弃乐观幻想,从而达到心理成熟。把乐观当做人类本性的早期探讨明显带有消极性。后来随着精神动力信念的普及,弗洛伊德把乐观和幻觉视为一体的观点普遍受到了质疑。对乐观主义的消极看法在 20 世纪 70 年代以后发生了变化。其中第一个转折点是 Greenwald 把人性比拟成集权政治体制形式观点的提出。根据他的观点,自我是对个人历史和同一信息的组织者,每个人都参与编制和修改个人历史的进程。第二个转折点归功于 Tiger 在《乐观主义：希望的生物学》一书中提出的乐观是人类进化的产物而非心理特征的衍生物的观点。积极心理学兴起后，普遍坚持乐观并不是天生的而是后天习得的观点。只有让乐观变成可以学习的人生态度，才能使人们形成积极健康向上的心境。在塞利格曼看来，乐观主义与悲观主义这两种心态的主要差别在于解释风格的不同，乐观可以通过教育而形成，一个悲观的人通过心理训练可以转化成为乐观的人。在 20 世纪 90 年代，宾夕法尼亚州曾经进行过一项为期两年的旨在提高中小学生乐观心态的培养计划，参与该计划的孩子在培训结束后抑郁症的患病率明显少于对照组。最让人意外的是，这些孩子进入青年期后心理状态依然好于对照组，他们能够更好地处理生活压力和危机。也有研究结果表明，乐观的小学生将来很少得抑郁症，走向社会后，在工作成绩和社会地位方面均超过悲观的人。乐观主义虽然有天生的成分，但是事实证明，每个人都可以通过适当的心理训练变得更为乐观。更改不合时宜的信念，接纳那些令人痛苦的事实，能够帮助我们用更加客观的视角看待生活，并清醒理智地面对真实的人生，从而获得解脱和超越。

3. 积极与悲观：乐观主义价值评估的分歧与融合

世界上没有纯粹的乐观，乐观往往是与悲观相并行存在的。盲目乐观论可能瞬间转变为悲观论，脱离实际的乐观会成为一种泡沫，而过度乐观有可能是悲剧的开始。

3.1 悲观的乐观主义观点

悲观的乐观主义观点认为，"好运不可能永远与你相伴，当事物的发展和你的预期相悖时，你原有的乐观主义信念就变得脆弱甚至不堪一击"。按照这一观点的解释，当乐观主义者对未来的美好预期没有转化为现实时，不但不能增进健康，而且他所面临的悲伤和失望的负性情绪很有可能影响身体健康。来自生理学的实验证据支持了乐观主义对提升身体免疫力具有积极和消极的双面影响。当紧张性刺激源持续时间比较短的时候（不超过一周），悲观主义者免疫细胞指数下降，而对乐观主义者没有影响，乐观主义对应对紧张性刺激源表现出了积极的意义。但是当紧张性刺激源持续时间比较长的时候（超过一周），这种效应出现了明显的反转效应。以 NKCC 为指标的研究也得出了类似的结论。这样的实验结果表明持续不断和无法掌控的紧张刺激源打乱了乐观主义者对未来的美好期待，导致了其自身免疫力的下降，从而不利于身体健康。这与积极的乐观主义观点一直宣扬的"乐观会普遍地消解负性情绪而增加健康"的观点是矛盾的。

3.2 积极的乐观主义观点

积极的乐观主义观点坚持正性的思考和正面的心态,具有重要的意义,沉浸于负面的思维只会增强负面的力量,这种观点认为乐观主义是一个有高度收益的心理特征。目前的研究趋势从聚焦如何理解并减轻事件的负面影响转向了如何增强事件的积极因素和主观幸福感,也从考究悲观抑郁的原因转向了探明乐观的前因上。对乐观主义持积极态度的学者把乐观主义与自我效能感、自尊、主观幸福感、生活满意度、社会支持等指标有机地联系起来,以大量的实证研究结果证明了乐观主义的价值。

(1)乐观与健康。乐观可以使免疫系统增强,可以获得更多的社会支持。乐观的人心脏病、高血压和癌症的患病率更低,乐观可以减少乳腺癌的复发率,延长患 HIV 的人的寿命,而悲观的人比乐观的人健康退化的时间更早。乐观意识能够给人在迷茫的时候提供力量的支撑,有助于维护身心健康和提升生活质量。Matuuta(2000)对 800 余名被试的回溯研究发现,乐观者比悲观者平均寿命长 19%。乐观主义能够预测服用各种药物的病人的物理和心理功能,并且在与疾病抗争的过程中,乐观主义品质发挥着相当重要的作用。

(2)乐观与生活满意度。乐观主义者往往具有更高的生活满意度、职业成就和婚姻满意度。研究发现,乐观者的生活满意度显著高于悲观者,而抑郁水平显著低于悲观者。乐观主义有助于产生积极情绪,增加人的心理能量,提供正面思考的力量。一般情况下,乐观主义者心怀远大的抱负和志向,有从行动上战胜一切艰难险阻的毅力,获得事业成功的可能性也更大,甚至在面对事业上的失败或物质贫穷的时候,他们都很少产生抑郁的心情。

(3)乐观与幸福。亚里士多德在两千多年前就指出幸福是生命的意义和目的,追求幸福是人类生存的终极目标。构建人类的幸福大厦需要主观幸福和客观幸福两个重要的基石,乐观主义品质在个体追求、感悟和体验幸福过程中发挥着重要的作用。以前和近期的研究均发现,乐观可以显著地预测主观幸福感。也有研究发现乐观主义能直接或间接成为调节人们幸福水平的中介。同时乐观主义者更多采用"以问题为中心"的策略和情绪调控方法,从而能促进人们更幸福地生活。有学者指出,乐观的认知建构之所以比悲观的认知建构更有助于获得幸福感,关键在于运用了一种重要的认知重建策略,即"从中寻找益处并记住它"。

(4)乐观与未来预测。气质型乐观能够更好地预测他们的未来,能够改善他们的心境,保证低的精神疾病征兆,从而保证对当前现实的适应。乐观主义是一种对未来发生事件的正性预期的倾向,也是一种对人对事的态度。如果个体对事物抱有乐观主义态度,表明他对未来发生的事件倾向于做积极和正向的预测,相信未来有好的结果产生。这种态度可以泛化到他生活中的每一个方面和每一种具体的行为情景,并对其认知和行为产生影响。美国健康营养检测中心对6000名志愿者进行长达10年实验的结果表明:相对比较乐观的人10年后还是比较乐观,悲观的人也会继续相对悲观。

3.3 乐观与悲观的相互作用整合模型

针对上述两种观点各自存在的合理性及其问题,Segerstrom(2005)进一步建立了乐观与悲观的相互作用整合模型。该模型的基本观点是,乐观和悲观是一种矛盾事物的统一体,在面对容易的和困难的任务这两种情景下,乐观与悲观具有各自不同的价值。比如在艰难的任务情景下,悲观状态也可能具有积极的意义。特别是当遇到复杂的、持续的、不可控的任务时,悲观主义者往往会逃避、放弃,甚至丧失信心。然而从某种意义上讲,在失望中放弃或许比在失望中固执地坚持更有价值。因为选择放弃能让自己的心理紧张源所产生的压力,在短时期内降低,有可能对身体健康起到保护作用。而在比较容易的环境下,乐观主义者坚定的信念和对未来美好的预期保证了问题的快速解决和目标的实现,从而消解了紧张刺激源,有益于身心状态的调整。(图8-1)

环境任务	心理反应	直接结果	干预结果
容易任务 (简单的、短暂的、可控的环境)	乐观主义者参与	面对压力	乐观主义者: 免疫力 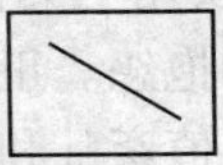
	悲观主义者不参与	逃避压力	
艰难任务 (复杂的、持续的、不可控的环境)	乐观主义者参与	承受压力	乐观主义者: 免疫力 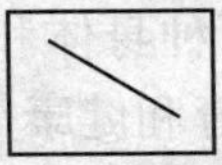
	悲观主义者不参与	逃避压力	

图8-1 不同任务情景下乐观主义和悲观主义效应图

按照Segerstrom的观点,乐观主义能否促进健康,其关键取决于对危机源刺激的过程性判断。当然,这一模型的立论依据建立在短期内压力源的缓解基础上,不可避免带有局限性。因为个体自身价值的实现需要通过漫长的努力和积累实现,瞬间的压力消解只能带来暂时的安逸和平衡,却无法为长远目标的实现带来益处。

4.乐观主义研究的当代价值

20世纪,人类迈进了一个后现代社会文化充斥的"饱和"时代,反科学、反理性和反规则成为这个时代的主题。高尔曼指出,如果说20世纪是一个"焦虑的时代",那么现在已经开始转变为"哀伤的时代"。物质的"饱和"和精神的"空虚"之间的巨大落差,导致人类产生了一种生命意义的危机。意义、价值和希望的失落普遍地存在,心灵的孤寂和无助的情绪蔓延,无数的矛盾心态始终伴随着人们的生活世界,传统的价值信念受到怀疑,悲观主义盛行,许多人陷入心灵孤寂、情感焦虑、价值危机和意义性丧失等心理冲突之中而难以自拔。就像有学者指出的那样,现代人在追逐物质财富的同时,又被物质财富所挚制,迷失了人生的价值方向;在寻求主体独立人格权利的合法性时,陷入了与社会和他人的分离的状态以及内心的孤寂;在追求自由、享受自由的同时,又丧失了生存的根基与本真的自我。

同时随着社会转型的加剧,社会各阶层贫富差距的扩大和利益分配的不均衡,也导致了当代社会普遍弥漫着一种消极和悲观的心理氛围。弱势群体抱怨生活的艰难和命运的不公,而富人对他人和社会不讲回报,对弱者缺少必要的关心,具有冷漠情绪。个体主义观念的盛行,人们更习惯于以"胜者王侯败者寇"的实用主义哲学来衡量人生价值,更加剧了成功者的冷漠和自大,失败者的愤怒和抱怨。正如梭罗所说,大部分人都在"寂静的绝望"中生活。面对当代社会的价值紊乱和心理危机,现代的科学理论和技术模式显得无能为力。进一步讲,单纯的依赖于发展经济和科学技术,根本不可能解决后现代社会人类所面临的心理危机。因此必须从新的思路出发,提升人类的乐观意识品质,以消除人的各种身体和心理方面的痛苦。实践证明,乐观主义在政治、教育、商业、领导、体育和健康等诸多方面都被证明是一种有用的思想。当代社会所表现出的这种消极和悲观的心理氛围迫切地呼唤乐观意识。

5.乐观主义的培养策略

现实生活中不同的人会以不同的方式和理念面对相同的情形,有的人对现实生活满意,而有的人永远处于无助感当中。Jeffner认为有三个核心要素的影响:①对人类生存的现实世界的知觉;②基本的价值观和信仰;③生命的意义。这三个要素之间并不是绝对割裂的。第一个要素往往对后两个要素起支撑作用。第三个要素又包括三个因素:①一个人如何接受自己的生活;②自己对当前形势的态度;③自己对未来的看法。人们对生命意义的价值判断取决于人类自身的思维模式和对待事物的态度,反过来,基本价值取向又影响人们对待现实的核心态度及其对未来发展图景的信念。第三代认知科学研究者认为,心理活动机制不需要像计算机那样按照精确的符号逻辑表征方式来运行,人的意识活动可以根据对象性意义世界的支持,自主地调节个人的活动。"心理现象"不同于物理现象,人的心理现象实际上是指"意识的意向内容"或"意向体验"。意向性实在论者提出,意识表征具有能够表达特定命题的功能。人的情感、态度、意向、信念等实际上都是一种表征,也是一种实在的存在形态。人的心理意向性具有宽与窄的内容。所谓窄的意向性内容是指单纯由意向状态持有者头脑中的状态和性质所决定的内容,而宽的意向性内容是指意向状态持有者与所处环境相关的内容。这些不同属性的意向性状态都具有因果性、功能性和一致性,能够反映出知识论的真值性质,最终会成为影响人的意识发展的决定性因素。因此,不管是乐观主义还是悲观主义,也是一种认知选择。正如著名剧作家奥斯卡·王尔德所说,乐观主义者和悲观主义者的最大区别在于看待世界的方式不同。通过认知结构重建放弃原有的认知结构,而在另一种构建中去看待问题,能够降低问题引起的负面情绪影响,从而使人们更容易找到解决问题的方法。因此乐观主义品质培养的关键在于培养乐观主义解读事物的认知方式。

传统的观点认为乐观主义和悲观主义是同一刻度尺的两个极端,其核心理念是强调提高积极的思考。而最新的乐观主义研究认为,悲观主义和乐观主义是两个完全不同的刻度尺,其核心技巧强调要调整负面的思考,特别是要改变我们对自己或者别人有破坏性和伤害的负面想法。增强对自身命运的掌控意识要优于治疗本身。按照 Seligman 后天习得乐观的观点,一个人选择乐观还是悲观,取决于其解决问题与挫折的方式是采取乐观还是悲观的归因方式。乐观主义品质的培养最重要的是实现悲观的归因方式向乐观的归因方式的转变。大多情况下,人们已经对不同的情境形成了自动化的反应,因此需要有意识地改变和培养新的自动化反应的意识,从而形成新的、更有效的方法去解释生活的事件。

在乐观主义的培养策略方面,有两种被证明是行之有效的模式。第一种模式是 Seligman(1998)以 Beck 和 Ellis 的认知治疗模型为基础,将归因风格理论融入到 ABCDE 认知疗法中,提出了如何帮助人们从悲观解释风格向乐观解释风格转变的程序。他认为学会乐观最根本的就是了解你的 ABC,即识别和评估不幸(A)、信念(B)和结果(C)。然后通过与自己的悲观思想争辩(D),从而激发(E)成功的动力和行为。ABCDE 疗法能针对性地改变悲观的思想,并且通过自我对话,控制自己的态度转向乐观。第二种模式是 Penn 提出的乐观训练程序。该程序包括认知训练和行为训练两部分。认知训练环节主要包括四个步骤:①分析情绪变化的情景;②从解释风格的三个维度分析信念;③找出情绪变化情景的其他可能解释,并评估其依据;④与悲观主义思维进行辩论。行为训练技巧包括放松和应对技巧训练、社会技巧训练、谈判技巧训练和问题解决训练等。实践证明,认知训练可以培养儿童对解决曾经认为无法克服的问题的信心,而行为训练则可以提供一些有效的应付技巧,能有效地改善无助、失望和抑郁的心理状态。

总之,乐观是心理健康、成熟和自强的标志,它不仅是人们对抗生活挫折的缓冲剂,还是抵抗疾病的第一道防线。乐观主义能够帮助人们更好地应对生命中的各种危机和挑战。相反,悲观是一种认知混乱,以绝望为特征,预示着消沉、被动、失败、社会疏远、疾病甚至死亡。悲观主义思维只会削弱自己未来身上的精神力量,打击自我积极情绪,降低创造力,从而导致人类的生命意义失落。当代社会所表现出的消极和悲观的心理氛围迫切地呼唤乐观意识,与其在悲观中消沉,还不如乐观地做出有价值的行动并朝着自己的目标迈进。美国心理学家迈尔斯指出,乐观主义是追寻生命意义和幸福的法宝。作为西方积极心理学的核心概念和研究热点,乐观研究已汇成了一股强劲的乐观主义潮流,必将成为心理世界发展的新的生长点。

但是,最后不得不指出的是,我们并不是彻底地否认消极或者悲观对个体在某种意义上具有防御性保护和提醒的功能性价值,而是基于对个体生命意义和社会的消极悲观氛围的理性分析之后,倡导让乐观成为个体主流的生活信念。因此,我们所倡导的乐观主义精神并非是盲目的乐观,而是建立在个体对危机源刺激客观评估基础之上的有限度的现实的乐观。因为只有有限度的现实的乐观才能在乐观与现实之间寻求到心理和谐和平衡的支点,也只有现实的乐观才能赋予个体独特的生命意义和价值,从而保证个体既能乐观地面对生活又不自欺欺人。

论文赏析与点评:

人的内心世界矛盾千变万化,但万变不离其宗:一是消极的否定的冲动,例如,苦恼、绝望、憎恨、恐惧等;二是积极的、肯定的冲动,例如,豁达、乐观、爱、希望等。在人的诸多肯定冲动中,心理学家们普遍把希望和乐观视为最重要、最本真的期待冲动。因为"在否定的冲动中流露出来的是一片自我毁灭和虚无,而在虚无中,最终汹涌而至的是单纯而被动的痛苦。希望及乐观乃是与恐惧和害怕正相反对的期待情绪,因此,希望和乐观是一切情感活动中最人性的情感活动,而且只有人才能有通达的情感活动,希望同时涉及最辽阔、最明亮的视域"。这篇论文发表于国内有影响的《国外社会科学》杂志,从心理学的角度评述了乐观主义心态的内涵、类型、实质、作用机制及功能问题,给人的启发和帮助良多,是一篇很值得人深思的好文章。

附：与心理学理论相关的主要学术杂志

1. *Annual Review of Psychology*
2. *Theory & Psychology*
3. *American Psychologist*
4. *Psychology Review*
5. *The American Journal of Psychology*
6. *The British Journal of Psychology*
7. *Journal of Internation Psychology*
8. *History of Psychology*
9. *Cognitive Science*
10. *Journal of Canadian Psychology*

后记

　　本书是"陕西师范大学优秀研究生教材资助项目"资助出版的教材。特别感谢中国心理学会副理事长叶浩生先生拨冗撰写序言。感谢陕西师大研究生处杨祖培处长、施建雄副处长对本项目研究的积极支持和帮助。感谢我校心理学院副院长王振宏教授和王勇慧教授的审读和指正，也感谢陕西师大出版集团高教分社社长杨雪玲女士的精心加工。

　　作为一本面向心理学硕士专业选择试用的心理学基本理论研究教材，其前期成果是我所出版的《心理学理论价值的再发现》一书基础上的再修订和重新加工。同时，本书能够得以付梓也凝结了许多同志的心血和劳动成果，其中下列章节由这些同志完成：第三章第二节，梁三才；第四章第二节，包开亮；第六章第一节和第二节，魏萍；第六章第三节，崔荣宝；第七章第二节，连灵。"研究生论文习作赏析部分"收录了任亚辉、杨文登、张文娟、王传东和段海军等同志的作品。我的研究生崔荣宝、李增芬、包开亮、朱熠等同志做了许多资料翻译和整理工作。对他们付出的心血表示衷心感谢。

　　编写研究生教材是对我学术生涯的又一挑战，希望试用本书的老师和同学多提宝贵意见，以便将来修改完善。

作者于古城西安

2011 年春

图书代号　JC11N0418

图书在版编目(CIP)数据

现代心理学基本理论研究/霍涌泉著 . —西安:陕西师范大学出版总社
有限公司,2011. 6
ISBN 978 - 7 - 5613 - 5557 - 2

Ⅰ. ①现… Ⅱ. ①霍… Ⅲ. ①心理学 - 理论研究 Ⅳ. ①B84

中国版本图书馆 CIP 数据核字(2011)第 063130 号

现代心理学基本理论研究

著　　者/	霍涌泉
责任编辑/	颜　红
责任校对/	王　娟　王红凯
封面设计/	鼎新设计
出版发行/	陕西师范大学出版总社有限公司
	(西安市长安南路 199 号　邮编 710062)
网　　址/	http://www. snupg. com
经　　销/	新华书店
印　　刷/	陕西天元印务有限公司
开　　本/	787mm×960mm　1/16
印　　张/	16. 75
字　　数/	251 千
版　　次/	2011 年 6 月第 1 版
印　　次/	2011 年 6 月第 1 次印刷
书　　号/	ISBN 978 - 7 - 5613 - 5557 - 2
定　　价/	31. 00 元

读者购书、书店添货或发现印刷装订问题,请与本社高教出版分社联系、调换。
电　话:(029)85303622(传真)　85307826